献辞

世界的な繁栄の可能性に

# 目次

## 第二部　流動性理論の内側



## 第三部　過去を振り返る

# 謝辞

常に家族を第一に考えてはいるが、いくら感謝しても足りないだろう。わが喜びであり、いつもハラハラさせてくれる二人の息子、J・Pとクリス。大人になるにはまだまだ我慢が必要だ。君たちの愛情にお礼を言おう。妹のナオミ・アレンと夫のジェフリー、そして二人の娘、レベッカとジェニファーにも感謝する。皆いつもわたしのそばにいてくれた。二人の元妻にも格別の謝意を表したい。当時は分からなかったが、わたしを心底愛してくれていた。そして、いとこのヨーゼフ・マンドロビッツ。あのホロコースト（訳注　第二次大戦中のナチによるユダヤ人大量虐殺）を生き延び、恐怖と絶望を体験したにもかかわらず、今でも充実した生活を送っている。これも感謝に値する。

家族の次はトリムタブス・インベストメント・リサーチ社の同僚ひとりひとりに感謝したい。マイケル・アレクサンダー、グレース・ビリングス、リッチ・ギブソン、キース・ニールセン、ポール・ニュージェント、マイク・ピケン、C・J・パッファー、デビッド・サンチ、マドリン・シュナップ、そしてカール・ビトンバート。本当によくやってくれている。うまくいかなかったとしたら、それはわたしのミスだ。また、トリムタブスの素晴らしいお客様にも感謝する。皆様がいらっしゃらなければビジネスなどできなかった。

さらに、わたしがこうして仕事をしていられるのは、入学を許可してくださったハーバード・ビジネススクールの合否判定官のおかげでもある。ブルックリン・カレッジをC＋の成績で卒業した学生がどうしてハーバードに入れたのか、いまだに不思議でしかたがない。

アラン・アベルソンも称賛に値する。確かに貸借対照表は注記まで読めるが、ライターでもない人間を雇ってくれたのだから。ウォール街で活躍する多くの証券関係者も、長年サポートしてもらっているわけだから、その成功はアランのおかげだと言えるだろう。

マイヤー・バーマンにも――どこにいようとも――感謝する。『バロンズ』誌を辞めたわたしを雇ってくれたのがバーマンだ。机と電話を与えてくれただけでなく、優秀な弁護士のアンディー・ガールなど、取引先の連絡先まで教えてくれ、わたしがトリムタブスを設立したときも、マイヤーが顧客第一号になってくれた。

三〇歳のころには欲しいと思っていたものはすべて手に入れたが、人生についてはほとんど無知だということに気がついた。オーレ・ラーソン、ロバート・モンロー、ジャック・シュワーツ、バックミンスター・フューラー、マイケル・マーフィー、ワーナー・エアハードなど、恩師の皆様には大変感謝している。ワーナー・エアハード・アンド・アソシエーツには一〇年ほど進んで足を運んだが、そこでは人間の本質について学ばせてもらった。

本書の執筆に当たっては、とくにマリア・バーティロモに謝意を表したい。ウィリアム・モリス・エージェンシーのウェイン・カバック、ジョン・ワイリー・アンド・サンズのデブラ・イングランダー、ケープ・コッド・コンポジターズのスタッフに紹介してくださった。

デビッド・サンチも本書を読むすべての読者から感謝されるだろう。とかく仰々しい文章を面白い読み物にする彼の能力がなければ、本書が世に出ることはなかった。

チャールズ・ビダーマン

わが両親、ジャンとティムの愛情とサポートに感謝する。二人がいなかったらこのプロジェクトをやり遂げることはできなかった。また、素晴らしい友人でいてくれた兄弟のダグにも感謝する。祖母のヘレン・ロビンソンにも感謝したい。わたしが流動性理論のことを知るはるか前から、「大物たち」が株式市場でどういう動きをしているか注意深く見ていてごらんなさい、と言ってくれ、経済恐慌の影響についてもいろいろ教えてくれた。本書では一九二九年の大恐慌についてはほとんど触れていないが、祖母は一〇代のころにシカゴで大恐慌を経験している。

わたしに分析力や文章力があるとしたら、それは素晴らしい先生方のおかげである。ピーター・アーレンスドーフ、ロビン・バーンズ、ジョナサン・バーキー、スザンヌ・デサン、ビビアン・ディーツ、ローズマリー・エニス、アンドリュー・ホープ、キャロル・イーレンドーフ、マルコム・パーティン、アール・ルディセル、J・ラッセル・スナップ、ヨハン・ゾマービル、リー・パルマー・ワンデル、T・C・プライス・ツィマーマン各氏の長年にわたるご指導に感謝する。わたしは皆様から感化されているが、それはおそらく皆様が思っている以上だろう。

ほかにも、多くの人々のひたむきな努力がなければ本書の完成はなかっただろう。ウィリアム・モリス・エージェンシーのウェイン・カバック、ジョン・ワイリー・アンド・サンズのデブラ・イングランダー、グレッグ・フリードマン、トッド・テデスコ、そしてケープ・コッド・コンポジターズのスタッフの皆様の頑張りに感謝する。ICI（米投資会社協会）のジュディー・スティーンストラ、トリムタブス・インベストメント・リサーチのリッチ・ギブソン、マドリン・シュナップ、カール・ビトンバートは、本書で使用するデータの収集を手伝ってくれた。

最後になるが、金融その他の知識を教授してくれたチャールズ・ビダーマンとマドリン・シュナップに感謝したい。わたしのような経済学の学位もない歴史家にこのようなチャンスを与えてくださり、感謝に堪えない。大変楽しく仕事をさせていただいた。

デビッド・サンチ

# はじめに

近所の書店に行けば、株式投資関連の本が山と目に飛び込んでくるだろう。実際のところ、毎年おびただしい数の投資本が出版されている。もし本書を手に取ったら、きっと表紙にちらりと目をやりながら、こう思うに違いない。

「何者だ、こいつ？　世界は新たな株式投資の本を求めているって、まったく何を考えているんだか」

わたしはチャールズ・ビダーマンといい、トリムタブス・インベストメント・リサーチ社の創設者兼社長である。トリムタブスでは過去一〇年にわたって流動性理論を展開してきた。流動性理論とは、株式市場を理解するためのユニークなパラダイムのこと。トリムタブスの顧客は、バイサイド（買い手側）ではポートフォリオマネジャーやヘッジファンドマネジャー、セルサイド（売り手側）ではマーケットストラテジストと、そのほとんどが機関投資家である。流動性理論を構築するに当たっては、見識ある彼らに大変お世話になった。偏った考え方かもしれないが、ウォール街で最も洗練された投資家は彼らだろう。

## 株式市場というカジノで勝つ

わたしが本書を執筆した理由は二つある。一つは、株式市場というカジノに勝つために流動性理論をどう活用すればいいのかを洗練された投資家に示したかったからである。ただ残念なのは、大半の投資家が本書を必要としていないことだ。では、なぜ本書を洗練された投資家のために書いたのか。それを論じる前に、次の何節かをお読みになれば、だれでも株式市場というカジノに勝つ方法を学ぶことができる。

収入があり、お金を殖やしたいという人ならだれでも、次の二つの方法のうちどちらかを選べば、株式市場というカジノに勝つことができる。第一の方法はドルコスト平均法である。ドルコスト平均法とは、相場がどうであれ、定期的に一定の額を株式に投資していく方法だ。これなら米国経済の安定した成長に参加することができる。一九二九年一二月末から毎月一〇〇ドルずつをこつこつとS&P二〇〇種株価指数——S&P五〇〇種株価指数の前身——に投資していった場合、この間にS&P二〇〇は五〇%下落したが、一〇年後には投資総額が一万二〇〇〇ドル、リターンは一二・七%になる（手数料や配当金の再投資による複利効果は考慮していない）。確かに毎月一〇〇ドルずつを一九五九年まで三〇年間、S&P五〇〇に投資していれば、投資した三万六〇〇〇ドルは四倍以上の一四万五九〇〇ドルに殖えている。仮にその一四万五九〇〇ドルに手をつけずに今日まで放っておけば、S&P五〇〇が一〇〇〇ポイントを付けた時点で投資総額三万六〇〇〇ドルは二四三万六一三二ドルに殖えていることになる（所得税や配当金の再投資による複利効果は考慮していない）。S&P五〇〇が一一〇〇ポイントを付ければ、三万六〇〇〇ドルは二六七万九七四六ドルになる。

実を言うと、わが息子たちは二人ともバンガード・五〇〇・インデックスファンドをドルコスト平均法で買い付けている。ファンドの経費率はわずか〇・一八％。ドルコスト平均法以外には何もしたくないという投資家は、これ以上、本書を読む必要はない。

ところが、現実にはドルコスト平均法を実践している人は極めて少ないのである。長男もわたしに黙って二〇〇二年の初めにドルコスト平均法をやめてしまった。二年近くも株式相場が大幅に下落していたからだ。しかしわたしに怒鳴られたからか、長男は再開し、下げ相場にさらされていたポートフォリオも改善した。ドルコスト平均法はだれもが安全に株式投資で利益を上げられる方法なのに、ほとんどの投資家が採り入れず、それどころか持ち株を頻繁にトレードしているのだ。大半の投資家がアクティブトレードで損をしていることが学術的研究からも明らかになっているにもかかわらず、である。損をしたのは運が悪かったからだ。彼らはよくそう言って責任転嫁をする。もしカジノで損をした人を運が悪かったと考えるなら、なるほど、彼らはついていなかったのだろう!

株式投資で利益を上げるシンプルな方法がもう一つある。それは優良企業の株を買って永久に保有し続け、複利で利益を手にすることだ。だがこうしたバイ・アンド・ホールドの投資家は、「知恵と強気相場を混同するな」というウォール街の格言を常に心に留めておく必要があるだろう。一八世紀末に米国で機関投資家向けに株式市場が創設されて以来、米国経済は世界史上類を見ないほどのペースで成長している。そんな米国の優良企業株を相応数買って何世代にもわたって保有し続けた人は、巨万の富を築いている。金利が五%と低くても、わずかな金額を複利で一〇〇年間運用すれば莫大な金額になるからだ。例えば、当初の元手二万ドルを月五%の複利で一〇〇年間回していくと、インフレや税金の影響を除外しても、二九三万七五八九ドルになる。

しかし、バイ・アンド・ホールドで莫大な財産を築いた投資家は、その成功の理由を誤解していることが多い。彼らはよく自分の投資能力を鼻にかけるが、実際に彼らが成功したのは、記録ずくめの米国経済に牽引されて強気相場が二〇〇〇年も続いているからなのだ。言い換えれば、彼らは知恵と強気相場を混同しているのである。一九九〇年代後半には多くの投資家が株式市場というカジノでプレーを始め、友人や証券会社にそそのかされて創業間もないインターネット銘柄に賭けたものの、ほぼ全財産を失ってしまった。しかし、きちんと下調べをし、たとえ割高であっても優良企業の株——アマゾン・ドット・コム、シスコシステムズ、eベイ、インテル、ジョンソン・エンド・ジョンソン、ファイザー、ウォルマート・ストアーズ、ヤフー！など——をまとめ買いしていれば、おそらく今後何世代かにわたって保有し続けても何ら問題はないだろう。

ドルコスト平均法や優良企業株のバイ・アンド・ホールドでも十分にリターンは得られる。しかし、それよりもさらに高いリターンを求める洗練された投資家向けに考案されたのが流動性理論である。本書で説明するとおり、流動性理論は、株式市場もほかの市場も何ら変わらないという考え方に立脚している。ほかの市場でもそうだが、株価というのはその企業の基礎的価値で決まるのではなく、株式の需要と供給で決まるのである。要するに、ウォール街で一般に言われているように、株価は将来の期待利益によって決まるのではなく、市場に流通している株式の数とそれを購入する資本の量によって決まるのだ。それらのデータを使って株式市場の方向性を予測したのが流動性理論なのである。

本書では、ほかの著作にはない独自の投資戦略について詳述する。二億五〇〇〇万ドルの資産を運用するヘッジファンドのマネジャーであれ、少ない資金しかない個人投資家であれ、本書を読めば、流動性理論のパワーをどうしたら自分の投資に生かせるかが分かるだろう。米国経済が今後数年にわたって年間三～六％の成長を続けると仮定すると（わたしはこの成長率を極めて現実的な数字だと考えているが、その理由については後述する）、流動性理論に追随した投資家の資産は自然と大きく殖えていくはずだ。どうしてそこまで断言できるのかって？　トリムタブスの顧客は流動性理論に基づいて投資をしているが、その彼らが過去一〇年にわたって主要な株価指数を大きく上回っているからだ。

## 世界的な繁栄を促進する

とはいえ、本書は単に株式市場でより高いリターンを得るための指南書ではない。わたしが本書を執筆したのは世界的な繁栄を促進するためでもあるのだが、目下、その繁栄の前には二つの大きな脅威が立ちはだかっている。それは圧制者と不景気である。国民のために余剰カロリーを生産する経済力が国に備わっているだけでは繁栄しているとはいえない。国民にも魅力的なモノやサービスを生産し、消費する力が備わっていなければならないのだ。繁栄とは、そもそも交通が発達した結果である。先史時代から二〇世紀に至るまで、交通が飛躍的に発達するたびに、創出される富も急増している。馬と荷馬車の扱い方を最初にマスターした人々は、近隣諸国を制し、より大きな繁栄を謳歌するようになった。古代ローマ人は軍隊が迅速に移動できるようにと道路を建設したが、それが世界初の地域帝国建国へとつながった。そして印刷機の発明と航海術の進歩に伴って、中世が幕を閉じた。蒸気機関車も交通が飛躍的に発達した結果である。遠く離れた農村地域から都市部に食材を運んでこられるようになり、一人当たりのカロリー消費量も大幅に増えた。また、一〇〇年以上前にガソリン車が発明されたことで、モノの輸送能力は倍増し、一人当たりのカロリー消費量もさらに増えるようになった。五〇年ほど前には、飛行機やテレビ、州間幹線道路網が発達した。このように、交通の飛躍的発達がいずれも富の創出の大躍進につながっているのである。

しかし、こうした交通の発達の恩恵に浴することができたのは、主に第一世界と第二世界の国々に限られていた。一九〜二〇世紀に議会制を採っていた国々では、一人当たりのカロリー消費量がかつてないほど増加した。それは交通の飛躍的な発達に国がほとんど干渉しなかったから――つまり、君主の金銭的利得のために鉄道や電話、テレビといった革新的な技術を国有化しなかったから――なのである。

## 脅威その一——圧制者

交通の発達によって、第一世界や第二世界の人々は最低生活水準を優に超える生活を送れるようになった。しかし、第三世界の人々がその恩恵に浴することができないのはなぜなのだろう? 答えは簡単だ。指導者が悪いからだ。第三世界の君主は国庫のお金を自分個人のお金のように扱い、政府の国づくりの目的も現政権の力を維持することにある。そうした国々は、企業や政府、労働者、軍隊、犯罪組織をコントロールする一人のエリートに支配されている。一応紹介しておくが、犯罪組織というのは、政府が個人の道徳に関してあれこれと法律で禁止しているときに限って(薬物、たばこ、酒を使った自殺、売春、臓器だけを担保に高利での借金を個人に認めないなど)出てくるものだ。世界がもっと消費者資本主義に向かっていけば、こうした犯罪組織も減っていくに違いない。

本を執筆したところで圧制者に対しては何もできないが、幸いインターネットの普及で経済のグローバル化が未曾有のペースで進んでおり、圧制者にとっても、その権力を維持するのがかつてないほど困難になっている。彼らが権力の座にとどまっていられるのも、国民のインターネットへのアクセスを制限できるからだ。インターネットが世界中にもたらす繁栄は、間違いなくわたしが「庶民の時代」と呼ぶ時代——だれでも毎日十分なカロリーを摂取できるようになるため、栄養失調よりも老衰が大きな死因となる時代――へとつながっていくはずだ。一九九〇年代、インターネットはメールアドレスを持っていればモノやサービスを供給・消費する力という点ではだれでも平等になれる世界を誕生させた。米国も、自分たちと比べるとごくわずかしかモノやサービスを消費しない国々にサービスを委託するようになった。こうした動きは、それに不満をぶつける人々をよそに起きている。

インターネットによって育まれる社会こそ、わたしが言う消費者資本主義の社会なのだ。消費者資本主義とは、企業や政府、労働者、軍隊、犯罪組織のエリートたちの利益よりも消費者の利益が優先するような政治経済のシステムのこと。わたしはそう定義している。例えば、ウォルマートのような企業は消費者資本主義制度の下でしか存続することはできない。なぜなら、ウォルマートは事業を展開する現地の小売店を破滅に追いやるからだ。皆さんは、なぜ労働者をエリートが支配する組織に振り分けるのか、と疑問に思われるだろう。労働者の組織は、最初はもちろん庶民を代表する存在だったのだが、何十年かたつと、労働組合の指導者が庶民との関係以上に企業や政府との関係を強化していったからである。

一人の人間が企業や政府、労働者、軍隊、犯罪組織を支配するような古い政治形態を言い表すには、ファシズムという言葉がぴったりだろう。現在は、中国、インド、日本、メキシコ、ロシア、韓国、中南米諸国の大半、そしてヨーロッパの一部の国々がファシスト国家である。ファシスト国家では支配階級の福利が第一で、庶民の福利は後回しになる。例えば二〇〇一年には、EU委員会競争政策担当委員マリオ・モンティーがゼネラル・エレクトリック(GE)による航空宇宙機器大手ハネウェル・インターナショナルの買収承認を拒否したが、このケースでは、買収によってヨーロッパの消費者が手にできるはずの利益よりも、少数のヨーロッパ企業の利益が優先されたのである。

消費者資本主義とファシズムの違いを明確に理解するには、ウォルマートとマイクロソフトについて考えてみるといい。ファシスト国家のエリートはウォルマートを嫌う。なぜなら、ウォルマートは消費者の大部分に利すると同時に地元企業に打撃を与えるからだ。ウォルマートは万人に利益をもたらしているにもかかわらず、ウォルマートと闘う人々は――これこそ消費者資本主義の一番の原動力なのだが――、ファシズムの論法を持ち出してエリートを守ろうとする。逆に、消費者資本主義と敵対しているのが現在のマイクロソフトである。なぜなら、インターネットへのアクセスを制御したがっているからだ。これでは、インターネットが多くの国家の主権を脅かすようになったころの政府当局の動きと何ら変わらない。要するにマイクロソフトの行動は、米国企業よりも日本やフランスの企

図I-1　1997年7月～2004年7月のボンベイ平均株価（SENSEX）指数、モスクワタイムズ、S&P500の生データ（ヤフー！ファイナンスから引用）

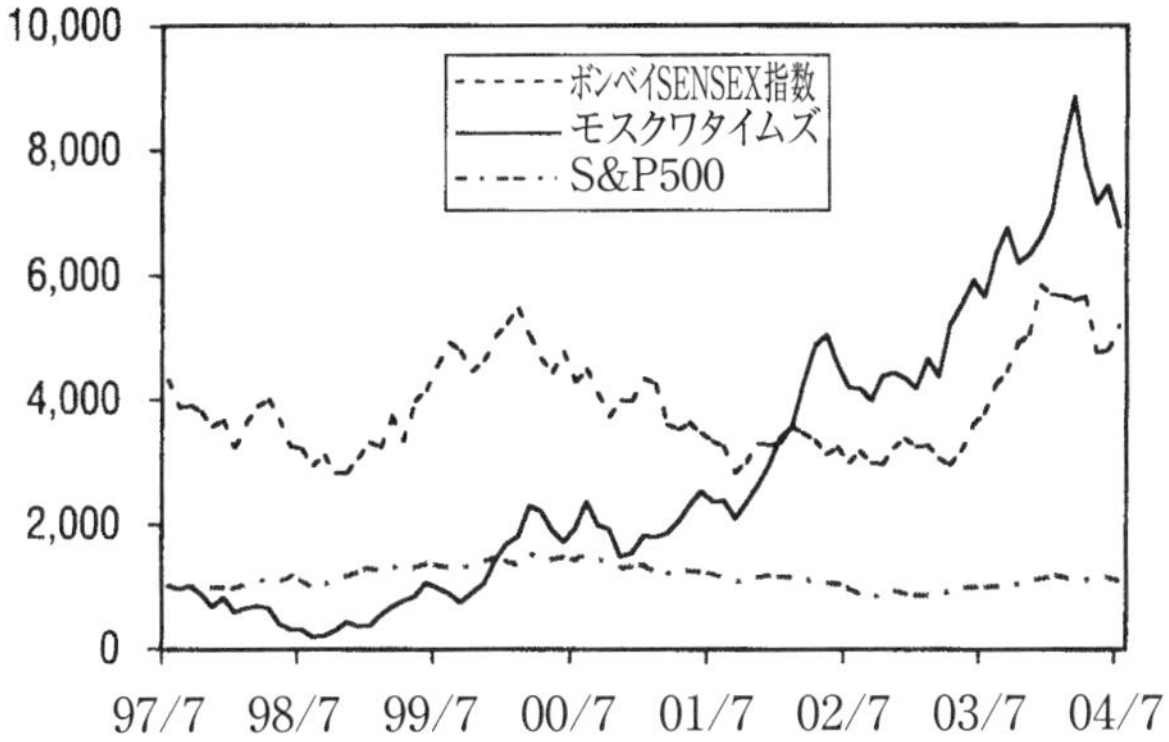


業の行動にずっと近いのである。

しかし、多くのファシスト国家も今や変化し、消費者資本主義へと向かっている。これらの国々では、富も支配階級のエリートから、最高級のモノやサービスを万人に最大限に提供する企業へとシフトしている。かつての閉鎖的な国が消費者資本主義に移行することで、いったいどれだけのメリットがあるのだろう。それを示す好例がロシアとインドである。**図I―1**を見てみよう。これは一九九七年七月から二〇〇四年七月までのボンベイ平均株価SENSEX指数とロシアの株価指数「モスクワタイムズ」をS&P五〇〇種株価指数と比較したものである。注目すべきは、二〇〇二年下半期以降はS&P五〇〇以上にSENSEXとモスクワタイムズが急上昇していることだ。

ファシスト国家の消費者は、政府や企業、エリート労働者を保護する法律から消費者を保護する法律へと転換できるだけの富を自ら創出しつつ、ファシズム崩壊の種をまいている。こうした国々で知的財産権や自由市場、個人の自由が確立されれば、これまでの経済も好転するのが普通である。

## 脅威その二――不景気

残念ながら、好景気のあとには不景気がやって来るというのが世の常だが、世界的繁栄にとっての第二の脅威がその不景気である。今は世界中が不景気に陥っており、巨額の富の創出にも狂いが生じている。そんな不景気を防ぐには、好景気のアップサイドポテンシャル（上方リスク）を抑える必要がある。トリムタブスも、一九九〇年代後半のテクノロジーブームの行きすぎに歯止めを掛けるうえでちょっとした役割を果したと考えているが、消費者はFRB（連邦準備制度理事会）のアラン・グリーンスパン議長に感謝すべきだろう。株式市場が活況を呈しているときでもアメリカ人が抱える含み損は数兆ドルに上っていたが、不景気で米国の大手金融機関が破綻したという話は聞いたことがない。先の不景気でも株式市場の不況でも、こんなハッピーな結末にはなったためしがない。

株式市場の好況の結果、不況が訪れ、それによって銀行や投資家が破滅に追いやられ、それが経済的大惨事の引き金になる。そんなレベルに達するのを阻止できるのが流動性理論なのである。SIA（米証券業協会）のシニアエコノミストのフランク・フェルナンデスは、あまり評価されていなかったが、その彼がトリムタブスと共同でトリムタブス・SIA週間流動性指数を開発してくれた。好況を呈する株式市場を監視し、歯止めが利かなくなって荒れるのを未然に防ぐのが目的だが、あの九・一一同時多発テロ事件のせいでSIAの予算が削られ、われわれの共同作業にも支障を来たすようになってしまった。何はともあれ、多くの人々がグローバルな消費者資本主義の恩恵に浴し、好景気も不景気もより限定的なものになってこそ、大きく繁栄した世界といえるのである。アーメン。

## 両親のために

最後になるが、わたしが本書を執筆したのは個人的な理由からである。父親のヤーコブ・イエルザルスキ・ビダーマンと母親のポーリーン・ヤンガーマンは、あのホロコーストを生き延びた人間だが、前の配偶者と三人の子どもたち、わたしの義理の兄弟や姉妹は生き抜くことができず、その後の人生を歩む両親の脳裏にはその恐怖の記憶が刻み込まれている。ホロコーストを生き延びた母親のいとこで、唯一の近親者であるヨーゼフ・マンドロビッツは、第二次大戦中に一〇カ所の強制収容所を転々とさせられた。今でもヨーゼフは、火葬場のにおいがする、と毎日のように言う。わたしはそんな両親のために、そんな大惨事が二度と起きない世界を築くのに一役買いたいという気持ちに駆られ、本書を執筆した次第である。

# 第1部

# 流動性理論への招

# 第一章

# 失われた財産の話

大当たりだわ。ジュディー・ウェイは思った。ほんの一握りのテクノロジー株に投資した六〇〇〇ドルが、まるで魔法の豆の木のように大きくなっていた。ジュディーが参加している投資クラブのポートフォリオはS&P五〇〇種株価指数に圧勝していた。CNBCのカメラの前で偉そうにしゃべるアナリストたちも、まだまだ序の口だ、とあの手この手であおっていた。ジュディーが記憶しているかぎり、これで万事がうまくいくと確信できるようになったのは初めてだった。

台湾での惨めな生活から考えると、ジュディーの今の境遇はとても現実とは思えなかった。これもその究極の証明だった——台湾にいるいとこや友人は以前から米国移住に反対していた。だんだんと生まれ故郷とのつながりがなくなっていくよ、得るものなんか何もないぞ、と彼らは言った。差別されるかもしれないとは思わなかったのだろうか？

「全然考えなかったわ。内心、確かにそうなのかしらとは思っていたけど」とジュディーは振り返る。しかし、とうとうジュディーは勇気を振り絞り、夢を追い求めることにした。ささやかな貯金を全部はたいてカリフォルニアへと旅立ったのだ。到着直後はイーストパロアルトのアパートにある約一二一×二一三センチメートルという小さなベッドルームで生活した。彼女の家族の友人が貸してくれた部屋だった。間もなくスタンフォード大学のカフェテリアで職を見つけ、そこで将来の夫となるチャンと出会った。ひょろりとした法科の学生で、野心に燃えていた。二人は一緒に暮らすために必死で頑張った。やがてチャンはサンノゼにある半導体製造機器メーカーに就職し、ジュディーのほうは三人の娘の母親になった。

夫がとんとん拍子で昇格したことで、ジュディーはアメリカンドリームをいっそう確信するようになった。文無しの移民でも「チャンスの国」に来れば、裕福になれるんだ。彼女はそう思った。娘たちも成長して大学に通うようになると、ジュディーは自分の時間が持てるようになったが、夫のほうは仕事で疲れきっていた。週に七日間オフィスで過ごすことも多く、休暇もままならない状態。もはや家計をやりくりする余裕もなくなり、ジュディーが徐々にそれを担うようになった。

彼女は程なく株式投資のとりこになってしまった。数少ない友人――そのうち何人かは米国移住に反対していたが、結局は彼女の後を追うように移住してきた――は、インターネット広告会社ＣＭＧＩの株価急騰の波に乗って、セカンドハウスを買うお金を貯めていた。平社員だがクアルコムでマーケティングの仕事に就いた友人もおり、二年後には、ストックオプション（自社株購入権）の価値が大きく上がっているからそろそろ引退しようかな、などと話していた。

「一九九九年一一月にインターネット株に一銭も投資していないなんて、数カ月もしたら一流市民の座から転落するわよ、とある友人に言われたの」とジュディーは言う。ほんの数週間か数日あれば、だいたいだれでも数千ドルから一財産を築くことができるかに思えた。

ジュディーは株式投資のことを何ひとつ知らないことに気がついた。そこで慎重に戦略を立ててみた。まずはビアーズタウンのおばあちゃんたちに倣った投資クラブに参加した（**訳注**　ビアーズタウン・レディース投資クラブ編『ビアーズタウンのおばあちゃんたちの株式投資大作戦』［日本経済新聞社］を参照）。二〇〇〇年二月には、クラブの一万五〇〇〇ドルの初期投資額が六万三五〇〇ドルに殖えた。将来は天井知らずであった。ジュディーのグループでは、銘柄の選び方さえ間違えなければ市場に勝つのは簡単だと確信。もちろん、グループのメンバーの一人がシスコシステムズに買収された創業間もない光ファイバー関連企業のＣＦＯ（最高財務責任者）と結婚しているということもあったが、クラブではソロモン・スミス・バーニーのジャック・グラブマンというアナリストの見識に従って、一番ホットなテレコミュニケーション株に大金を注ぎ込んでいた。ジュディーが聞いた話では、グラブマンが推奨した銘柄が値を上げたら、それを教えてくれるということだった。あまりテレビを見ることのなかったジュディーだが、クラブに参加してからというもの、部屋の掃除をしているときも、クロスワードパズルをしているときも、そして友人とおしゃべりをしているときも、ずっとＣＮＢＣをつけっ放しにするようになった。

出遅れたかしら。不安に思ったジュディーは、相場が下落すると、台湾からカリフォルニアに移住するのと同じようにリスキーだと考えた。そこで家族の資産七〇万ドルをテクノロジー株に投資することにした。これは住宅を除いた家族の全財産だった。そのうち三万ドルは、万が一のとき以外にはけっして手をつけないと誓ったお金、そして六〇〇〇ドルは、この夏に台湾に一時帰国するために貯めておいたお金だった。チャンも会社のストックオプションがたくさんあったため、ジュディーの決断に同意してくれた。

二〇〇〇年三月にはナスダック総合株価指数の勢いにもブレーキが掛かり始めていたが、ジュディーもチャンもほとんど気にしていなかった。

「前と同じように株価が下がっても、またいつもと同じように新高値を付けるはずだ、と二人とも思っていたわね」とジュディーは振り返る。成功している投資家は必ず長期投資だ、という点でも二人の意見は一致。さらに、テレコム株は比較的うまく困難を切り抜けているから、ほかのセクターの銘柄よりはましかもしれない、とも考えた。だが二〇〇〇年末、ジュディーは疑心暗鬼に陥っていた。チャンの会社の株も七六％下落しており、ストックオプションも多くが価値を下げ、残っている分も相場の下落が続けばすぐにでも沈没しそうな状態だった。だが、ジュディーが注ぎ込んだ金額は損切りをするにはあまりにも大きかった。ジュディーは開き直っていた。一九九九年末から二〇〇〇年初頭にかけての輝かしい日々がまた戻ってくることを期待して。

二〇〇一年九月一一日の同時多発テロ事件の直前、ジュディーは何としてでも市場から撤退しなければ、と感じるようになった。老後のために蓄えておいた五〇万ドル程度をすでに失っていた。娘たちが大学院を出るまでの学費として貯めておいた分も含まれていた。ナスダック指数もピーク時から七〇％ほど下げており、テレビに出てくる有識者たちも、今や底が見えないという予想を口にしていた。

「今までで一番きつかったわ」とジュディーは言う。彼女は持ち株を全部処分した。相場が底を打ったころにまた買えば、その後の上昇で利食いができるだろう。彼女はそう考えていた。

持ち株を処分してから数カ月後のこと、ジュディーは現実を知って衝撃を受けた。無数のテレコム企業の中枢に取り込まれていたアナリストのジャック・グラブマンが、利益相反で取り調べを受けているというのだ。規制当局によると、担当する企業の経営陣との癒着によって、ジュディーや彼女が参加している投資クラブのような小口投資家を犠牲にしてでも、グラブマンは企業のほうを助けたかったようだ。投資銀行業務による自社の増収を目的に粉飾をするアナリストはグラブマンだけではなかった。

インターネット銘柄の著名アナリストであるヘンリー・ブロジェットも、九・一一同時多発テロ事件の直後に二〇〇〇万ドルの自社株取得と引き換えにメリルリンチを去った。ブロジェットは、自社と関係のある企業の株を表向きには熱心に推奨していたが、実際には低く評価していた。

それが最も顕著に表れたのが、24／7リアルメディアの評価である。ブロジェットは「買い」の投資判断を据え置いたままだったが、別のアナリストには「くず」だと話していた。ほかにもブロジェットが買い推奨をしていた有名な銘柄がある。eトイズとペッツ・ドット・コムだ。両社はバブル崩壊後に倒産。二〇〇三年四月、グラブマンとブロジェットはウォール街の大手証券会社と一四億ドルで和解したが、その一環として、総額一九〇〇万ドルの罰金の支払いと今後永久に証券業界の仕事には従事しないことに同意した。

調査の対象になったのはアナリストだけではない。バブルが崩壊するや、長年隠匿されていた、またはないがしろにされていた闇の部分がようやく明るみに出てきたのである。ワールドコムのＣＥＯ（最高経営責任者）のバーナード・エバーズとＣＦＯ（最高財務責任者）のスコット・サリバン、エンロンの元会長のケネス・レイと元ＣＥＯのジェフリー・スキリング、グローバル・クロッシングの会長のゲーリー・ウイニックといった上級管理者が、それぞれ汚職で逮捕されたのだ。

ニューヨーク州の検事総長エリオット・スピッツァーが捜査に乗り出した。トリムタブス・インベストメント・リサーチが提出したミューチュアルファンドの日足データも捜査資料として使われたが、そこからフレッド・アルガー、インベスコ、ジャナス、パトナム、ストロングといった主要な投信運用機関の不正が発覚した。一部の会社では、一般投資家には禁止しておきながら、上得意客には自社が運用するファンドの短期売買をさせていた。また、ヘッジファンドにミューチュアルファンドの午後四時以降の時間外取引を認めたり、その日の市場の終値まで教えたりする会社もあった。ミューチュアルファンドの目論見書にはこうした行為は禁止だと明記されている。一九七四年にストロング・ファイナンシャル・コーポレーションを創設したリチャード・ストロングは、自社が運用するファンドの不正取引で数十万ドルの利益を上げたとして、自ら立ち上げた会社の取締役会から辞任を迫られた。結局、ストロングは、罰金と損害賠償六〇〇〇万ドルを支払うこと、公式に投資家に謝罪すること、そして証券業界からの永久追放に同意することで、連邦政府と州政府との和解にこぎつけた。

だが、ジュディーにはこうした動きなどどうでもよくなっていた。九・一一同時多発テロ事件の後に持ち株を処分してからは、ＣＮＢＣも見ず、定期購読していた経済誌もすべて解約。購読している地元紙のビジネス欄には目もくれなくなった。汚職や不正の見出しばかりが躍る経済紙を見ると、吐き気がしてくるのだった。

それから約三年の後、ジュディーとチャンは、残った資産を一％の利息もつかない地元銀行の貯蓄口座に預けた。二〇〇二年一〇月と二〇〇三年三月にはＳ＆Ｐ五〇〇指数が八〇〇ポイント近くまで下落したが、そのときもジュディーは株式投資を再開するのを拒んだ。実際、いくらリスクが低いからといって、残った資産をそうしたリスクにさらすような商品に投資する気などなくなっていたのだ。チャンも新たなストックオプションを付与されていたが、数年後には退職するつもりだと言う。市場が突然暴騰しないかぎり、二人のささやかな蓄えがそう殖えることはなさそうだ。チャンはこれで老後を乗り切れればいいと思っていたが、こう付け加えた。

「老後の生活は、考えていたのとは違ってくるだろうね」

二人は、老後の収入の約半分を社会保障制度に頼ろうなどとはけっして思っていなかった。

## なじみ深い話

テクノロジーバブル崩壊の余波は、過去数年にわたって米国社会全体を覆い、実に多くの家庭でジュディーの家庭と同じストーリーが繰り広げられていた。二〇〇〇～〇二年の情け容赦ない下げ相場では七兆ドル以上の富が泡と消えたが、その大半は一般市民のものだった。一流大学を出て、別荘を持って、老後は悠々自適の生活を送る。こんな夢の多くが、史上最大の金融バブルの崩壊で打ち砕かれたか、急にしぼんでしまったのだ。エンロンとワールドコムだけでも、老後の生活を会社の年金制度に頼っていた数万人の従業員が事実上一文無しになった。

一九九九年一〇月から二〇〇〇年四月までの七カ月は、米国金融市場の歴史上特記すべき時期であった。二〇〇〇年三月一〇日にはテクノロジー株がピークを付け、ナスダック指数も五一三二・五二ポイントと史上最高値を更新。この七カ月の間に、ジュディーのような投資家からは一八二〇億ドル――月に二六〇億ドル以上――という驚くべき金額が米国株ファンドに注ぎ込まれていた。個別銘柄にも少なくとも同程度の金額が直接投入されていたはずだ。この資本の大半は、シスコシステムズ、ヤフー！、ＪＤＳユニフェーズといったテクノロジー株やインターネット株に流れていた。投資家たちは「一時間当たりクリック数」という新たな尺度でインターネット企業を評価し、「Ｂ２Ｃ（企業と消費者間の電子商取引）」と「Ｂ２Ｂ（企業間の電子商取引）」の優劣を大真面目に比較した。投資家は一九九〇年代の好景気がそのまま続いた状態で新世紀に突入するという確信を深め、借金をして株を買うようになった。それに伴ってＮＹＳＥ（ニューヨーク証券取引所）の会員証券会社に差し入れられた委託保証金も、一九九九年一〇月末から二〇〇〇年四月末までの同時期には九六〇億ドル――月平均でおよそ二〇〇億ドル――という驚くべき水準に達していた。

人々はかつてないほど株式市場に魅了されていた。何十万もの人々が職を捨て、短時間の株価の変動から儲けようと、短期売買を繰り返すフルタイムのデイトレーダーになった。ほかにも自動車整備士、弁護士、大学院生、主婦など、あらゆる職種の投資家が大勢、常にＣＮＢＣにチャンネルを合わせ、人気アナリストの最新のコメントに聞き入った。カクテルパーティーでもオフィスでも、株式情報や投機が話題に上った。ストックオプションのロックアップ期間が解除され、自分たちも解放されていい生活が送れるようになるのを待っている人も大勢いた。好景気は果てしなく続くかに見えたが、結局は、いつの好景気とも同じように終焉を迎えた。大損だが運用できる程度の損失を出しながらもどうにか売り抜けた投資家もいれば、そこまでの運もなく、完全に破滅に追いやられた投資家もいた。

テクノロジーバブルの行きすぎについてはよく知られているが、では、その間にコーポレートアメリカ（米国の大企業）は株式市場で実際にどのように動いていたのだろう？実はこの動きが極めて意味深いのだ。一九九九年末以降、コーポレートアメリカは自社株買いをほとんどしなくなり、逆に売りスタンスを強めていたのである。主要な株価指数が軒並み最高値を更新すると、目まいを訴える企業が続出。ＣＥＯは利益見通しの引き下げに不満をぶちまけたが、ＣＦＯのほうは自社株買いに厳しい締め付けを加えた。今にも相場が下落しそうだというときに、なぜわざわざ自社株買いをしなければならないのか、というわけだ。彼らは自社株買いをしなくなったばかりか、市場の途方もない需要に押され、できるかぎり多くの株式を市場に放出した。

金融メディアはＩＰＯ（新規株式公開）にばかり注目していたが、多くの企業は株式の売り出しで巨額の資本を調達していた。言い換えれば、サン・マイクロシステムズなどすでに上場している企業は、何十億という株式を買い意欲旺盛な投資家に追加で売却していたわけだ。一九九四～九九年一月にかけては、売り出しが急増したのに伴って自社株買いが激減した。それまでは圧倒的に買い越していたコーポレートアメリカだったが、これは劇的な変化である。

だが、このように上場企業自身が発していた警告も、威勢のいいアナリストやジャーナリストの推奨にかき消されてしまった。株式投資家、とくにジュディーが参加していたような投資クラブは、企業のインサイダーが何をしていたかに注意を払うどころか、ウォール街のアナリストが出す最新の投資判断に耳を傾けるのに余念がなかった。彼らいわく、株式市場はコンピューターテクノロジーに牽引されて魅力的なリターンを生み出す「新時代」に突入したのだそうだ。この予測が当たっていたのかどうかは、周知のとおりである。

## 流動性理論——新たなパラダイム

ジュディーの経験については、何が悲劇かと言えば、そんな経験をする必要などなかったということだ。もしジュディーがウォール街のアナリストの見解ではなく企業の行動にもっと注意を払っていれば、夢をかなえられただけでなく、家族の財産だって守れたはずだ。

われわれが流動性理論と呼んでいる投資法の基本原則は、実にシンプルだ。**「株式市場というカジノに勝つためには、上場企業や企業のインサイダーと同じやり方で投資をしろ」**

というものである。言い換えれば、コーポレートアメリカが買っているときに買い、コーポレートアメリカが売っているときに売るということだ。株式市場のパフォーマンスを示す最良の先行指標は、投資のプロの大半が主張するような株式のバリュエーション（株価評価）、利益の増減、チャートのパターンなどではなく、法人投資家――上場企業とその企業を経営するインサイダー――が株式市場でどのような集団行動をとるかなのである。

それはどういうことなのだろう？　株式市場というカジノでは、上場企業とその企業を経営するインサイダーがスマートマネーだからである。流動性理論にはもうひとつ原則があり、われわれはその原則についても追跡調査をしている。それは「個人投資家と機関投資家の行動の違いを知れ」ということだ。もしコーポレートアメリカが売り越していても、個人が彼らの売りを相殺できるだけの買いを入れていれば相場も上昇することがある。株式市場では個人投資家がダムマネーである。これから見ていくが、個人投資家は相も変わらず高きを買い、安きを売っている。そうした投資家が極端な行動に出たりすると、それが便利な反対指標になるのである。

ジュディーやほかの多くの投資家が流動性理論に従って投資をしていれば、二〇〇〇～〇二年の下げ相場に苦しめられずに済んだだけでなく、二〇〇二年末から二〇〇三年初頭にかけて市場が底を打ったときにも利益を出せていたはずだ。どうしてそういうことが分かるのかって？　われわれがまさにそれを実践してきたからだ。二〇〇〇年九月から二〇〇四年一二月にかけて――流動性の計算をするに当たっては、米国株ファンドへの資本流入額から企業による売買代金を除外した――、われわれの先物モデルポートフォリオは一一五％上昇したが（未監査）、Ｓ＆Ｐ五〇〇指数は一六％下落した。このモデルポートフォリオは一九九三年七月一二日に構築したものだが、当初の一〇万ドルが二〇〇四年一二月三一日には一四八万二〇五一ドル（未監査）になっていたのである。一三八二％の上昇だ。同時期のＳ＆Ｐ五〇〇指数はどうだったかというと、わずか一七一％しか上昇していない。

超短期のトレードでこのような結果を得たのではない。われわれの場合は月に平均二回のトレードである。

次の注目株や注目セクターを選んでこのような結果を得たわけでもない。われわれはモデルポートフォリオを株価指数先物だけで構成しており、注目株や注目セクターを選ぶようなことは一切していない。

さらに、複雑な戦略や目先の変わった投資商品でこのような結果を得たわけでもない。個人投資家でも何本かのＥＴＦ（指数連動型上場投資信託）を組み入れれば、われわれのモデルポートフォリオと同様のものが作れるはずだ。

では、どのようにしてこういう結果が得られたのだろう？　株式市場にしっかりと流動性理論を適用させたからだ。つまり株式市場の流動性の変化に従って売買をすることで、株式市場というカジノで勝ったのである。

資本を運用する人ならだれでも流動性理論を利用することができる。確かに流動性理論はポートフォリオマネジャーやマーケットストラテジストといった投資のプロに役立つ理論だが、同様に自分のお金を運用する個人投資家にも役に立つ。過去二〇年の間に確定給付型企業年金が減少していることを考えると、米国民の多くがこの個人投資家のグループに入るだろう。ＩＣＩ（米投資会社協会）とＳＩＡ（米証券業協会）が二〇〇二年に行った「米国における株式保有率」調査によると、二〇〇二年には米国の全世帯の四九・五％が株式を保有していた――一九九二年の三六・六％、一九八三年の一九・〇％と比べると大幅に増えている。後述するが、かなりの金額を貯蓄できる人ならだれでも自分の資産を運用することができるのだ。効果的に資産を運用するのはそう難しいことではないのである。

それでも、二〇〇〇〜〇二年の下げ相場で巨額の資本が失われ、規制当局の監視体制の甘さが露呈し、証券会社や投信運用会社を巻き込んだスキャンダルが相次いで発覚したことで、多くの個人投資家は投資を控えている。株式市場なんて小口投資家に不利になるようにできているんだ、そこそこ儲けるチャンスすらないんだから……。彼らはそういう確信を強めているのである。もし皆さんがそう思っている個人投資家で、株式市場に再び参入する賢い方法を模索しているなら、本書がぴったりだろう。

だが率直に言って、多くの投資家には本書は必要ない。長期投資が目標で、金融市場や投資について学ぶことに関心がないという方には、単にドルコスト平均法でバンガードのインデックスファンドに投資することをお勧めする。ドルコスト平均法とは、市況に関係なく、定期的に同じ金額を投資していく方法だ。バンガードのインデックスファンドはさまざまな資産クラス――株式、債券、貴金属、不動産――に幅広く投資しており、金融サービス業界最低の手数料で販売されている。分散投資されたバンガードのインデックスファンドは、プロのファンドマネジャーが運用する多くのファンドをアウトパフォームする可能性もある。だが、一貫して市場をアウトパフォームできるプロのファンドマネジャーは二〇〇人にも満たず、そのような並外れたファンドマネジャーの多くは新規の資本を受け入れてくれないだろう。

しかし、仮に最悪の時期にドルコスト平均法を始めたとしても、長期的には利益を出せるはずだ。例えば、一九二九年末から三九年まで――米国株式市場最悪の一〇年間――ドルコスト平均法で投資をしていれば、世界大恐慌には見舞われたものの、一二・七％のリターンが得られていたはずだ。米国経済は世界史上最も高い成長を遂げており、その強さはまだまだ続くと思われるため、ドルコスト平均法でバンガードのインデックスファンドに投資していれば、皆さんも長期的な経済成長に参加することができるというわけだ。

しかし、もしもっとプロのようなアクティブな投資でハイリターンを追求したいと思うなら、本書が向いている。もし時間をかけて株式市場というカジノがどのように動いているかを学びたいと思っているなら、投資金額に関係なく、流動性をベースにした戦略をうまく押し進めることができるに違いない。

本書がただ株式投資でどのように利益を出せばいいかを投資家に示すだけにとどまらず、それ以上に有益なものになれば幸いである。また、本書を執筆したのは、企業の株取引に関する情報開示をＳＥＣ（証券取引委員会）などに提案しており、それをシンプルかつ低コストで推進してほしいと思ったからでもある。流動性理論とこうした提案の結果出てくる情報で武装すれば、上げ相場のときに――コーポレートアメリカが売り越しているときに――株式市場に投資をしたり、下げ相場のときに――コーポレートアメリカが買い越しているときに――株式を処分したりすることはまずなくなるはずだ。そうすれば市場のボラティリティは低下し、好況のあとにいや応なしに訪れる不況もそれほどひどいものではなくなるに違いない。バブルの崩壊と切っても切れないのが企業倒産であり――株式市場そのものの崩壊ではない――――、それが経済や社会に大混乱を引き起こすのである。

例えば、世界大恐慌の一番の原因は、株式市場の暴落ではなく企業の倒産や銀行の経営破綻であった。米農業省によると、一九二〇年には七八億ドルあった農家の純利益は、一九二一年には三四億ドルに落ち込み、徐々に回復していったものの、一九二九年には六二億ドルまでしか戻っていない。その結果、多くの農家にはもはや借金を返済する余裕もなくなり、一九二〇年代になると毎年平均で七〇もの銀行が破綻した。株式市場が崩壊すると、適正準備高を持たずに株式に投機していた銀行が破綻する。実際に一九三〇年代には、毎年平均九〇〇もの銀行が倒産していた。一九三三年三月にフランクリン・デラノ・ルーズベルトが大統領に就任したときには、どの州でも銀行が閉鎖されているか、または預金者が引き出せる金額が制限されていた。銀行預金保険などなかった時代なので、銀行の破綻によって多くの預金者が老後の蓄えの大半を失うことになった。企業間ではますますバーター取引が盛んになり、金の退蔵が広く行われるようになったため、一九三三年四月にはルーズベルト大統領がそれを禁止する行政命令を公布。銀行が破綻し、企業が倒産した結果、経済活動は急速に縮小した。

米国勢調査局によれば、非農業部門の失業率は、一九三一～三六年にかけては二五％を上回り、一九三一年後半から一九三三年の半ばにかけては三五％を上回っていた。数十万人もの人間が職を求めて町から町へと鉄道で移動した。仕事なら何でもよかった。家族は支出を抑えるためにモノをたかるようになり、生活水準もいきなり下がり、必需品を製造する機械でさえ稼働しないという状態になった。一九三二年には、平均収入と工業生産高が一九二九年当時のわずか半分の水準になっていた。皆がパンの配給を受ける行列に並んでいたわけではないし、貧民街に住んでいたわけでもないが、皆が経済的崩壊のあおりを受けていた。そんな米国が経済恐怖症から立ち直ることができたのは、第二次世界大戦が勃発してからであった。世界大恐慌を生き延びた多くのアメリカ人は、その後一生、株式市場に戻ってくることはなかった。

われわれは第二の世界大恐慌が起きるなどと言っているのではない。通貨政策や金融商品は非流動性を回避できるようにできており、七五年前と比べると格段に改善されている。実際に二〇〇〇～〇二年にテクノロジーバブルが崩壊したときも、銀行の破綻は一件もなかったが、バブル崩壊後の経済的余波は依然として深刻である。数十万の企業が倒産し、数百万の人々が職を失い、数千万もの人々が米国企業や金融市場を信用しなくなったのだ。ジュディーのように大やけどを負った多くの投資家も、まだ株式市場には戻ってきていない。流動性理論を広く利用すれば、株式相場のより安い高値とより高い安値の持つ重要性が分かるというのに。流動性理論を広く利用して好況時の投資規模を制限すれば、不況時のその後の打撃も抑えられるというのに。そうすれば、投資家ももっと株式市場に資本を委ねようという気になってくる。

こうして株価のボラティリティが低くなればより安定した資本流入が見込めるため、企業も恩恵に浴することができ、その結果、米国経済における雇用の創出も促進されることになるわけだ。金融市場から景気の波を完全に排除することなど不可能だが――それはどの市場でも投機筋が常にこの限界を押し広げているからだが――、流動性理論を利用すれば、市場の行きすぎから受ける打撃を抑えることぐらいはできるはずだ。

## まとめ

本書では、まずチャールズ・ビダーマンの自己破産から、それを契機に流動性理論の基礎を固めるまでを述べる。株式市場というのは、基本的にハウス――上場企業とその企業を経営するインサイダー――とプレーヤー――機関投資家と個人投資家――が株式を売買するカジノであり、株式市場というカジノでは、株価は企業の基礎的価値よりも、どちらかというと流動性――株式の需給――との相関関係で決まる。これがわれわれの主張である。次に、われわれが流動性分析の基礎を築くまでを簡単に述べ、株式市場の方向性を予測するのにそれをどう利用すればいいかを示す。

第二部では、利益成長率が株価を押し上げるという、従来からウォール街で培われてきた知恵を覆し、株式市場というカジノでは、いわゆるバリュー投資よりも流動性をベースにした投資のほうがはるかにパワーを発揮できるのだということを立証する。さらに、ウエブサイトや経済紙など、容易に入手できる情報源を利用して流動性理論を追求するにはどうしたらいいか、また長年にわたって株式市場の流動性を分析してきた経験を基に、投資家が株式市場というカジノで勝つためにこの理論をどのように応用すればいいかを説明する。

第三部では、過去一〇年間の株式市場を振り返る。この間、投資家は、長期にわたる上げ相場からバブル、そして容赦ない下げ相場から一時的な回復と、実にさまざまな市況を経験した。第三部ではこうした激動の時代の流動性に焦点を当て、流動性が株式市場の方向性にどのような影響を及ぼしているのかを見ていく。ただ、この間に流動性理論に追随した投資家がどのように投資をしていたかについては延々と論じることはしない。結局は後知恵にすぎないからだ。それよりも、われわれが先物モデルポートフォリオを使って実際に下した判断について論じてみる。例えば、大半の投資家が下げ相場に打ちのめされていた二〇〇二年に、われわれのモデルポートフォリオがどのように七四％のリターンを達成したかを説明する。

第四部では、資産規模も経験も異なるあらゆるレベルの投資家――投資を始めたばかりの個人投資家から筋金入りの機関投資家まで――が自分たちのポートフォリオに流動性理論のパワーをどのように生かせばいいのかを説明する。株式市場というカジノに勝つために、流動性理論を利用した一連の戦略――極めて慎重なものから極端にアクティブなものまで――についても詳述する。

第五部では、将来に目を向けてみる。ここでは流動性理論に追随する投資家が直面する困難について論じ、それらをどう乗り越えればいいかについて実際的なアドバイスをする。また、個人所得や雇用の分析にも新たに流動性理論を応用することで、株式や債券に流れる資本の量をどう予測するかについても掘り下げてみる。最後に、金融市場の透明性を向上させるだけでなく、株式市場の変動の波を抑えるような提案についても述べる。投資家がよりリアルタイムで流動性のデータを利用することができれば、金融市場や米国経済はさらに堅調に推移していくはずだからだ。

本書でも述べているとおり、一九九九～二〇〇〇年のテクノロジーバブルのような巨大なバブルが近いうちにまた発生すると思っている人はいない。一九九〇年代の市場の行きすぎを、過去の愚行だと言って笑い飛ばす人もいるだろうが、テクノロジーがほんの少し進歩しただけで、将来再びバブルが膨らむこともあり得る。二〇〇四年五月一日にウォーレン・バフェットがバークシャー・ハサウェイの株主総会で皮肉ったように、「歴史から学ぶべきことは、人は歴史から学んでいないということだ」。新たなトレンドに飢えている金融メディアは次なる「大ブーム」を今か今かと待ち望んでいるのだろうが、その結果、バブルが発生し、弾けでもしたら、もはや笑い事では済まされなくなる。そのときこそ――いつかはそうなるのかもしれないが――、投資家の皆さんには流動性理論を役立ててほしい。群衆の狂気を無視し、株式市場というカジノに勝つために。

# 第二章

# 流動性理論の起源

一九七一年、チャールズ・ビダーマンは株式市場における資本の流れに関する研究に着手したが、流動性理論という明確な形をとったのは一九九四年になってからである。本章では、ビダーマンの人生経験から流動性理論がどのように誕生したかを詳述し、彼が得た教訓――金融面の教訓と金融面以外の教訓――をいくつか紹介する。

## ビジネススクールから『バロンズ』へ

ハーバード・ビジネススクールを出たチャールズは、一九七一年九月から一九七三年八月まで『バロンズ・ファイナンシャル・ウイークリー』誌のアソシエートエディターとして活躍した。しかし社会人としてのスタートは、ハーバード・ビジネススクールの多くの卒業生とは少々違っていた。ビジネススクール一年目のとき、チャールズは学生たちの投資クラブ設立を手伝っていた。一九七〇年二月、投資クラブはコンピューター大手ディジタル・イクイップメント・コーポレーション（ＤＥＣ）に関する情報を入手。前年の夏に同社で働いていたビジネススクール二年の学生から仕入れたものだった。ＤＥＣは、ミニコンピューターを即売せずに、初めて保税倉庫に入れるというビジネスを展開していた。まだ当時はＣＢＯＥ（シカゴオプション取引所）もなかったが、投資クラブでは三カ月で満期になるＤＥＣ株のＯＴＭ（アウト・オブ・ザ・マネー）プットを買った。一カ月が過ぎたが、ディジタル株は動かなかった。クラブのメンバーは、自分たちが知っていることを他人がだれも知らなければ、株価は動かないのだと悟った。

　ある日の午後のこと、クラブのメンバーと一緒にいたチャールズは、思いついたようにコレクトコールで『バロンズ』のアラン・アベルソンに電話を掛けた。電話口でびっくりしているアベルソンに、チャールズはＤＥＣの話をした。調べてみよう。アベルソンは約束してくれた。アベルソンが『バロンズ』にＤＥＣの記事を書くや、株価は直ちに下げに転じた。チャールズはまだ知らなかったが、アベルソンはその年の春にハーバード・ビジネススクールのファイナンスクラブのイベントで講演することになっていた。そしてアベルソンがやって来たとき、チャールズは夏休みに『バロンズ』で働かせてほしいと頼み込んだ。粘り強く交渉したが、何度も断られた。だが、その後ようやく、週に三〇〇ドルで雇ってくれることになった。

　夏休みに『バロンズ』で仕事をしたチャールズは、二年生の間はパートタイムで、卒業したら正式に入社しないかとアベルソンに誘われた。そしてチャールズは不動産を担当。ニューヨーク市では投資家が七〇％という高い限界所得税率に直面しており、不動産はそんな投資家にとって大きなタックスシェルター（租税回避策）になっていた。確かに一九六〇年代は、企業家の税金対策のほとんどが不動産中心だった。一九六〇年代後半から七〇年代初頭にかけては、不動産の成長に投資するＲＥＩＴ（不動産投資信託）に人気が集まった。だが、結局は不動産バブルが発生し、一九七三年、アラブ諸国からの原油輸入禁止措置がとられると、バブルは崩れ始めた。住宅ローンの金利も、一九七二年には七％だったのが、七三年末には一五～二〇％に上昇。住宅ローンの金利が倍になったことで、七〇年代初頭に始まった不動産開発の大半も頓挫した。

## 不動産の波に乗って

　チャールズは不動産バブルの崩壊についての記事を書いた後に『バロンズ』を去った。ところが、ハーバード・ビジネススクール在籍中は奨学金をもらっていたため、それを全額返済するために稼ぐか、さもなければ破産を申請する羽目になってしまった。すると、ウォール街の空売り筋の古参で、『バロンズ』の情報源の一人でもあるマイヤー・バーマンが、一九七三年八月からチャールズを雇ってくれたのだ。するとチャールズはまず、バーマンの顧客にＲＥＩＴの大半の空売りを推奨。業界が総崩れだったからだ。

ＲＥＩＴが暴落すると、チャールズは大幅に下落していたＲＥＩＴ債の買いを推奨した。最終的な資産価値は額面、つまり一ドル付近だったにもかかわらず、ＲＥＩＴ債は五～一〇セントという安値で取引されていたのだ。チャールズは投資家グループから資本を調達し、テネシー州ナッシュビルの一〇〇〇軒のアパートやテキサス州ダラスやテネシー州メンフィスのオフィスビル、ミシシッピ州スタークビル、ケンタッキー州フルトン、テネシー州ミランなどにある屋外型ショッピングモールなど、抵当流れになった不動産を買いあさった。その投資家グループの中には、ニューヨーク市の大手法律事務所のパートナーや顧客がいた。要するに、チャールズは不動産市場が好況から不況へと転換するサイクルをうまく利用したのである。一九七〇年代後半、チャールズの帳簿上の純資産額は二〇〇万ドルに近づいていた。まだ三五歳にもなっていないころである。

所変われば品変わる。大統領が変われば政策も変わるもの。ロナルド・レーガン大統領は一九八〇年代の初めに大幅減税を行い、州やニューヨーク市の所得税を含む最高水準の限界所得税を七〇％から四五％以下に引き下げた。このことを知っている人は多いが、この所得税率の引き下げによって、スマートマネーの不動産への投資意欲がそがれたことを知っている人は少ない。一方、インターネット革命が起きるきっかけになったのは、何よりもこの減税であった。

一九七〇年代後半から一九八〇年代初めにかけて、チャールズは不動産を利用した節税対策はもうだめだということに気がついた。また、不動産経営者としては大成功を収めていたものの、人生では何かが足りないことにも気づいていた。そこで一九七八年からは回り道をして自己啓発セミナーに通い始めた。ワーナー・エアハードのＥＳＴ（エスト＝エアハード・セミナーズ・トレーニング）からオーレ・ラーソンのＩＳＡ（自己実現協会）や体外離脱の旅を体験するロバート・モンローのコース、ジャック・シュワーツのオーラリーディングまで、いろいろと体験した。インドのアーシュラム（道場）では修行滞在までした。これらのコースを受けてチャールズが得た一番の教訓は、他人との差別化が最大の個人的満足感を生むということだった。彼が他人と違うことをしながら、どうしたら十分な生活費を稼げるのかを考えようと決心したのはこのときである。

一九八〇年、レイ・ダークスが『ウォール・ストリート・ファイナル』という日刊紙を創刊した。技術の進歩によって、その日の終値を掲載した新聞がニューヨークのグランドセントラル駅で午後五時に販売できるようになったことを受けての創刊だった。編集を担当していたのは『ウォール・ストリート・ジャーナル』紙と『フォーブス』誌の元編集者、故プリシラ・メイヤー。メイヤーは、チャールズを株式市場の日刊コラムニストとして雇ってくれた。ところが『ウォール・ストリート・ファイナル』の創刊号が完売しないうちに、『ニューヨーク・デイリー・ニューズ』と『ニューヨーク・ポスト』が株式市場の終値版を出してきたのである。その結果、『ウォール・ストリート・ファイナル』はわずか六カ月で廃刊。その直後だが、『ニューヨーク・デイリー・ニューズ』も『ニューヨーク・ポスト』も終値版の発行を中止した。

一九八二年、チャールズはニュージャージー州シーサイドパークに引っ越し、一年もしないうちにニュージャージー州オーシャンカウンティーにあるさまざまな未開発区画を購入。ニューヨーク市に向かうリンカーントンネルの入り口から九六・五キロメートルほどのところである。オーシャンカウンティーの不動産開発は一九七三年以降のエネルギー危機で中断していたが、チャールズはそこに商機ありとみていたのだ。石油価格と住宅ローンの金利はやがて下がると確信し、一九八〇年には早くも『ウォール・ストリート・ファイナル』紙で原油価格は必ず下落すると予測。原油価格が一バレル当たり四〇ドルだと、エネルギーコストは米国民所得の一〇％を占める計算になるが、そんな状態がいつまでも続くはずがないというわけだ。本書を執筆している二〇〇五年前半は原油価格が一バレル当たり四〇～五〇ドルだが、これは米国民所得の三～五％程度に相当する。やがて一九八三年に住宅ローン金利がほぼ二〇～一一％程度まで下がってくると、ようやく都市部近郊の開発も現実味を帯びてきた。

一九八八年にはチャールズも一五〇〇～二〇〇〇万ドルの抵当を入れ、オーシャンカウンティーのさまざまな不動産を管理していたが、一九八七年一〇月に起こった株式市場の大暴落（ブラックマンデー）以降は不動産市場も冷え込み、ほとんど売れなくなってしまった。チャールズの最大の貸し手であったシティフェデラルS＆L（貯蓄貸付組合）もついに破綻。政府が跡を引き継ぐと、チャールズはローンの完済を迫られた。部分払いは認められなかった。もし時間とチャンスさえもらえれば、段階的に全部を売却することができるし、銀行の借入金も返済できるし、そのうえ手元にはさらに数百万ドル残るはずだ。そう信じていた彼は厳しい現実に直面した。数百万ドルを現金で工面するか――新たなローンを組んでくれる銀行はほかに一行もなかった――、さもなければ自己破産の申請だ。自分が管理する個々の不動産が担保割れしていたわけではなかったが、一九八九年一二月、チャールズは全資産を整理し、自己破産を申請することを余儀なくされた。

この経験から、チャールズは価値と価格の違いについて極めて重要な教訓を得たのである。つまり、価値というのは資産自体に本来備わっている価値のことで、価格というのは買い手がその資産を買うときに売り手に支払ってもいいと考える金額だということだ。また、資産価格とは、その価値（その資産が生み出す収入の額）以上に流動性（資産の供給量とそれを買える現金の量）によって決まるということも学んだ。この単純な違いがチャールズの新たな出発点となり、さらには新たな投資パラダイム、すなわち流動性理論のベースにもなったのである。

## トリムタブスの設立

一九九〇年、チャールズは再出発を決心し、カリフォルニア州サンタローザにマーケット・トリムタブス社を設立した。当時はウォール街でもファクスが普及してきたため、チャールズも北カリフォルニアのワインカントリーで株式市場のリサーチを行い、毎日市場が開く前に顧客にレポートを送信することができた。トリムタブスの顧客第一号はマイヤー・バーマンだった。チャールズが新たな道に進むときに、いつも助けてくれるのがバーマンだ。これで二度目である。バーマン氏には感謝しなければ！　トリムタブスが最初に推奨したのはミッドランティック・ナショナル銀行の空売りだった。一九九〇年一月、ミッドランティック株は二〇ドル台という高値で取引されていたが、最終的に同行は破綻を回避するために一〇ドル以下の価格で買収された。

設立当初のトリムタブスは、主にヘッジファンドに情報を提供していた。株式市場に関する週刊コラムで成功したが、チャールズが唯一モデルにしていたのは、元上司で恩師でもあるアラン・アベルソンが執筆する「アップ・アンド・ダウン・ウォールストリート」というコラムだった。まずは株式市場全体の分析を行ってから――アベルソンは今でもそうしているが――、特定銘柄の空売りや買いの理由を徹底的にリサーチするというやり方だったが、株式市場全体の分析を行っているとき、チャールズは常時株式市場に出入りしている資本の循環（資本フロー）をだれひとり追跡調査していないことに気がついた。許認可を得ているFRB（米連邦準備制度理事会）、ソロモン・ブラザーズ、ゴールドマン・サックスだけは米国政府のデータを利用してこの流れを四半期ごとに分析していたが、チャールズは政府のデータを当てにするのではなく――ソーセージと同じで、政府のデータがどのように作られるのかはだれひとり監視していないのだから――、企業の売買高、ミューチュアルファンドの資本フロー、信用取引の委託保証金の額など、あらゆる資本の流れに関するリアルタイムのデータはないものかと独自に模索し始めた。

一九九四年が過ぎるとコーポレートアメリカ（米国の大企業）は株式を大量に買い越す

ようになり、一九九五年には株式ミューチュアルファンドへの個人からの資本流入が加速してきた。このときチャールズは、「決定的証拠」が見つからないかぎり、ショート（空売り）戦略――トリムタブスの十八番――がうまくいかないことにも気がついた。コーポレートアメリカや個人投資家から膨大な量の現金が株式市場に殺到していたからだ。一九九五年八月――五年に及ぶ強気相場の九カ月目――、彼は株式市場の流動性を分析した週刊の刊行物『リクイディティ・トリムタブス（Liquidity TrimTabs）』を創刊。その後、五年をかけて流動性理論を構築し、ベースが固まったと感じられるレベルにまで発展させた。会社は成長し、ミューチュアルファンドの資本フローや源泉徴収税、雇用税の徴収額を含め、株式市場の流動性について毎日詳細に掲載した刊行物を発行する独立した調査サービス会社となったのである。

やがてトリムタブス・インベストメント・リサーチ社として知られるようになると、米国の株式市場に参加する主な金融業者に空売りに関するレポートを日刊で、流動性に関するレポートを週刊で提供することに集中した。現在は二つの商品を個人投資家に提供している。一つは、流動性、個人所得、雇用調査などの情報を提供するトリムタブスの月刊ダイジェスト『トリムタブス・マンスリー・リクイディティ（TrimTabs Monthly Liquidity）』。もう一つは、本書でも述べるが、トリムタブス・モデルポートフォリオファンドで、これは現在、設定の準備に取り掛かっているところである。このミューチュアルファンドは目論見書を見てもらったうえで個人投資家の皆さんに購入してもらうものだが、トリムタブスのモデルポートフォリオを模倣したものである。さらに、投資家の皆さんがわれわれのモデルポートフォリオを模倣したものか、それ以上にアグレッシブなポートフォリオを構築できるようにと、資産運用会社とも連携して作業を進めている。こうした新製品に関する最新の情報については、弊社のウエブサイト（http://www.trimtabs.com/）を見てほしい。

## 人生の教訓を少々

トリムタブスでは常にお客様の期待を上回るように努力している。そこでチャールズが人生について最もよく受ける質問にお答えしようと思う。

### 幸福の秘訣

幸福の秘訣は極めてシンプルだ。「あるものねだり」をすればいいのである。もし不幸になりたいのなら、「ないものねだり」をすればいい。不幸のどん底を味わいたいのなら、やけになって「ないものねだり」をすればいい。

だれも目標に向かって努力するなと言っているのではない。本当に目標に向かって努力したいのなら、その目標に向かって努力することで幸福になれるのだ。

## 満足のいく人生を送るには

満足のいく人生を送る秘訣は、自分の人生を他人中心に考えることだ。もし「人生はむかつくから死んでやるんだ」という考え方なら、自分の人生を、自分の要求、自分の欲望、自分の空想というように、自分中心に考えればいい。もし大いに満足のいく人生を送りたいのなら、自分の人生を、自分の人生にかかわる人々の要求、欲望、空想というように、その人のことを中心に考えればいい。

## 成功の秘訣

三度にわたって無一文から数百万ドルという財産を築いたチャールズ。皆さんとも共有すべき成功の秘訣があるのではないだろうか。チャールズはそう考えている。

成功の秘訣、それは途中であきらめずに全力を出し切ること、いかに拒絶されようとも、けっして引き下がらないことである。一九七九年、チャールズはナオミ&ワイノナ・ジャッド（**訳注**　米国で有名な母娘のカントリーデュオ）と知り合ったが、その一年前のこと、彼はユーゴスラビアのナンバーワン歌手ヨシパ・リザスを家に招待した。歌手としてはナオミ・ジャッドよりもはるかに才能があったが、リザスは一度も全力で歌ったためしがなかった。常に抑えぎみで、米国では才能があれば必ず成功するはずだと思い込み、そのまま帰国してしまった。リザスが成功することはなかった。逆に、五年の間にナオミは自分だけの倫理規定の範囲で、自分と娘が成功するためにできることはすべてやった。もちろん、彼女は成功した。

金銀の取引を扱う世界最大の会社モカッタ・メタルズのトップで、現在はファルコンウッド・トレーディングの会長を務めるヘンリー・ヤレッキ博士。成功するためにはいかに粘り強さが大切かを示すもう一つの例がヤレッキ博士である。コネティカット州ニューヘイブンで精神科医として仕事をしながら銀の取引ビジネスに参入できたのはラッキーだった、と博士は言う。一九六〇年代後半、廃貨になった銀券にだれよりも高い金額を払って儲けるという彼の構想を、少なくとも一二の銀行が却下した。だが、一三番目にアプローチした銀行が彼のアイデアに出資してくれることになった。これもラッキーだった、と博士は言うが、われわれの考えでは、博士はラッキーでも何でもない――ただ成功したのである。もし一二の銀行に却下されなければ、彼は目標を達成することはできなかったはずだ。

最後に簡単にまとめてみると、幸せな人生、満足のいく人生、成功した人生を送るには、常に全力を尽くして他人との差別化が図れるような人生を望むことである。さあ、そうした人生の秘訣をいくつかお教えしたあとは、第二章と第三章でチャールズが過去一一年にわたって練り上げてきた流動性理論の原則を紹介しよう。

# 第三章 流動性理論の原則

　ほとんどのトレーダーが株式市場で損をしている。株式市場がバブル化し、史上最高値を付けた直後の一九九九年一一月から二〇〇〇年三月までの五カ月間に、二七〇〇億ドルもの資本が株式市場に流入した。このうち一三五〇億ドルが株式ミューチュアルファンドに、残りの一三五〇億ドルがシスコシステムズ、ＪＤＳユニフェーズ、サン・マイクロシステムズといった銘柄に直接流れ込んだ――これらの銘柄はその後二年間で八〇％以上値を下げた。最も強気のナスダック総合指数は三月と四月にピークを付けたが、ほかの指数が最高値を付けたのは八月になってからであった。

　その三月から八月の間に二〇〇〇億ドルが株式に流入した――株式ミューチュアルファンドに一〇〇〇億ドルが、個別銘柄に残りの一〇〇〇億ドルが直接流入。一九九九年一一月から二〇〇〇年八月までに流入した総額四七〇〇億ドルには、米国株を購入した外国人投資家の資本一五〇〇億ドルは含まれていない。最終的には、一九九九年一一月から二〇

○○年八月までの間に少なくとも五○○○億ドルが米国株に流れたことになる。その後、弱気相場になると、S&P五○○種株価指数とナスダック総合指数はそれぞれピーク時の五○%、七八%値を下げた。

二○○二年一○月に相場が底を打ったときには、ピーク時に市場に流入していた五○○○億ドルのうち少なくとも三○○○億ドルが失われた。大した慰めにはならないが、損をしたのは個人投資家だけではない。証券会社も見事に大損をしているのである。二○○○年八月三○日――S&P五○○が一五三○・○一ポイントの最高値を更新する二日前――には、クレディ・スイス・ファースト・ボストンが証券大手のドナルドソン・ラフキン・アンド・ジェンレットを一三六億ドルで（大半を現金で）買収すると発表している。

「高きを買い、安きを売る」が大半の個人投資家のモットー。少なくとも、彼らの行動を見るかぎりはそうである。彼らは少なくとも五○○○億ドルの資本をピーク時の株式市場に投じたが、彼らの多くがまさに底値で投げているのである。二○○二年六月から二○○三年二月にかけて、彼らは株式ミューチュアルファンドに投資していた一○○○億ドル以上を換金したが、実際には購入時の金額よりも五○～七○%安い金額であった。この一○○○億ドルを換金するために二○○○億ドル以上も支払っていたことになる。これはミューチュアルファンドだけの数字である。おそらく個別銘柄ではさらに大きな損失を出しているだろうし、無一文になった人もいるだろう。

だが、流動性理論に追随する投資家なら損などしていないはずだ。そのときに流動性理論を知っていた投資家――つまりコーポレートアメリカ（米国の大企業）――は、ピーク時には一貫して売りスタンスを継続していた。一九九九年一一月、上場企業とその企業を経営するインサイダーが大量の売り注文を出すようになった。そのスタンスは二〇〇二年七月まで続いた――このとき、彼らは突然強気に転じたのである。要するに、個人投資家が大金を株式市場に投入しているときに、企業はその資本を吸い上げていたわけである。個人がパニックに陥って株式を底値で投げ売りしているときに、企業は彼らが激安価格で売ってくれる株式を喜んで買っていたわけだ。コーポレートアメリカとお人よしの個人投資家。さあ、皆さんは投資仲間としてどちらを選ばれるだろうか？

多くの無頓着な投資家は自分の資産運用にＤＩＹ（自分でやる）式アプローチを採用し、二〇〇〇～〇二年の弱気相場では数兆ドルもの損失を被った。多くの投資家は、二〇〇〇年にドットコムバブルが最大に膨張したときでさえ株式投資の何たるかはおろか、自分が投資している企業のことすらほとんど分かっていなかった。だが、第一章で説明したとおり、大金――遺産であっても――を少しずつ蓄えられる人ならだれでも自分の資産を運用することができるのだ。金融メディアの派手な宣伝やまやかしを一つずつはぎ取っていけば、株式市場を動かす基本原則を理解するのはそう難しいことではない。本章では流動性理論の基本を紹介し、株式市場の方向性を予測するに当たってそれをどう生かせばいいかを説明する。

## 株式市場というカジノ

どの組織にもそれぞれ設立の目的というものがあるが、それは大半の人が考えているのとは異なる場合が多い。多くの個人投資家は、株式市場が経済的天国への階段になり、悠々自適の老後や楽しい休暇を与えてくれ、子どもたちにも一流大学で教育を受けさせるチャンスを与えてくれることを願っている。一方、ブローカーはというと、どんなトレードでも儲けたいと願っている。顧客が新たに売り出された株式や発行済み株式を売ろうが買おうが関係ない。ファンドマネジャーは、自分のポートフォリオとして保有している株式が値を上げて、それに伴って収入――通常は運用する資産額に応じた歩合制――も増えてくれることを願っている。

ところが、株式市場設立の目的はこのいずれとも異なっている。ＳＩＡ（米証券業協会）によると、株式市場設立の目的は産業界に資本を供給することである。これには心から賛同するが、これについてはもう少し注意深く考えてみる必要がある。産業界は必要な資本をどこから調達しているのだろう？　投資家から調達しているのである。株式市場設立の目的は、現金を絶えず投資家から奪い取っておきながら、投資家が笑顔でまた戻ってきてくれるようにすることなのである。もしこの話を聞いて思い当たる節があるなら、やはりそうだからだろう。カジノ設立の目的とまったく同じなのである。

株式市場というカジノは、必ずしもラスベガスに立ち並ぶカジノほど派手ではないが、その仕組みを理解している人にはラスベガスのカジノよりもはるかに報いてくれる。株式市場というカジノでは、ハウスが上場企業とその企業を経営するインサイダー――ＣＥＯ、社長、副社長、役員、取締役――、プレーヤーが投資家――ヘッジファンド、年金基金、ミューチュアルファンド、個人投資家――である。このハウスとプレーヤーの間で株式とお金のやりとりが行われているのである。

では、上場企業（ハウス）はどのように儲けているのだろう？　答えは簡単だ。上場企業（ハウス）は個人投資家（プレーヤー）にお金と引き換えに株式を売る。投資家が上場企業の株式を買う場合、実際に買っているのはその企業の所有権である。仮にスターバックスの発行済み株式数が四億株で、そのスターバックス株を一株買ったとしよう。一株でも保有すれば、あなたはスターバックスのオーナーになれるのだ。もちろん四億株のうちの一株しか保有していないわけだが、それでも一株主になれるのである。株式を組み入れているミューチュアルファンドでも同じである。ＶＦＩＮＸ（バンガード・五〇〇・インデックスファンド）を一口購入すれば、このファンドに組み入れられている五〇〇社すべての株式を少しずつ購入したことになるのである。直接購入だろうとミューチュアルファンドを通してだろうと、投資家（プレーヤー）は、株式を買うときには実際に支払った金額よりも将来的にさらに価値が上がることを期待して買う。同様に、上場企業（ハウス）もお金と引き換えに投資家（プレーヤー）から株式を買うという選択ができる。では、なぜ上場企業は自社株買いをするのだろう？　その企業の基礎的価値と比べて現時点での株価が割安だと思えば、彼らはそうするはずだ。

株式市場というカジノで投資をする投資家は、カジノはハウスの資金稼ぎのために存在しているのだ、ということを理解すべきである。プレーヤーに儲けさせるためではない。だから株式市場というカジノでプレーヤーが儲けられないのは当然なのだ。実際、本書の一番の目的は、株式市場で利益を上げる方法を紹介することである。ただ、投資家の皆さんには、株式市場というカジノは上場企業（ハウス）のために作られたものであり、投資家（プレーヤー）のために作られたものではない、ということを常に心に留めておいてほしい。

　ここまでは株式市場というカジノの構造について見てきたが、上場企業（ハウス）が資本調達をするために存在するのが株式市場というカジノであり、上場企業はお金と引き換えに投資家（プレーヤー）と株式を取引しているのだということを学んだ。ところで、株式市場というカジノでは何が株価を決める要因になるのだろう？　ハウスやプレーヤーが株式を売買するときはどのように値段を決めているのだろう？　答えは需要と供給である。株式市場というカジノもほかの市場とまったく同じで、株式の需給関係が株価を決める主な要因になるのである。

## 実際の需要と供給――オレンジ

　需要と供給は市場に流通する商品価格にどのように影響するのだろう。それを理解するには、まず株式市場というカジノから少し離れて、オレンジという、だれでもすぐに理解できる事例で考えてみよう。市場で需要と供給がどのように作用するかをすでに理解できているという方は、この章を飛ばし、次の第四章以後を引き続き読んでほしい。

　米国の大学一年生はまず経済学入門（経済学一〇一）から学ぶが、オレンジなどの商品の価格はその需給と相関関係にある。**図3―1**に、需要と供給の関係を簡単に表してみた。

## 図 3-1　オレンジの需要と供給

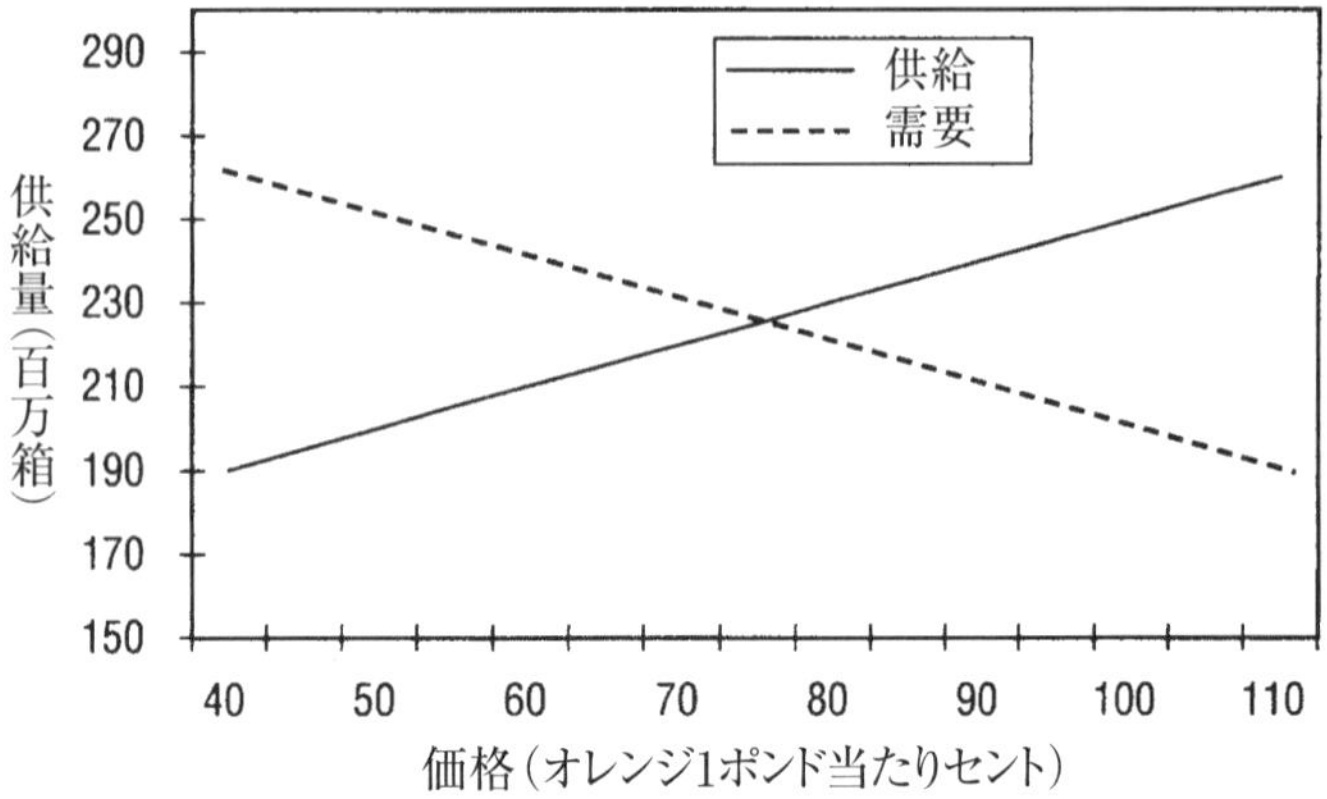


右肩上がりの実線はオレンジの供給を、右肩下がりの破線はオレンジの需要を表している。この二本の線は一般常識を反映している。オレンジの価格（横軸）が上昇すればオレンジの供給も増え、供給業者は高い値段でより多くのオレンジを生産しようとする。しかし同時に、オレンジの価格が上昇すれば消費者はオレンジを買わなくなり、オレンジの需要は落ち込んでいく。ここで重要なのは、需要線と供給線が交わったところがオレンジの市場価格であるということだ。ここでオレンジの需要と供給のバランスがとれているわけである。

では、オレンジの市場価格が需要と供給の変化に左右されることを図で示してみる。多くの人が炭水化物の摂取を控え、あまりオレ

**図 3-2　オレンジの需要低下の推移**

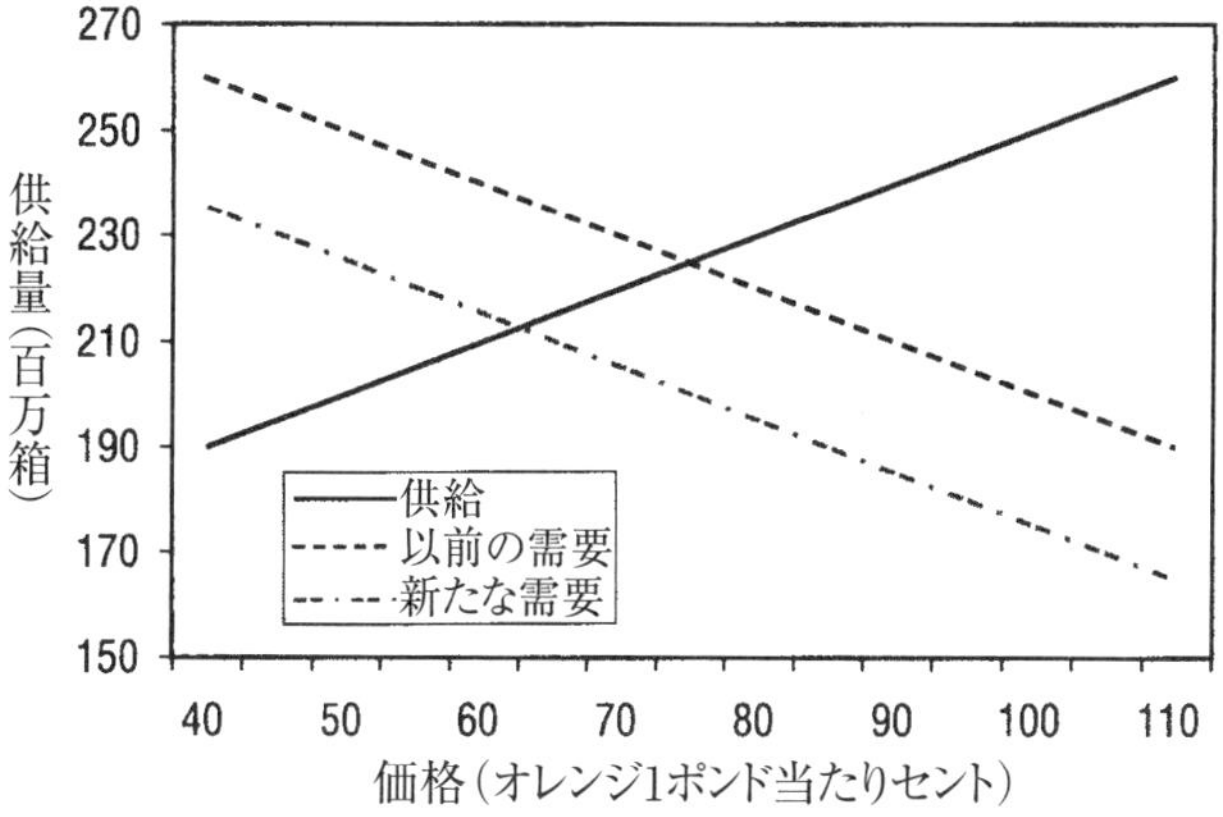


ンジジュースを飲まなくなったので、オレンジの需要が急落したと仮定してみよう。この変化を**図3―2**に示す。破線はオレンジの需要が低下していく様子を表している。供給は安定しているが需要が低下していると、きは、皆さんの予想どおり、オレンジの市場価格（供給線と新たな需要線が交わったところ）は大幅に下落している。何らかの理由でオレンジの需要が増えた場合には、市場価格も上昇していく。

オレンジの在庫は市場価格にも影響する。フロリダ州が激しい霜に見舞われ、州のかんきつ類の収穫高が激減したと仮定してみよう。米国のオレンジ生産高ではフロリダ州が圧倒的な割合を占めているため、オレンジの供給量は明らかに減少する。この変化を**図3―3**

**図 3-3　オレンジの供給低下の推移**

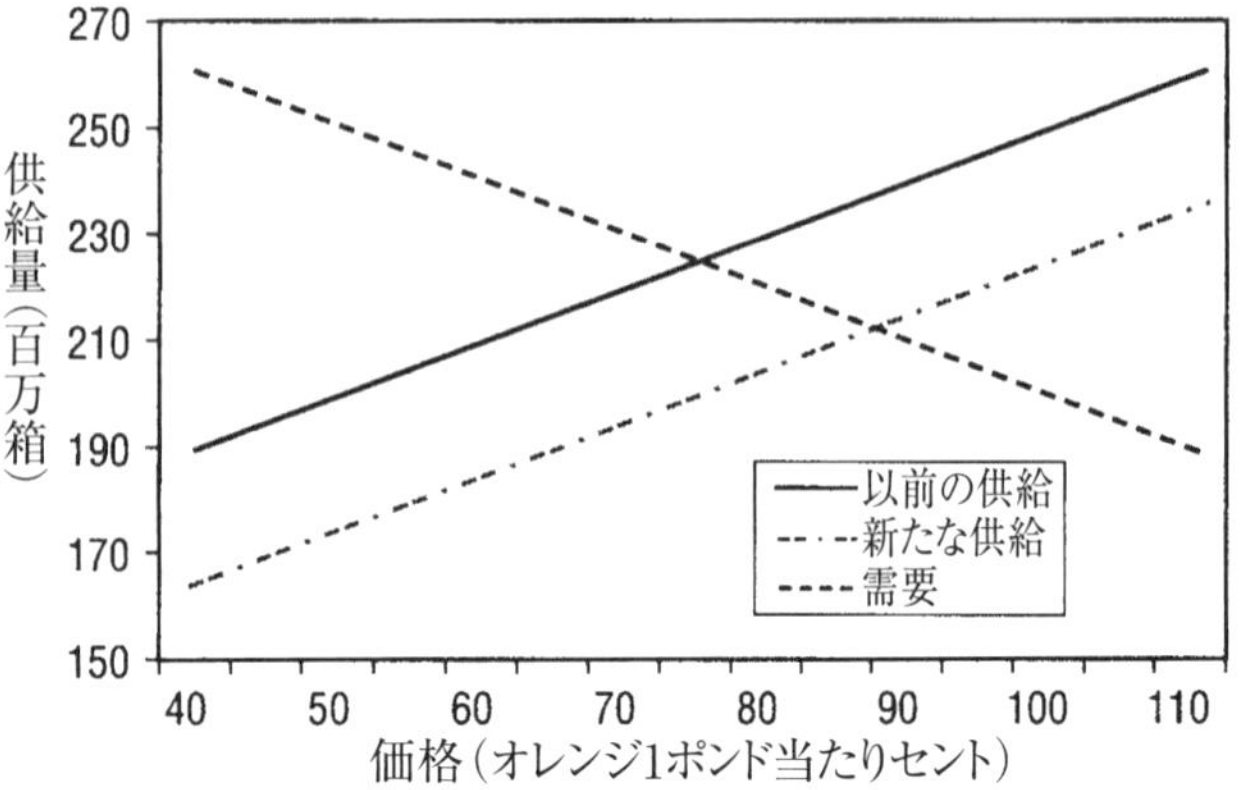


に示す。右肩上がりの破線はオレンジの供給量が減少していく様子を表している。供給が減少しているが需要が安定しているときは、皆さんの予想どおり、オレンジの市場価格（需要線と新たな供給線が交わったところ）は大幅に上昇している。同様に、何らかの理由でオレンジの供給が増えた場合には、市場価格も下落していく。

　オレンジの供給が増加して需要が減少した場合、あるいはその逆の場合には、価格への影響がさらに大きくなる。人々が低炭水化物ダイエットに飽きてきてオレンジジュースを大量に飲み始めるときと同じように、フロリダ州が激しい霜に見舞われ、オレンジの収穫が打撃を受けたと仮定してみよう。この変化を**図3—4**に示す。破線はオレンジの供

## 図 3-4　オレンジの供給低下と需要増加の推移

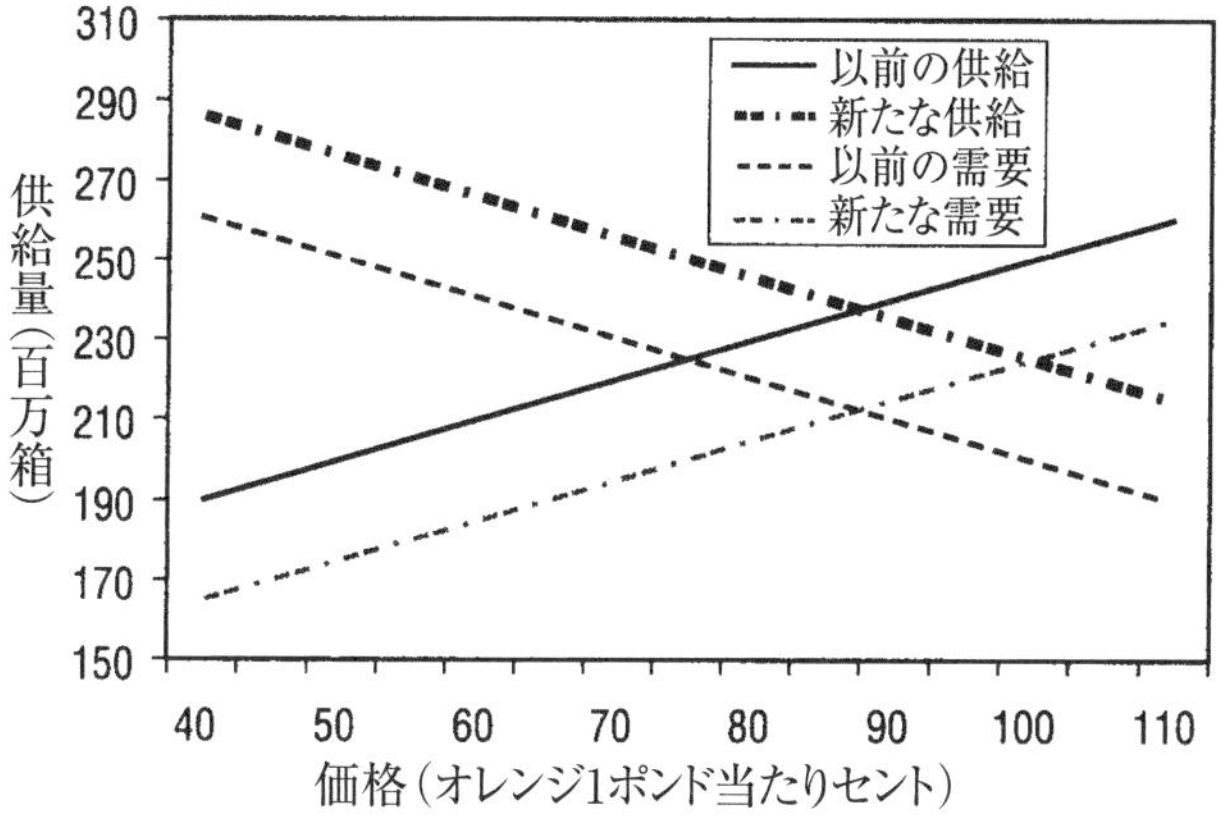


給が減少し、需要が増えていることを表している。供給は減少しているが需要が増加しているときは、皆さんの予想どおり、オレンジの市場価格（新たな需要線と新たな供給線が交わったところ）は大幅に上昇している。

需要と供給の値を任意に決めたため、この事例は一見したところ単純に見える。需要と供給の変化が商品価格にどのように影響するかを正確に予測するのはそう簡単なことではない。オレンジの場合、供給量は多くの外的要因――栽培農家の数、生産地域の気候、生産に必要な労働力や機械類といった投入財の価格、生産技術の変化、政府の規制――で変わる可能性があるからだ。需要も同じように、消費者の数、消費者の嗜好、グレープフルーツのようなオレンジに代わるフルーツの価格など、多くの要因の変化に左右される。需給の変化を予測するのは、オレンジのような比較的単純な商品であっても難しい。もっと複雑な商品――プラズマテレビやトラック、工作機械など――になると、予測はさらに難しくなる。

この事例で皆さんにお伝えしたかったのは、商品の市場価格はその商品の需要と供給によって変わるということである。オレンジの市場価格はオレンジそのものに本来備わっている価値に左右されるわけではないのである。オレンジの市場価格が**図3―2**で下落しておらず、**図3―3**でも上昇していないのは、オレンジの味や栄養価がまったく変わっていないからだ。二つのケースでは共に、商品、つまりオレンジの基礎的価値は、市場での需給に変化が起きる前とまったく同じである。したがって、オレンジの基礎的価値とオレンジの価格とは別だということになる。

今度は需要と供給の関係を少々複雑にしたものとして、住宅の購入にレバレッジを活用することについて考えてみる。ビバリーヒルズで格安の中古住宅が現在二〇〇万ドルで売りに出されていると仮定しよう。間違いなく、この家には基礎的価値がある。さまざまな要因をしのぐ住まいとしての価値、夫婦が家族を養う場所としての価値、ステータスシンボルとしての価値である。ところが、この家の市場価格は年によって大きく変動する。景気が拡大している年には、価格も一五％上昇するが、逆に景気が後退しているときには一〇％下落する。しかし、浮き沈みが激しい戸建て住宅市場全体を通してみると、生活の場としての住宅、家族を養う場としての住宅の基礎的価値は少しも変わっていない。ほかの条件がすべて同じなら、どんな時期であろうと、この家はその基礎的価値――さまざまな要因をしのぐ住まいとしての価値、夫婦が家族を養う場所としての価値、ステータスシンボルとしての価値――をほぼ維持し続けるはずなのだ。

では、不動産市場でローンが組めず、住宅を購入する人は全額現金で支払わなければならないと仮定してみよう。住宅価格は二〇〇万ドルのままだろうか、それとも一〇～二〇％程度は下がるだろうか？　もちろん、そんなはずはない。住宅ローンがまったく利用できないとなると、住宅価格は急落する。逆に、わずか五万ドル――二・五％安い――で購入し、残金を金利一％の金利支払いローン（**訳注**　ローンの利息返済だけのローン）で返済すると仮定してみよう。二〇〇万ドルという、この魅力的な格安住宅のローンの返済額は月に約一六二五ドルとなる。このような条件の下で、果たして住宅はバカげた水準まで値を上げるものだろうか？　もちろん、そういうことも考えられる。だが、住宅の価値はけっして変わらない。正確に言えば、住宅価格は、その価格の変動が所有者のライフスタイルにどう影響するかによって変わるのである。

ちなみに、一九二〇年代の株式バブルの話だが、投資家は九〇％の委託保証金を差し入れれば株を買うことが認められていた。つまり、一〇〇〇ドルのＲＣＡ株――今日のシスコシステムズに相当する電気機器メーカー――を買うのに、わずか一〇〇ドル支払えばよかったのである。もしＲＣＡの株価が二倍になれば、投資額は一〇倍になる。当然、株価が一〇％下がれば、投資家は全財産を失うことになる。ありとあらゆる神話があるにもかかわらず、結局のところ、世界大恐慌の真の原因は株式市場の暴落ではなかったのだ。大恐慌を招いたのは、政治家の行動であり、それが米国の多くの銀行とその預金者たちを一掃してしまったのである。もちろん、株式市場の暴落によって多くの銀行の財務体質は脆弱になったが、一九二〇年代に今日のような預金者保護の規制があれば、世界大恐慌など発生しなかったはずだ。

## ハウス側でプレーをする

株式市場というカジノで勝つには、ゲームの趣意について知っていればいいというのではなく、ウォール街の証券会社の役割と株式市場の二大パラダイムについても知っておく必要がある。ほとんどの投資家は、ウォール街の証券会社で働くブローカーやアナリストは自分たちの側に立って仕事をしてくれるものと勘違いしている。しかし彼らは、カモ、つまり一般大衆に、一番実入りのいい商品、つまり売り出しで新たに売却された株式に投資するよう仕向け、自分たちが儲けるためにゲームに参加しているのである。証券会社は株取引の対価を手数料の形でもらっているが、どの取引でも同額というわけではない。

今日では個人投資家もわずか二〇ドル程度の手数料で大量の株をオンラインで購入することができる。機関投資家相手の証券会社も、今では一回の取引に対し一株当たり三セント程度の手数料を徴収している。株価が五〇ドルだとすると、この手数料は〇・〇六％になる。だが一般投資家が売り出しで購入する株式に対しては、証券会社は三～七％の手数料を徴収しているのである。これは一株五〇ドルの場合、手数料収入が一株当たり一・五〇～三・五〇ドルになるということである。

証券会社では、発行済み株式のトレードよりも株式の売り出しによる儲けのほうがはるかに多い。しかし、ドルコスト平均法でインデックスファンドを買い付けている投資家からはほとんど利益を出せないでいる。だから証券会社がいくら相場は下落すると予測しても、皆さんはほとんど気にする必要はないのである。証券会社にとっては、相場が上昇しようが下落しようが関係ないからだ。関係があるのは、売り出した株式を皆さんが買ってくれるかどうかである。ウォール街とは投資家にプレーをさせて損をさせるためのカジノである、という意味がもう分かっていただけただろうか？

ところで、ウォール街の証券会社では、潤沢な年末のボーナスや必要経費、企業が所有するジェット機の代金はだれが支払うのだろう？　もし皆さんが証券会社を通して投資をしているのなら、それは皆さんが払うのだ！　けばけばしいカジノでどうでもいいお金を払わされているのとまったく同じで、皆さんが払うのである。

投資の世界では二大パラダイムが主流である。最も有名なのは、バリュー投資とかファンダメンタル分析といわれ、株価は上場企業の将来の利益予測によって動くというものである。利益が増加すれば株価も上がる。利益が減少すれば株価も下がる。先にも述べたが、米国経済は世界史上どの国の経済よりも急成長を遂げている。最盛期の古代ローマ帝国の経済や一八～一九世紀の大英帝国の経済でさえ、この二〇〇〇年に及ぶ米国経済のように急成長はしなかった。バリュー投資家に言わせれば、株価は利益と相関関係にあり、利益の伸びは米国経済の成長と一致している。だからブローカーがのべつ幕なしに「今こそ買いだ！」と言っていても驚くには当たらないのである。ファンダメンタル分析にしても、カモからお金を巻き上げる詐欺師の前に立つ客引きとして、同じ役目を果たしている。これは「カジノが勝つ――勝つのはカジノだ、お前じゃない！」というカジノの宣伝と同じなのである。

ごく少数の投資のプロにしか支持されていないのがテクニカル分析だが、これは、過去の株価の動きを分析すれば将来の株価が分かるというものである。テクニカル分析では、売買のタイミングを判断するのによく株価のチャートや数々の統計指標が用いられる。第二部では、なぜファンダメンタル分析やテクニカル分析ではだめなのか、なぜ流動性――株式の供給量とそれを購入できる資本の量を評価する尺度――が株価を決める主要因なのかを説明する。

ここまでは、株式市場とは基本的に上場企業（ハウス）と投資家（プレーヤー）がお金と株式とを交換するカジノであるということを学んだ。また、株式が取引されるときの値段は需要と供給で決まるということも学んだ。ここで皆さんはふと疑問を抱かれるだろう。「そういう議論はもちろん結構だが、じゃあ、実際にはどうやって株で儲ければいいいんだ？」

流動性理論を生かし、株式市場というカジノでハウス側に立ってプレーをすることだ、というのがその答えである。

皆さんの収入や財産がどの程度あるかには関係なく、流動性理論を生かしハウス側に立って投資をすれば、高いリターンを生み出すことができるのである。その理由は大きく分けて二つある。

まず一つ目は、株式市場では、上場企業とその企業を経営するインサイダーが最も賢い投資家だから、というもの。自社のビジネスの見通しや経済全体の見通しについて、高給取りのウォール街のアナリストやエコノミストも含め、ほかのだれよりも分かっているのが彼らである。何しろ、毎日取引をしているわけだから、株式市場における彼らの集団行動こそが経済成長見通しの最良の先行指標の一つになるというわけだ。

そして二つ目は、ラスベガスのカジノと同じように、株式市場もハウスが利益を上げられるように操作されているからである。カジノでは、ハウスである上場企業が常に株式数をコントロールしている。株価が下がれば投資家から株式を買い、インサイダーのストックオプションの価値を高めることもできる。また、自社の見通しなど内部事情にも通じているため、株価が不当に割高になっているのか割安になっているのかを正確に知り得る絶好のポジションにいるのである。

こうして売買する株式数をコントロールできれば、相場の転換時には極めて好都合だ。株式バブルの時期、投資家は大騒ぎして買いに走った。個人投資家と外国人投資家が五〇〇〇億ドルを米国株に投資していた一九九九年一一月から二〇〇〇年八月までの間、上場企業とその企業を経営するインサイダーはどうしていたのかというと、現金による企業買収と自社株買いの分を除き、一五〇〇億ドル相当の株式を売却していたのである。二〇〇二年六月から二〇〇三年三月にかけても、個人投資家は大量に売り越していたが、上場企業のほうは自社株買いに転じており、その額は五〇〇億ドル以上にも上っていた。

バブル期には、上場企業は株式を全部売却して換金したいと考える。なぜなら、いったんバブルが崩壊すれば、売却した株式と引き換えに受け取った現金のほうがはるかに高価値を持つことを知っているからだ。弱気相場のときにはこれとは逆で、投資家はミューチュアルファンドや証券会社の取引明細書に目をやることさえできなくなる。下げ相場もどん底になると、ほとんどの投資家はもう持ち株を売り払い、安全だとされている債券や現金に逃げ込むことしか考えられなくなる。もちろん、上場企業は大喜びでそうさせるだろう。バブル期には株式を売却せずに投資家から格安で株式を買う。なぜなら、いったん弱気相場が終われば、株式のほうが投資家に支払った現金よりもはるかに高価値を持つことを知っているからだ。

ここで一つのパターンがあることにお気づきになっただろうか？　ある市況に直面したとき、上場企業と投資家は正反対の行動をとっているということである。上場企業（ハウス）が安く買って高く売っているのに対し、投資家（プレーヤー）は高く買って安く売っているのである。では、株式市場というカジノではハウスのほうがプレーヤーよりもはるかに儲かっているというのは、いったいどういうことなのだろう？

それは圧倒的多数の投資家がハウス側に立った投資をしていないからだ。ハウスがどのように動き、どのように投資をしているのかをチェックするどころか、人気のある新聞に矢継ぎ早に目を通しては、最新のホットなミューチュアルファンドを物色し、証券会社が投資判断を変更した銘柄ばかりをしきりにトレードしているからである。残念ながら、圧倒的多数の投資家はやはり主要な株価指数を上回るパフォーマンスを上げられていない。流動性理論を利用するのが良い投資法だ。次章では流動性理論をどう生かせばいいのかを説明する。

# 第四章

# 流動性分析の基礎

トリムタブとは、主舵に取り付けられた小型の舵面のことであり、空母や大型客船といった遠洋航行船の奥深い船底にある。船の進路を変えるには、まずこのトリムタブを回してから主舵を操縦する。

トリムタブを動かして船の進路を変えるのと同じように、流動性理論というトリムタブは、株式市場の方向性を理解するカギになるのである。株式市場というカジノでは、流動性は、株式の発行数から買い戻される株式数を除いた取引可能な株式数（浮動株）と株式に投資できる資本の量（資本フロー）と相関関係にある。したがって、浮動株と資本フローを評価する流動性のトリムタブ三つを追跡調査することで、株式市場が将来どこで方向転換するのかを判断することができるわけだ。この三つのトリムタブのうち、最初にして最も重要なのは、取引可能な浮動株の純変化（L１）であり、これで浮動株の数を評価する。

残る二つのトリムタブは、米国株ミューチュアルファンドの資本フロー（L2）と信用取引の委託保証金の額（L3）で、これで資本フローを評価する。流動性というこれらのトリムタブがどの程度役立っているかを理解するのに、数学や金融の知識は必要ない。必要なのは、簡単な算数の知識だけである。第二部では、ここで紹介するそれぞれのトリムタブの追跡方法と分析方法について詳述する。

## 浮動株の純変化（L1）

前章で論じたとおり、株式市場というカジノに参加しているのは、上場企業とその企業を経営するインサイダー（ハウス）、そして投資家（プレーヤー）である。ハウスとプレーヤーはお金で株式を取引する。株式市場というカジノでは株式全体の価値を株式時価総額というが、これは上場企業の直近の株価に発行済み株式数を掛けて割り出される。NYSE（ニューヨーク証券取引所）で取引されている株式だけで時価総額の八〇％程度に上り、ナスダックで取引されている株式は時価総額の二〇％程度である。二〇〇四年九月三〇日の時点で、米国の株式時価総額は一五兆七〇〇〇億ドルに達している。流動性理論を用いれば、時価総額全体の変動を予測することができるのだ。言い換えると、ハウスが時価総額の増減のどちらに賭けているかが分かるのである。流動性理論では個別の銘柄やセクターの価値は考慮していない。

流動性を評価するうえで最も重要な尺度は、第一のトリムタブ、浮動株の数の純変化であり、われわれはそれをＬ１と呼んでいる。株式市場というカジノでハウスが買い越しているのか、それとも売り越しているのかを評価するのがＬ１だ。Ｌ１がプラスならば浮動株は増加しており、ハウスが売り越していることになる。逆に、Ｌ１がマイナスならば浮動株は減少しており、ハウスが買い越していることになる。何よりも知りたいのは、ハウスが買っているのか、それとも売っているのかということ。われわれは一〇年以上にわたって株式市場の流動性を追跡調査してきたが、その結果、Ｌ１が株式市場の方向性を示す最良の先行指標だということが判明した。

Ｌ１を割り出すには次の四つの変数を用いる。

一．**自社株買い**　自社株買いとは、上場企業が既存の投資家から自社株を買い戻すことをいい、通常は流通市場で行われる。例えば、マイクロソフトは二〇〇三年に三八億ドル相当の自社株買いを行った結果、二〇〇四年一月三一日付の発行済み株式数は一〇八億株となった。こうして自社株買いをすることで、マイクロソフトは発行済み株式数を減らしたわけである。フリーキャッシュフロー（税引き後利益に非現金費用を足した値から資本支出を差し引いた金額）を生み出す企業は、一般にそのフリーキャッシュフローを使って自社株買いを行い、残りの株式の価値を高めるのである。自社株買いによって発行済み株式の供給量は少なくなるため、株式市場の流動性という点では強材料になる。ここで思い出してほしいのだが、もし株式の供給量が減少すれば――ほかの条件がすべて同じだと仮定すると――、株価は上昇する。なぜなら、同じ量の資本で数が少なくなった株式を奪い合うことになるからだ。しかし、自社株買いが期待どおりの結果になるとは限らない。先に述べたとおり、二〇〇三年に三八億ドル相当の自社株買いを行ったマイクロソフトだが、実は二〇〇三年には発行済み株式数が九三七〇万株増加しているのである。その年、マイクロソフト株は一株平均二五ドル程度で取引されていたが、浮動株が二三億ドル相当増えてしまったのだ（九三七〇万株×一株二五ドル＝二三億ドル）。せっかく三八億ドルもの自社株買いを行ったのに、このように浮動株が増加してしまったのは、二〇〇三年初頭には市場に存在しなかった六一億ドル相当の株式をインサイダーが売却したからにほかならない（六一億ドル－三八億ドル＝二三億ドル）。つまり、インサイダーがストックオプションの権利を行使したために、浮動株が増えてしまったのである。いくら大量の自社株買いを行っても、インサイダーがストックオプションを行使して株式を売却してしまえば、自社株買いによる流動性のメリットがすっかり帳消しになってしまうのである。二〇〇四年七月にもマイロソフトは三〇〇万ドルという大量の自社株買いを行うと発表したが、そのときにも同じことが起きている。ストックオプションが行使されると、せっかくの自社株買いによる流動性の効果も台無しになってしまうのである。

二．**現金買収**　自社株買いと同じように、現金による企業買収も発行済み株式数を減少させるため、株式市場の流動性という点では強材料になる。現金買収とは、買収者――上場企業、私企業、または個人投資家――が現金を払って上場企業を買収することをいう。例えば、二〇〇四年二月、シンギュラー・ワイヤレスがAT&Tワイヤレスを買収するときに四一〇億ドルを提示した。二〇〇四年一一月にこの買収が完了すると、シンギュラーはAT&Tワイヤレスの全株式を既存の株主から買い入れて、株式市場というカジノから彼らを追い出してしまった。ほかの条件がすべて同じだと仮定すると、これで株式の供給量が減少するわけだから、株価の上昇につながるのである。

三．**株式の売り出し**　自社株買いや企業の現金買収とは異なり、株式市場というカジノでは、株式の売り出しは株式の供給量を増やしてしまうため、株式市場の流動性という点では弱材料になる。株式の売り出しとは、上場企業が発行済み株式を追加で市場に放出することである。例えば、ゼネラル・エレクトリック（ＧＥ）は二〇〇四年三月八日に三八億ドル相当の株式を売り出した。そのときのＧＥ株は一株三二ドル程度だったが、この売り出しでＧＥの浮動株は一億一八八〇万株ほど増えた（三八億ドル÷一株三二ドル＝一億一八八〇万株）。ほかにもＩＰＯ（新規株式公開）、転換社債や転換優先株の売り出しがある。募集や売り出しなどの違いについては第二部で取り上げるが、ここで重要なのは、売り出しは株式市場の流動性という点では弱材料になるというのを理解することである。ほかの条件がすべて同じだと仮定すると、株式の供給量が増えるわけだから、同じ量の資本で数が多くなった株式を分け合うことになり、株価の下落につながるのである。

**四．インサイダーの売り**　Ｌ１の変数の最後はインサイダーの売りである。インサイダーの売りとは、企業のインサイダー――最高幹部、取締役会のメンバー、大株主など――が個人的に保有しているその企業の株式を売却することをいう。例えば、プロクター・アンド・ギャンブルの取締役会のメンバーが個人口座に保有している株式を売却する場合や、同社のＣＥＯがロックアップ解除後のストックオプションを一部売却する場合などをいう。インサイダーの売りは大規模な公募や売り出しとは異なり、普通は個人が未登録株を売ることをいう。公募や売り出しは、上場企業そのものが株式を売却する場合をいう。だが、インサイダーが売却する前には購入できなかった株式が株式市場というカジノで購入できるようになるという点では、インサイダーの売りによる影響は売り出しの場合と同じである。インサイダーの売りによって発行済み株式数が増えることから、ほかの条件がすべて同じだと仮定すると、株式の供給量が増えれば株価は下がるため、流動性という点では弱材料になる。

この四つの変数でＬ１を割り出してみると、次のようになる。

Ｌ１＝株式の売り出し＋インサイダーの売り－自社株買い－現金買収額の三分の二（買収発表当初）－現金買収額の残りの三分の一（買収完了時）

ここで思い出してほしい。Ｌ１とは、ハウスが株式市場というカジノで買い越しているのか、それとも売り越しているのかを評価する尺度のこと。Ｌ１がプラスの場合は弱材料だ。なぜなら、ハウスは自社株買いや現金買収によって株式を買う以上に、売り出しやインサイダーの売りで多くの株式を売却しているからである。逆にＬ１がマイナスの場合は強材料になる。なぜなら、ハウスは売り出しやインサイダーの売りによって株式を売却する以上に、自社株買いや現金買収で多くの株式を買っているからである。このようにＬ１を利用すればハウスの動きを判断することができるため、投資家もハウス側に立って株式市場というカジノでプレーすることができるわけである。

ここでＬ１の公式について二つだけはっきりさせておこう。まず、われわれは自社株買いの発表があった時点でその額をＬ１に当てはめて計算するわけだが、上場企業は発表した直後に自社株をすべて買い戻すわけではなく、一二〜二四カ月をかけて買い戻すのが普通である。残念ながら、実際の自社株買いを追跡調査するには、上場企業がＳＥＣ（証券取引委員会）に提出する四半期報告書や年次報告書を読むしかなく、しかもそうしたレポートは、実際に自社株買いが実施されてから数カ月たってようやく入手できるものである。第二部で論じるとおり、われわれは短期の流動性見通しで実際の自社株買いを予想しているが、Ｌ１の公式で使用するのは自社株買いの発表当初の数字のみということだ。

二つ目は、現金買収発表当初に買収金額の三分の二の金額を、現金買収完了時に残りの三分の一の金額をＬ１の公式で使っている点である。裁定取引を仕掛けるアービトラージャーは、現金による買収が発表されると、購入予定の被買収企業株の三分の二を買収発表から一週間以内に買い付けるのが普通だ。なぜなら、被買収企業のそのときの株価と買収企業が被買収企業に提示する価格との差から利益を得たいからだ。被買収企業の株式を買うに当たり、アービトラージャーは実際に買収が行われるという計算済みのリスクをとる。このような取引は確かにリスキーだが、その分見返りも大きい。いずれにせよ、三分の二というのが一般投資家の手を即座に離れるおよその資本の割合なので、即座にカウントするのは現金による買収金額の三分の二だけで、残りの三分の一は買収が完了した時点でカウントするというわけである。

Ｌ１は、もっぱら株式市場というカジノでハウスがどういう行動をとるかで決まり、プレーヤーが直接コントロールすることはできない。もちろんプレーヤーの行動いかんでハウスの行動も変わってくるが、プレーヤー自身が直接Ｌ１をコントロールすることは不可能なのだ。実際に株式市場というカジノで株式数をコントロールするのは、ハウスアドバンテージ（**訳注**　カジノ側の取り分、控除率）がどの程度になるかということなのである。

株式市場の将来の方向性を示す最良の先行指標がＬ１である。Ｌ１がマイナスのときにはハウスが買い越していることを表しており、これは株式市場が上昇する兆しである。逆に、Ｌ１がプラスのときにはハウスが売り越しており、株式市場が下落する兆しである。これから見ていくが、Ｌ１は株式市場の将来の方向性の先行指標として保証されているわけではない。Ｌ１では予想もつかない形で、ほかの要因――最も顕著なのは外因性ショックと市場心理――が株式市場に影響を及ぼすことも考えられる。しかし、流動性分析を用いてスマートマネー――上場企業とその企業を経営するインサイダー――の側に立って投資をすれば、皆さんにも株式市場というカジノで勝つチャンスが出てくる可能性はある。

## 米国株ミューチュアルファンドへの資本流入（Ｌ２）

流動性を評価する二つ目の尺度は、米国株ミューチュアルファンドへの資本流入である。われわれはこれをＬ２と呼ぶ。Ｌ１は株式市場というカジノでハウスがどのように行動するかで決まるが、Ｌ２はプレーヤーがどのように行動するかで決まってくる。われわれは、投資家がミューチュアルファンドに投じる金額とそこから引き揚げる金額を合算してＬ２を割り出している。

Ｌ２はＬ１を割り出すよりも簡単だが、どう解釈するかが難しい。一見すると、米国株ミューチュアルファンドへの資本流入額が多ければ強材料、資本流出額が多ければ弱材料だと思われるかもしれない。要は、株式の需要が増大すれば、ほかの条件がすべて同じならば株価は上がり、逆に株式の需要が減少すれば、ほかの条件がすべて同じならば株価は下がるということだ。しかし、米国株ファンドへの資本流入を分析してみると、事はそう単純ではないのである。思い出してほしい。L２はプレーヤーがどのように行動するかを評価する尺度のこと。株式市場というカジノではプレーヤーはダムマネーであり、常に高きを買い、安きを売る。直近の高パフォーマンス銘柄を狙い、低パフォーマンス銘柄を避けるからだ。したがって、L２はおおむね今後の動向というよりは過去の動向を明らかにする遅行指標だといえるのである。

ならば、今後の動向についてはほとんど分からないL２になぜ注目するのだろう？　それは相場のターニングポイントを確認するのにとくに有益だからである。相場が異常なき――バブル期や景気がどん底にある時期など――にはL２が反対指標となり、相場がいつ方向転換しそうかを示してくれることが多いのだ。例えば、二〇〇〇年三月にはテクノロジーバブルが頂点に達した。投資家はこの時期を中心に米国株ファンドに資本を投じていた――二〇〇〇年一月には三一四億ドル、二〇〇〇年二月には三六五億ドル、二〇〇〇三月には三三四億ドル、二〇〇〇年四月には三〇八億ドル。

しかし資本流入額がピークに達するや――二〇〇〇年二月には米国株ファンドの月間資本流入量がまだ過去最高を維持していた――、市場は暴落した。続く二年半の間に、ナスダックは七〇％以上、S＆P五〇〇も五〇％ほど下落。だが残念ながら、投資家はテクノロジーバブルが崩壊する直前に米国株ファンドに大金を投じ、逆に、市場が底を打つ直前に大量の資本を引き揚げていたのである。例えば、最近の弱気相場でも一番の底だったのが二〇〇二年一〇月と二〇〇三年三月だが、それぞれ底を打つ直前に、米国株ファンドへの資本流入がマイナスに転じている。二〇〇二年六～一〇月までは五カ月連続で、また二〇〇二年一二月から二〇〇三年二月までは三カ月連続で、米国株ファンドから資本が流出している。株式市場が回復に転じる直前になって、投資家は慌てて逃げ出している格好だ。流動性理論で最も難しい課題の一つが、いつバブルが破裂し、いつ底を打つのかという予測だが、こうした予測をするに当たって役に立つ反対指標がＬ２なのである。

もちろん、米国株ファンドばかりが米国の株式市場に参加する手段ではない。ＥＴＦ（指数連動型上場投資信託）や個別の米国株を直接買うという手もある。しかし、ＥＴＦは米国株に投資する個人の投資総額のごく一部を占めているにすぎず、株式への直接投資もそこそこといったところである。そこでわれわれは、米国株ファンドの資本フローを株式投資総額の代用として使用することにしたのである。

## 委託保証金の額（Ｌ３）

流動性を評価する三つ目の尺度が信用取引の委託保証金の増減である。われわれはこれをL3と呼ぶ。L3とは、NYSE（ニューヨーク証券取引所）の会員証券会社も報告しているが、信用取引で株式を購入する資本の増減で、投資家が株式を購入するために一定の利率で証券会社から借り入れる資金のことである。ここではそれがどういう働きをするのかを説明しよう。仮に投資家が米国のオンライン証券アメリトレードから年利五％で五万ドルを借り入れたとする。株式を売却したら、借りた金額五万ドルとその利息をアメリトレードに返済しなければならない。もし購入した株式を一年間保有してから売却する場合、利息は二五〇〇ドルになるが、投資家はその五万ドルで購入した株式から利益を得られるか、損失を吸収するかのどちらかになる。どう考えても、購入した株式から得られる利益が借り入れた五万ドルの金利分を上回ってくれたほうがいいに決まっている。

委託保証金は一種のレバレッジになる。つまり、投資家は基本的に同じ金額で倍の数の株式を購入できるわけだ。委託保証金の額が急増するということは、投資家が株式市場の今後の見通しについて極めて楽観的になっているということ。L3が最も急に大きくなるのは、強気相場が長く続いたあとである。逆に弱気相場が長く続くと、L3は急に小さくなる。したがって、L3はL2以上に遅行指標だといえる。L3もL2と同様、バブル期や景気がどん底にある時期など、相場が異常なときには反対指標として最も有益である。

例えば、テクノロジーバブルが崩壊する直前の一九九九年一〇月末から二〇〇〇年三月にかけて、委託保証金の額は九六三億ドルという驚くべき伸びを見せたが、これは前年の一九九九年の二八九億ドルという年間記録の三倍以上に上っており、強い売りシグナルとなった。驚くほどのことではないが、バブルが崩壊し、株式市場が暴落すると、委託保証金の額は二〇〇〇年、二〇〇一年、二〇〇二年と連続して減少した。二〇〇三年に相場が回復すると投資家の楽観も戻り、委託保証金の額も三四三億ドルと急増した。これは二〇〇〇年の伸びに次いで二番目に高い数字である。

## 強気相場と弱気相場の構造

ここまでは、ハウスについてはＬ１を、プレーヤーについてはＬ２とＬ３を用い、株式市場というカジノでのそれぞれの行動を追跡することを学んだが、では実際にこれらの指標はどう役に立つのだろう？　第三部では流動性という観点から最近の株式市場の歴史を広範にわたって説明するが、ここではＬ１、Ｌ２、Ｌ３が互いにどのように影響し合うのかを調べてみよう。

典型的な強気相場が始まると、われわれはＬ１が大きくマイナスになると考える。というのは、ハウスは売り出しやインサイダーの売りで株式を売却するよりも、企業の現金買収や自社株買いでより多くの株式を購入するからである。同時に、L2とL3も同じくマイナスになると考える。というのは、プレーヤーは強気相場が始まると往々にして株式を売却し、信用で買うことにほとんど興味を示さなくなるからだ。強気相場がパワーを結集させているときにはL1はマイナスのままだが——ハウスは依然として売りスタンスを続けている——、投資家は株式相場の上昇を好感しているため、L2は徐々にプラスに転じると思われる。L3についても、投資家のリスク選好度が高まるため、わずかにプラスになると思われる。強気相場も後半に入ると、企業は現金で他社を買収したり高値で自社株買いをしたりするよりも、熱狂的なプレーヤーに株を売却することに熱心になるため、L1は徐々にプラスに転じると思われる。同時に、直近のハイリターンに気づいた投資家が投資をしたいと思うようになるため、L2とL3も大きくプラスになると思われる。

バブルの絶頂期には、企業は熱狂的なプレーヤーにできるだけ多くの株を売るため、一般にL1は大きくプラスに転じるが、L2とL3も、プレーヤーができるだけ多くの株の買いに殺到するため爆発的に大きくなる。流動性理論に従うと、バブルが発生するのは、ハウスが大量に売り越し——L1が大きくプラスになり——、プレーヤーが大量に買い越していているとき——L2とL3が大きくプラスになっているとき——である。また、ハウスは熱狂的なプレーヤーに無制限に株を売ることができるため、売り出しやインサイダーの売りが投資家からの資本流入を大きく上回ったときに、バブルは弾けるのである。

一般にＬ１が大きくプラスに転じると弱気相場が始まる。それは、ハウスができるだけ多くの株を熱狂的な投資家に売り続けているからである。Ｌ２が徐々にマイナスに転じると、損失が膨らみ、プレーヤーもゲームは終わりだということに気づき始める。しかし、弱気相場がどんどん進行すると、Ｌ１も徐々にマイナスに転じてくる。だんだん夢から覚めてきたプレーヤーに対し、ハウスも株を放出する気がなくなり、放出することもできなくなるからだ。それだけでなく、株価の下落で、彼らに株を売るよりも買うほうに気持ちが傾いてくるからだ。同時に、プレーヤーが株式市場を嫌気するようになると、Ｌ２とＬ３もさらに大きくマイナスに転じる。流動性理論に従うと、株式市場が底を打つのは、プレーヤーが大量に売り越し――Ｌ２とＬ３が大きくマイナスになり――、ハウスが大量に買い越しているとき――Ｌ１が大きくマイナスになっているとき――である。いったんハウスがプレーヤーの売りを上回るほどの買いに転じると新たな強気市場が始まり、相場のサイクルがまた繰り返されるのである。もちろん、流動性の指標が必ずしもこうしたきちんとしたパターンと相互に影響し合うわけではないが、本章では流動性というパラダイムを明らかにできたのではないかと思う。

## 結論

流動性理論とは、投資家が株式市場というカジノでハウス側に立って投資ができるように支援するパワフルなツールである。ハウスの行動とその投資を追跡調査していけば、皆さんも大半のプロのファンドマネジャーのリターンを上回るリターンを上げることができるのだ。

本章では利益について一度も論じていないことにお気づきかもしれないが、流動性理論では利益の動向を一切考慮していない。なぜなら、株価というのは株式の基礎的価値よりもむしろ株式市場の流動性――株式市場というカジノで株式を売買できる資本――と相関関係にあるからだ。次章では、ウォール街で培われてきた利益信仰に追随した投資家がなぜ主要な株価指数をアウトパフォームできないのか、なぜ流動性理論が株式投資の優れたアプローチなのかを説明する。

# 第2部

# 流動性理論の内側

# 第五章 利益信仰を覆す

ウォール街では「利益、利益、利益……」というマントラが唱えられ、金融メディアではPER（株価収益率）、利益の伸び、コンセンサス利益予想など、利益が株式市場に関する議論の中心になっている。投資のプロでも圧倒的多数が、一企業の株価を決める唯一にして最も重要な要因はその企業の将来の期待利益だと信じている。将来の期待利益が高ければ株価も上がり、低ければ株価も下がるというわけだ。そこで本章では、まるで信仰のようにウォール街で熱狂的に支持されているにもかかわらず、なぜ利益が株価の決定因ではないのかを説明しよう。

## 利益神話

まず利益信仰を覆す前に、そもそも利益とは何なのか、バリュー投資にどのように用いられているのかを説明する必要がある。一般に、利益の定義とは次のようなものである。

利益＝収益（売上高）－原価（売上原価）－営業経費－税金

注意してほしいのは、この定義はあくまでも一般的なものだということだ。本書でも論じているとおり、金融アナリストや会計士が実にさまざまな利益を生み出しており、それぞれに独自のルールがあるため、この公式に使用しているものと使用していないものがある。

企業は株主のために利益を生み出すことを目的に存在する。バリュー投資家によると、企業の将来の期待リターンを表す最良の指標が利益なのだから、当然、株価を決める唯一にして最も重要な要因は利益ではないか、ということになる。言い換えると、企業のバランスシートの状態にまったく変化がなければ、企業の将来の期待リターンが高ければ株価も高くなり、期待リターンが低ければ株価も低くなるというわけだ。

ここでバリュー投資が実際にどの程度成功しているかを示す簡単な例を紹介しよう。バリュー投資家のボブはコカ・コーラ株を分析しているが、コカ・コーラ株が実際に魅力的な投資対象かどうかをどのように判断しているのだろう？　まずはコカ・コーラの今期の一株当たり利益がいくらになるのかを見積もり、これを一株当たり二ドルとする。次にコカ・コーラのＰＥＲ――利益乗数ともいわれる――を考える。仮にコカ・コーラの株価が一株四〇ドル、今期の一株当たり利益が二ドルだとすると、コカ・コーラの現在のＰＥＲは二〇（四〇ドル÷二ドル＝二〇）になる。この利益乗数ならコカ・コーラは適正に評価されている。ボブはそう考える。

では、コカ・コーラが新製品を発表したと仮定してみよう。新製品は好評なので、ボブはコカ・コーラの今期利益が一株当たり〇・一〇ドル増えるだろうと考える。ところが、コカ・コーラのほかの製品需要も予想を大きく上回っており、しかもある競合他社が米連邦破産法一一条（**訳注**　日本の会社更生法に当たる）の適用を申請している。この成長ならコカ・コーラの今期利益は一株当たり〇・一五ドル増えるかもしれない。ボブはそう推測する。

一方、この好材料の効果を期待した投資家たちは、コカ・コーラ株を一株四二ドルにまでつり上げた。それでもコカ・コーラ株の価値は適正だといえるだろうか？　ボブはこの新たな成長を考慮して、コカ・コーラの今期の一株当たり利益が二・二五ドルに達するだろうと見積もるが（二・〇〇ドル＋〇・一〇ドル＋〇・一五ドル＝二・二五ドル）、やはり現在の二〇というＰＥＲは妥当だと信じているため、コカ・コーラ株の適正価格を一株四五ドルと計算する（二・二五ドル×二〇＝四五ドル）。そしてボブはコカ・コーラ株を買い増すことを決める。利益乗数がそのまま変わらないとすると、今期の期待利益が一株当たり〇・二五ドル増えているのだから、コカ・コーラの株価はもっと上がるはずだ。ボブはそう考えるのである。

この例はさまざまな点で単純化しすぎである。一つ目は、ほぼすべてのバリュー投資家は将来の利益が今期を上回るものと予測しがちであること。二つ目は、バリュー投資家というのは、バランスシートが健全で、負債額も少ない企業に大きな魅力を感じているといううこと。三つ目は、バリュー投資家が予測する企業の将来の期待利益は、この例で言及している要因以外のさまざまな要因――企業買収、ストックオプションの付与、エネルギーコスト、法規や税制の変更など――に左右される場合もあるということ。四つ目は、企業固有の問題、業界の力関係、マクロ経済の動向、あるいは社会的・政治的変動から、バリュー投資家は高い利益乗数の銘柄、あるいは低い利益乗数の銘柄を取引する判断を下すということもあることである。

ここではコカ・コーラの例を用いてバリュー投資の基本的前提――すなわち、株価は将来の期待利益によって動くという前提――を示した。一流大学の学士よりも高い学位を持つ多くの証券アナリストは、上場企業や市場セクターの将来の期待利益、株式市場全体の予測をするために高い給与をもらっている。一方の投資家は、ウォール街の大手証券会社やブティック型投資会社のファンダメンタル分析にとてつもない金額を支払っている。こうしたリサーチの大半は、将来の期待利益で株価が動くという前提で行われているのである。

株式市場で勝ち組企業を選別し、負け組企業を切り捨てるこうした証券アナリストの仕事をここで侮辱するつもりはない。しかしこうしたアナリストの銘柄選択が成功するかどうかは、とくに短期の利益とはほとんど関係なく、株価を動かす流動性や心理学的現象を十分に認識しているかどうかにかかっているのである。

## 価値と価格

先に述べたとおり、利益が株価を動かすという前提は絶対に間違いである。将来の期待利益の変動を基に個別銘柄や株式市場全体の方向性を予測しようという場合、極端なケースを除き、皆さんは負け戦をしていることになるのだ。先に論じた価値と価格の違いを思い出していただけただろうか？　この違いこそ、投資家が利益信仰で失敗する第一の理由なのである。利益に基づいて投資をする場合、超長期の場合は別にして、株価を動かすの

図5-1　1999年7月～2003年7月のシスコの株価とシスコの希薄化後1株当たり利益（生データはヤフー！ファイナンス、シスコシステムズより入手）

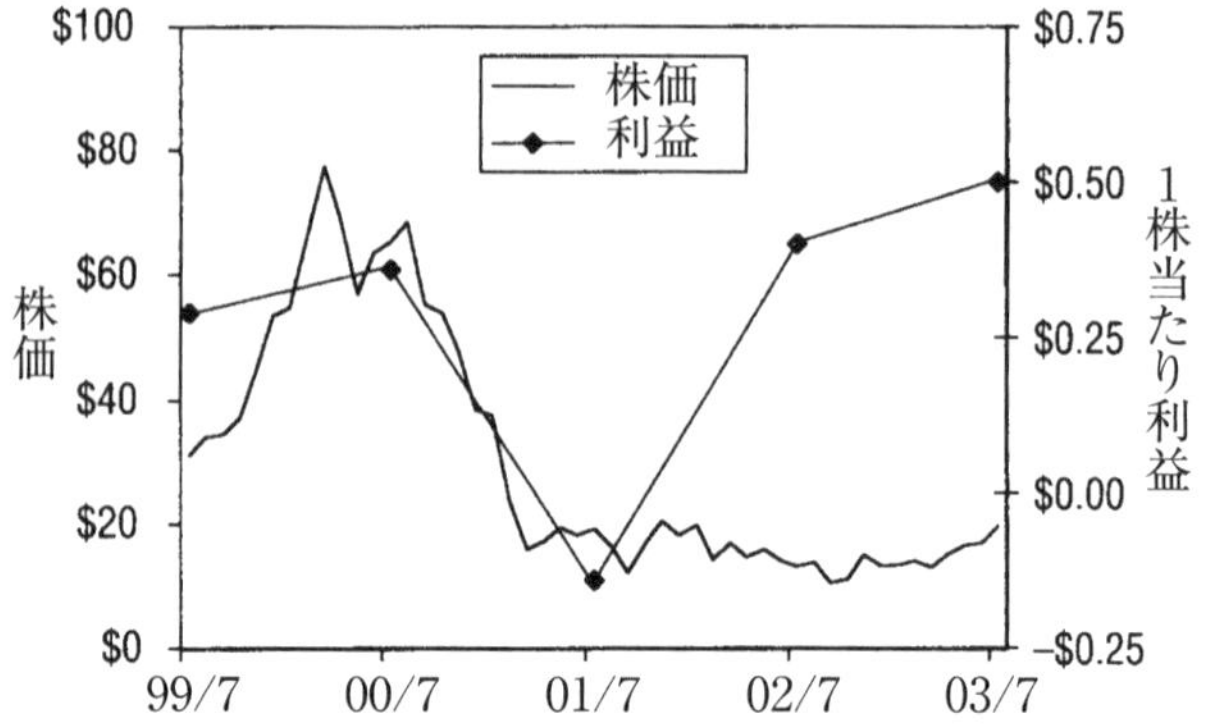


は価値ではないにせよ、その価値に基づいて投資をすることになるのである。

株式市場における価値と価格の違いをはっきりさせるため、ここでテクノロジーバブルの寵児シスコシステムズについて考えてみよう。二〇〇〇年三月二七日、シスコ株の終値は過去最高値を更新し、八〇・〇六ドル（株式分割調整済みの価格）を付けたが、二〇〇二年一〇月八日には底値の八・六〇ドルで取引を終えた――およそ九〇％の下落である。ところが、この底値を付けた日から二〇〇三年七月の年度末にかけて、シスコ株は一三〇％以上上げて一九・四九ドルを付けたのである。果たして、価値がこの株価の動きを牽引していたと言えるだろうか？　答えは**図5―1**を見るとよく分かる。

二〇〇三年度年次報告書によると、シスコの一九九九年度の純利益は希薄化後一株当たり〇・二九ドルだったが、二〇〇〇年度には二四％増加し、〇・三六ドルとなった。ところが同じ時期、シスコ株は一〇〇〇％超の上昇を示したのである！　利益以外の何かが作用していたのは明らかだ。また、二〇〇一年度には希薄化後一株当たり〇・一四ドルの損失を報告したが、その後シスコの利益は回復し、二〇〇二年度には〇・二五ドル、二〇〇三年度には〇・五〇ドルを報告している。要するに、シスコが報告した二〇〇三年度の希薄化後一株当たりの利益は、株価が過去最高値を更新していた二〇〇〇年度の利益よりも三八％アップしていたわけである。ところが二〇〇三年度末には、何と二〇〇〇年度末の水準よりも七〇％も安値で取引されていたのだ！　ここでも利益以外の何かがシスコの株価を動かしていたことになる。

では、何が作用していたのだろう？　テクノロジーバブルの絶頂期には、投資家もシスコのようなテクノロジーの寵児に喜んで最高の金額を払っていた。例えばシスコ株は、二〇〇〇年度末には同年度の希薄化後一株当たり利益の一八〇倍もの値で取引されていたが、テクノロジーバブルが崩壊すると、株価は急落し、七五％以上の評価損を抱える投資家が増えてきた。その結果、投資家はシスコ株に惜しみなく現金を注ぐようなことはしなくなった。二〇〇三年度末のシスコの株価は、二〇〇三年度の希薄化後一株利益の四〇倍まで買われていた。希薄化後一株利益を価値の尺度とすると、二〇〇三年度末時点のシスコ株の価値は、二〇〇〇年度末の時点よりもずっと高かったことになる。シスコの一株当たり利益は、二〇〇〇年度には〇・三六ドルだったが、二〇〇三年度には〇・五〇ドルであった。しかし、価値と価格とは違うのである！　いくら二〇〇〇年度末よりも二〇〇三年度末のほうが価値が高かったとはいえ、投資家も二〇〇三年度には二〇〇〇年度に払った金額などとても払う気にはなれなくなっていた。この時期のシスコの株価を押し上げていたのは価値ではなく、インターネット革命ともてはやされた銘柄を狙う投資家の熱い投機熱だったのである。

利益と株価が関係ないのは値嵩のテクノロジー銘柄だけだ、などと思われるといけないので、イリノイ・ツール・ワークスという少々古くてやぼったい企業について考えてみよう（**図5―2**を参照）。

一九九九年度のイリノイ・ツール・ワークスの希薄化後一株利益は二・七六ドルであった。二〇〇〇年度には三・一五ドルと、しっかり一四％増加した。ところが一九九九年度末から二〇〇〇年度末にかけて、株価は一二％下落している。株価が下落したのは減益だったからではなく、「オールドエコノミー」企業――つまり、リアルビジネスを運営してリアルな利益を上げている会社――が投資家から嫌気されたからなのである。数年後の二

**図5-2　1999年12月～2003年12月のイリノイ・ツール・ワークスの株価とイリノイ・ツール・ワークスの希薄化後1株当たり利益（生データはヤフー！ファイナンス、イリノイ・ツール・ワークスより入手）**

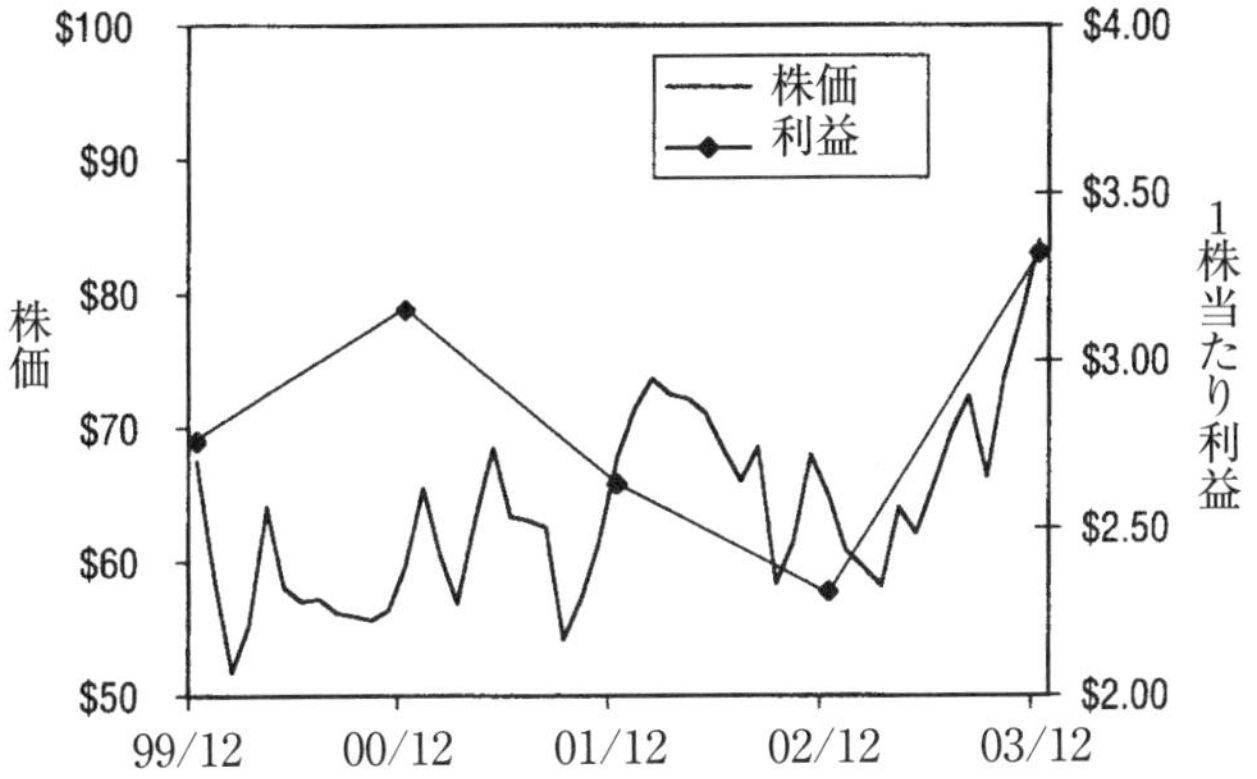


〇〇三年度、イリノイ・ツール・ワークスの希薄化後一株利益は三・三二ドルであった。二〇〇〇年度の三・一五ドルよりもわずか五％上昇しただけなのに、二〇〇三年度末時点の株価は二〇〇〇年度末よりも四一％上昇した。かなり長期にわたってはいるが、株価を牽引していたのは利益ではない。

将来の期待利益のトレンドを頼りに個別銘柄に投資をしようとしてもうまくいかないが、それは株式市場全体に投資する場合でも同じである。**図5―3**を見てみよう。これは一九九五年一月から二〇〇四年五月までのS&P五〇〇株価指数とS&P五〇〇のコンセンサス利益予想を示したものである。コンセンサス利益予想は一株当たりの株価で、調査を行ったトムソン・ファイナンシャルのアナリス

## 図5-3　1995年1月～2004年1月のS&P500とS&P500のコンセンサス利益予想

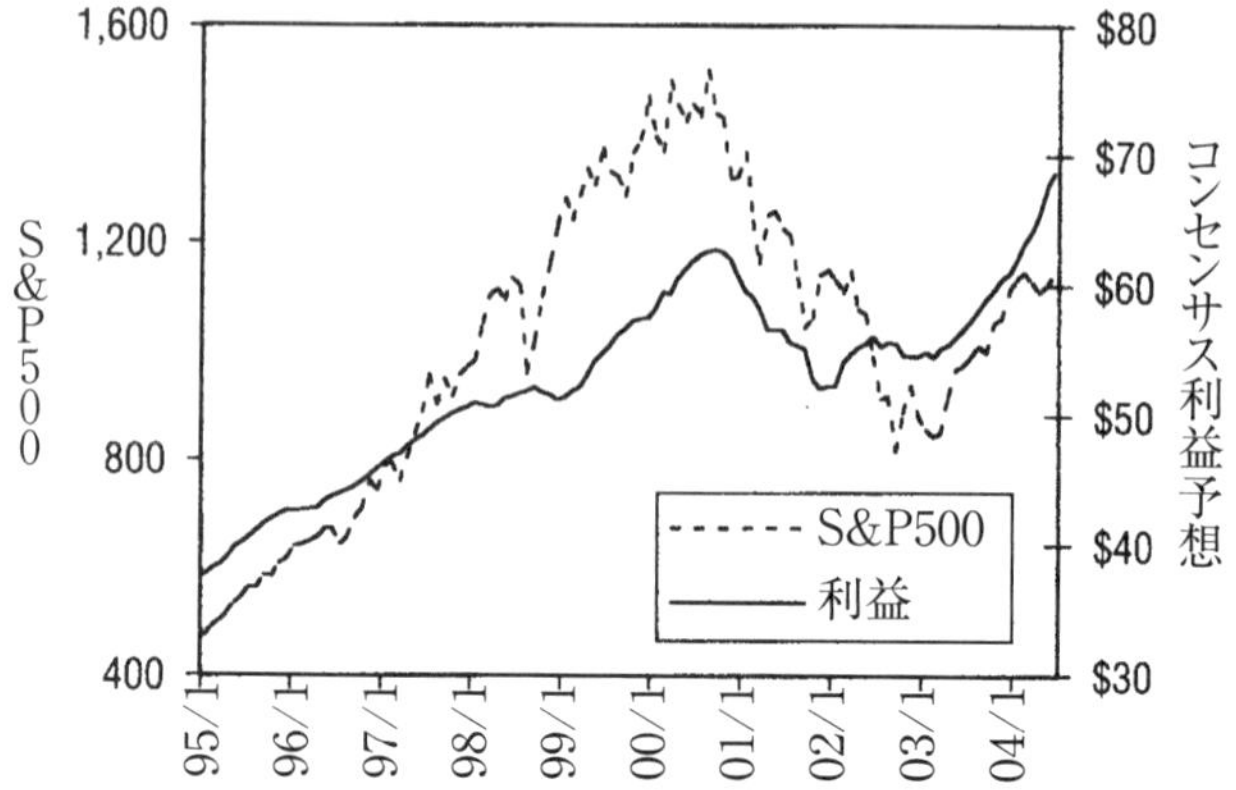


出所＝ヤフー!ファイナンス、トムソン・ファイナンシャル

トらがS&P五〇〇構成企業の向こう4四半期の利益を予想したものである。

株価を牽引しているのは将来の期待利益だろうか？　グラフを一見するとそう思えるが、結局のところ、S&P五〇〇も利益予想のトレンドも上昇したあとに下落し、再び上昇に転じている。もう少し注意深く見てみると、いくつかの問題点が見えてくる。最も顕著なのは、S&P五〇〇のほうが利益予想よりもはるかにボラティリティが大きいことである。一九九五～二〇〇〇年までのS&P五〇〇の上昇幅は、利益予想の上昇幅と比べるとはるかに大きく、二〇〇一～〇三年の下落幅は利益予想の下落幅と比べるとはるかに大きい。

では、予想利益の予測値はどうだったのだろう？　もし利益が株価を牽引しているのなら、予想利益も株価が上昇に転じる前に上昇を始め、株価が下落に転じる前に下落を始めているはずだ。ところが、グラフが示しているように、そうした動きは見られない。一九九八年八月から一九九九年六月までの期間で考えてみよう。アジアの通貨危機と米ヘッジファンド大手ロングターム・キャピタル・マネジメントの破綻で、一九九八年八月末のS&P五〇〇は九五七・二八ドルで引けたが、一九九九年六月末――わずか一〇カ月後――にはS&P五〇〇は急騰し、一三七二・七一ドルで取引を終えた。しかし、利益予想がシグナルを出してくれることを当てにしていた投資家は皆、この一連の大相場を見逃していた。S&P五〇〇は一〇カ月間で四三％も上昇したが、**表5―1**を見ると、この上昇の一年前から一年後の利益予想がどうなっていたかが分かるのである。

株価が反発する直前の一二カ月間の利益予想を見ると、一九九七年八月には四九・四五ドルだったのが、一九九八年八月には五一・八三ドルと、ほとんど動いていない。言い換えると、S&P五〇〇が四三％上昇した直前の一二カ月間の利益予想はわずか四・八％しか上昇していなかったということだ！　一九九九年六月に上昇相場が終わったときのコンセンサス利益予想は五四・七五ドル。これは一九九八年八月のときよりもわずか五・六％上昇していたにすぎない。

株式相場のもう一つの大きな動きについて考えてみよう。この場合は逆方向への動きで

表5-1　1997年8月～1999年6月のS&P500のコンセンサス利益予想

| 月 | 利益 |
|---|---|
| 1997年8月 | $49.45 |
| 1997年9月 | $49.74 |
| 1997年10月 | $50.15 |
| 1997年11月 | $50.41 |
| 1997年12月 | $50.65 |
| 1998年1月 | $50.98 |
| 1998年2月 | $50.78 |
| 1998年3月 | $50.61 |
| 1998年4月 | $50.76 |
| 1998年5月 | $51.25 |
| 1998年6月 | $51.41 |
| 1998年7月 | $51.68 |
| 1998年8月 | $51.83 |
| 1998年9月 | $52.18 |
| 1998年10月 | $51.78 |
| 1998年11月 | $51.64 |
| 1998年12月 | $51.20 |
| 1999年1月 | $51.37 |
| 1999年2月 | $51.85 |
| 1999年3月 | $52.16 |
| 1999年4月 | $53.01 |
| 1999年5月 | $54.06 |
| 1999年6月 | $54.75 |

出所＝トムソン・ファイナンシャル

ある。二〇〇二年の半ばは、二〇〇〇〜〇二年の下落相場の中でも最悪の時期であった。二〇〇二年五月末から一〇月末までにS&P五〇〇は一七％下落した。では、この暴落の直前の一二カ月間の利益予想はどうだったのだろう？　二〇〇一年五月に五六・五六ドルだった利益予想は、二〇〇二年五月には五五・五一ドルと、わずか一・八％しか下落していない。たったの一ドルと少々だ！　急落が差し迫っているという利益予想の警告を当てにしていた投資家はひどく失望した。急落している間の利益予想は、二〇〇二年五月には五五・五一ドルだったのが二〇〇二年一月には五四・六四ドルと、わずか一・六％しか下落していない。

最後になるが、二〇〇三年三月に始まった上昇相場の初年について考えてみよう。二〇〇三年三月末から二〇〇四年三月末までにS&P五〇〇は三三％上昇した。今回もコンセンサス利益予想はこのことを見込んでいただろうか？　まず見込んではいなかっただろう。この新たな強気相場に先立つ一二カ月間の利益予想は五四・七五ドルから五五・一三ドルへと上昇。わずか〇・七％増である。利益予想に頼っていた投資家は、これからやって来る強気相場の前兆などまったく感じていなかった。だが、いったん相場が上昇を始めると、一般投資家もその予測値を引き上げ始めたのだった。二〇〇三年三月から二〇〇四年三月にかけて、利益予想は五五・一三ドルから六四・一五ドルと、一六・四％上昇した。あい

図5-4　1983～2003年の各前期のS&P500の変動率とS&P500のコンセンサス利益予想の変動率

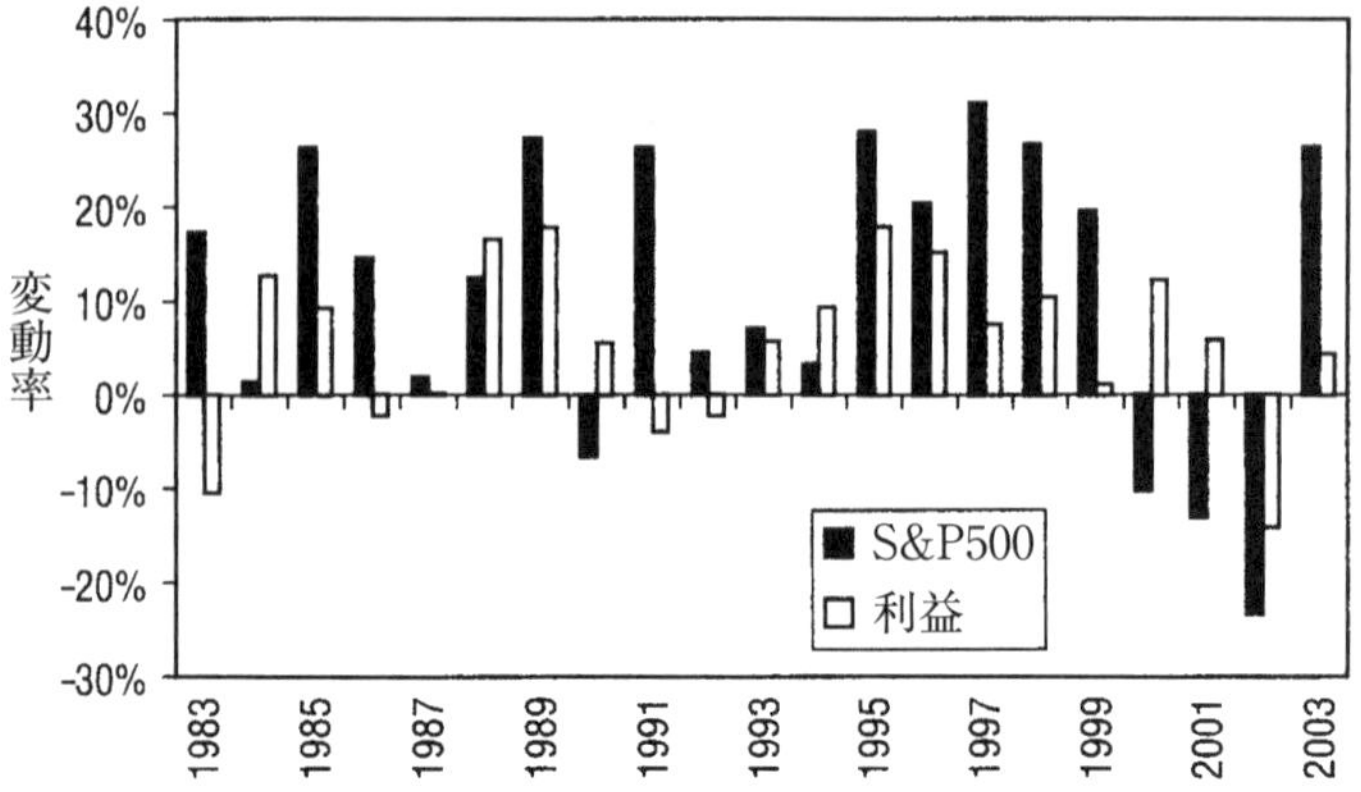


**出所**＝ヤフー!ファイナンス、トムソン・ファイナンシャル

に く、上方修正された利益予想の大半は、相場の上昇がすでに始まってからずいぶんたってからのものであった。

ここからパターンは見えてきただろうか？　一九九五年以降、利益予想は完全に相場の大転換のいくつかを予想し損なっている。利益予想の値は一貫してぱっとしないものであった。**図5―4**は、一九八三年から二〇〇三年までの各年のS&P五〇〇の年間騰落率と、各年の直近の一二カ月間の利益予想の変動率を示したものである。例えば、一九八三年の黒いバーは一九八三年のS&P五〇〇の年間変動率を表しており（一七・三％）、一九八三年の白いバーは、一九八一年一二月から一九八二年一二月までの利益予想の変動率を示している（マイナス一〇・四％）。

グラフに示した二一年間のうち一三年間で、利益予想の変動率とS&P五〇〇の変動率では一〇パーセンテージポイント以上の差が生じている。さらにグラフを見ると、利益予想が先行指標よりも遅れをとっていることが多いのが分かる。例えば、一九九〇年にはS&P五〇〇が六・六%下落しているのに、前期には利益予想が五・五%上昇している。

では翌年はどうなっただろう？　S&P五〇〇は二六・三%下落したが、一般投資家はバックミラーを見ていたため、一九九〇年の利益予想は三・八%下落した。テクノロジーバブルの間にも同じ後ろ向きの現象が起きている。二〇〇〇年にはS&P五〇〇が一〇・一%下落したが、バブルが膨らみ続けていた一九九九年中はコンセンサス利益予想が一二・二%上昇した。二〇〇〇年には投資家もまだ楽観的で、利益予想を五・八%引き上げた。これに反し、S&P五〇〇は二〇〇一年に一三・〇%下落。一般投資家は二〇〇一年になって初めて悲観論に転じ、利益予想を一四・一%引き下げた。ところが二〇〇一年の取引初日、ナスダック指数はすでに終値で付けた過去最高値よりも五五%も下げたのである。利益予想が残酷な下げ相場を事前に知らせてくれるのを待っていた投資家は、煮え湯を飲まされた格好だ。

では、同期のS&P五〇〇の変動と利益予想の変動とを比べてみるとどうなるだろう？　利益予想は一年先の株価を予想することなどできないが、おそらくS&P五〇〇と同調

### 図5-5　1983～2003年の各当期のS&P500の変動率とS&P500のコンセンサス利益予想の変動率

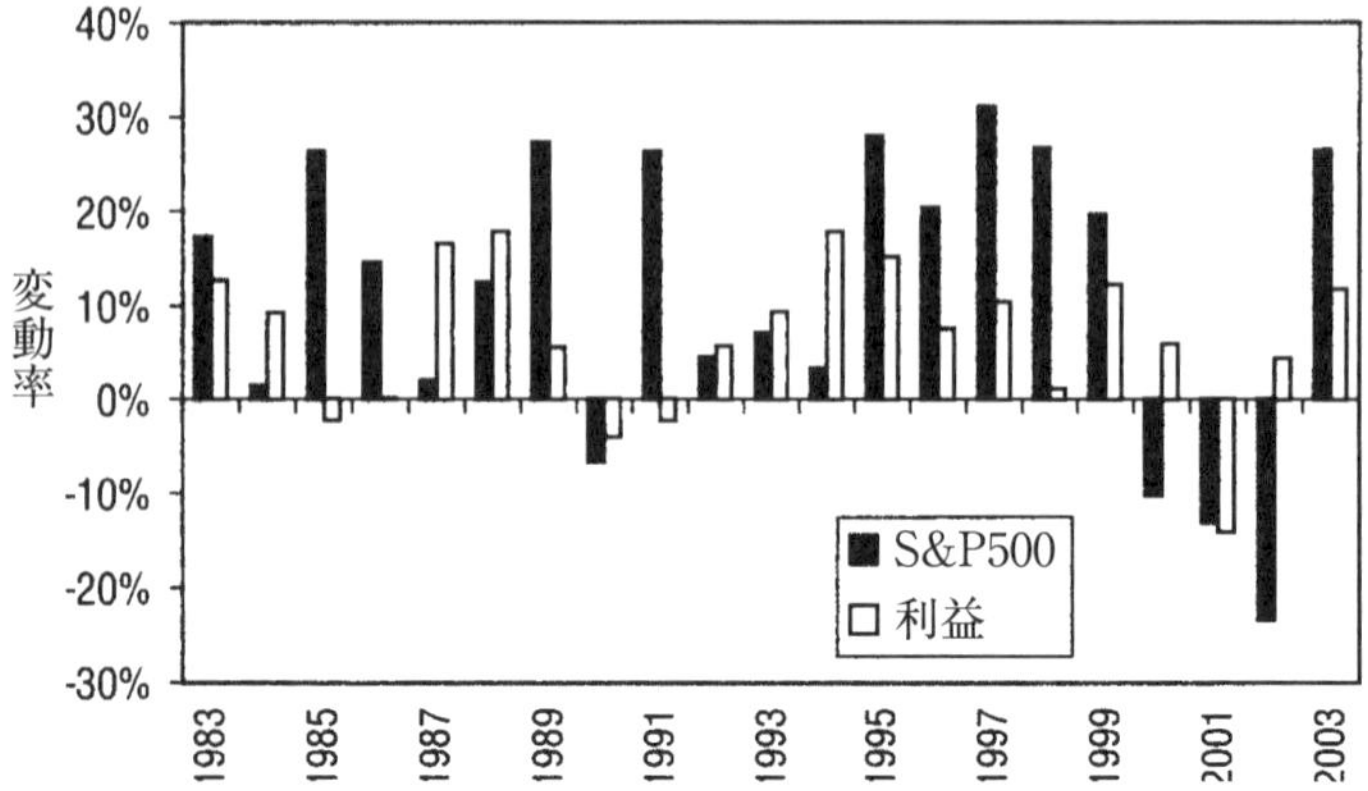


出所＝ヤフー!ファイナンス、トムソン・ファイナンシャル

して上下するはずだ。ところが、**図5―5**を見るとそうはなっていないのである。

利益予想は株式市場の動きを事前に予測することができないばかりか、株式市場と歩調を合わせて上下することすらできていないのである。利益予想の変動は、グラフに示した二一年間のうち一三年間でS&P五〇〇の変動と一〇パーセンテージポイント以上もずれている――前期のグラフでもやはり一三年間がそうである。ある任意の年の利益予想とS&P五〇〇との関係は――S&P五〇〇の変動を前期の利益予想の変動と比べようが当期の利益予想の変動と比べようが――、ほとんど規則性がないに等しい。

最後の例を見れば、株価を動かしているのは利益ではないというわれわれの主張を十分に理解していただけるだろう。二〇〇〇年三月のS&P五〇〇のコンセンサス利益予想は五九・三〇ドルであった。ところが二〇〇〇年三月二四日には、S&P五〇〇が終値ベースで過去最高値を付け、一五二七・四六ドルで引けたのである。これは四年先の二〇〇四年三月の株価を先読みしていたことになる。この時点でのS&P五〇〇のコンセンサス利益予想は六四・一五ドルであった——二〇〇〇年三月の時点と比べると八・二％高い。しかし、二〇〇四年三月、S&P五〇〇は一一二六・二一ドルで引けている——二〇〇〇年三月に過去最高値を付けた終値と比べると二六・三％低い。ウォール街の利益予想を用いて投資判断を導こうなどと考えるのは、やはりロシアンルーレットをやっているようなものなのだ。

## チャイニーズウォールのすき間

証券アナリストや上場企業から出される利益予想は、なぜお粗末な予測ツールでしかないのだろう？　その理由はあと二つある。一つは、大半のアナリストが雇われているウォール街の証券会社そのものに利益相反が内在しているからである。こうした証券会社の存在意義は、商品を販売すること——とくに株式の売り出しや資産運用サービス——であり、証券のリサーチを行うことではない。リサーチとは、できるだけ多くの商品を販売するという彼らの主要任務を推進するための単なるマーケティングツールにすぎないのである。最近では信じられないかもしれないが、ウォール街のリサーチもかつては多少尊重されていた。リサーチ部門は主に委託手数料で支えられていたが、その委託手数料は一株当たり二五セントに達していた時期もある。

ところが一九七五年五月にＮＹＳＥ（ニューヨーク証券取引所）が委託手数料率を自由化すると、手数料はあっという間に八〇％も下がり、一株当たり五セントになった。その結果、証券会社は委託手数料でリサーチ部門を支えることができなくなり、利益を生み出すために投資銀行業に転向した。投資銀行家というのは基本的に輝かしい実績を持つセールスマンであり、やがてアナリストに影響力を行使するようになり、アナリストのリサーチを販売目的に使い始めたのである。一九九〇年代後半の株式バブルの時期には多くのアナリストが一定の銘柄に――それが投資先として好ましくないのを知りつつも――好意的なレポートを書いたわけだが、それは会社から圧力を掛けられ、そうすれば高い報酬が得られたからである。ヘンリー・ブロジェットやジャック・グラブマンといったアナリストは、個人的にははっきりと反対の見解を持っていたにもかかわらず、自分の会社が投資銀行としてかかわっている企業については好意的すぎるレポートを発表したとして、監督官庁から厳罰を言い渡された。

バブルが弾けると、ウォール街の証券会社は、投資銀行業務とリサーチ業務とを切り離す「チャイニーズウォール」（**訳注**　証券会社で利害が競合する、または相反する各部門を切り離し、企業の非公開情報が漏れないように情報障壁を築くこと）への取り組みを改めて誓ったが、それでリサーチの質が飛躍的に向上したかというと、そうでもなさそうだ。ザックス・インベストメント・リサーチ（『アナリストデータの裏を読め！』「パンローリング」参照）によれば、二〇〇〇～〇三年にウォール街のアナリストから最低の格付けをもらった企業の株は、最高の格付けの企業の株を毎年アウトパフォームしているようだ。こんなにお粗末な実績しかない連中からアドバイスをもらう必要などないのではないだろうか？

きれいに印刷された証券会社のレポートの山の中から、きっとこんな記述が見つかるかもしれない。

「わたしどもは、弊社の報告書で取り上げている企業とお取引をさせていただいており、今後もそれを願っております。したがって投資家の皆様は、弊社が本報告書の客観性を左右しかねない利益相反に直面している可能性があることをご承知おきください」

ウォール街のアナリストの大半が不正行為に関与していると言っているのではない。しかし、もしあなたが経営者なら、現在または将来の取引相手に関するネガティブなレポートなど書くだろうか？　当然、そんなことはできないはずだ！　ウォール街のアナリストが常に楽観的なのはおかしいと思わないか？　彼らは往々にして、取引をしたいと思っている企業のレポートを書いているのである。意識していようがしていまいが、この利益相反がリサーチに影響しているのである。

## 豆の数を数える

利益という指標がお粗末な予測ツールでしかないもう一つの理由は、上場企業はしばしば利益をごまかすことができるということだ。虚偽の財務諸表を作成したり、上級管理職への支払い金を裁判費用だの会計処理手数料だのと偽ったりするわけだが、そのような違法行為についてはここでは取り上げない。いくら数々の法律が整備されていようと、この種の不正を防ぐことはできない。なぜなら、法を犯す者は自分たちが犯している法のことや自分たちが傷つけている人々のことなど意に介さないからだ。紛れもない不正以上に問題なのは、企業は利益を評価するさまざまな尺度の中から、自分たちの目的に合った尺度を選べるという点なのである。利益には次のように大きく分けて四種類あり、各々にどの項目を盛り込み、どの項目を除外するかを定めた独自のルールがある。

一．**報告利益**　報告利益はＧＡＡＰ（一般会計原則）に従って求められ、ＳＥＣ（証券取引委員会）に提出するときに用いられるもの。ＳＥＣに提出することで信頼性が高まるように思われがちだが、これがごまかしの余地を十分に与えてしまうのである。例えば、企業は通常の営業費を「臨時費用」に分類し、それを経費から除外して報告利益を水増しする場合がある。同様に、従業員のストックオプション費を経費として報告しない場合もある。ＳＥＣファイリング（**訳注**　ＳＥＣに提出する企業の財務書類）や年次報告書の脚注を詳しく調べてみると、企業が報告利益を計算するのに用いた仮定が透けて見えてくる。

二．**営業利益**　報告利益に関するさまざまな問題を打開するために導入されたのが営業利益であり、コアとなる事業の純利益を割り出すに当たり、純利益から一度かぎりの臨時の事象――企業のＭ＆Ａ（合併・買収）活動、保険金の支払い、設備の売却――を除外したものである。アナリストはよく営業利益を使って将来の利益を予想したり、他企業と利益の比較をしたりするが、やはり比較するのは難しい。というのも、どのアナリストにも、営業利益に何を含め、営業利益から何を除外するかを定めた独自のルールがあるからだ。

そのうえ、企業によっては制度の裏をかき、営業費を一度かぎりの経費に含めることで、営業利益を押し上げているところもあるからだ。

**三．プロフォーマ利益（見積もり利益）**　ラテン語の慣用表現である「プロフォーマ」（形式上の、見積もりの）という言葉は、企業があれこれと仮定を立てて利益の値を導き出していることを示している。プロフォーマ利益からは、M&Aの影響は除外される。例えば、企業がある事業部を売却した場合、その事業部の損益は過去の実績から除外され、そのうえで当期の業績と過去の業績とが比較される。プロフォーマ利益の定義は大ざっぱなので、投資家の目に触れさせないよう、あらゆるものを隠すときに使えるのである。企業はよくプロフォーマ利益を使って繰り返し発生しないと経営陣が考えている経費を除外するが、それによって、その企業の本当の利益に対する偏見を生んでしまうのである。当然、繰り返し発生しない経費が頻繁に発生していたら、それは経営陣がプロフォーマ利益を使って利益を調整し、ウォール街のアナリストをなだめているというしるしだろう。

**四．コア利益**　最後になるが、企業の本業から生み出される税引き後利益を評価する尺度が、スタンダード・アンド・プアーズが開発したコア利益である。おそらくコア利益と報告利益の最大の違いは、年金制度とストックオプションをどう説明するかであろう。報告利益だと、年金資産で実現できそうな長期的な平均値上がり益を所得として計上できるが、そうした報告利益とは異なり、コア利益の場合は、年金資産の値上がり益を所得から除外し、年金費用を経費として計上する。従業員のストックオプションについても、コア利益の場合は報告利益とは異なり、企業は経費として扱わなければならない。また、リストラ費用はコア利益に含まれるが、営業権（のれん）の減損費用、資産売却損益、Ｍ＆Ａに関連する費用、訴訟や保険金の支払いにかかる費用や収入、ヘッジ操作による含み益は除外される。スタンダード・アンド・プアーズが定義しているように、コア利益とは、基本的にプロフォーマ利益の焼き直しなのである。

もう一つ、メディアやテクノロジー、通信のセクターで広く利用されている評価基準がある。それはＥＢＩＴＤＡ（金利・税金・償却費控除前利益）といい、次のように割り出される。

ＥＢＩＴＤＡ＝営業利益＋金利＋税金＋減価償却費＋その他の償却費

言い換えれば、ＥＢＩＴＤＡとは、非現金費用と営業外費用を差し引く前の企業の収益性を評価する基準ということになり、減価償却しなければならない巨額の固定資産を企業が保有している場合、または償却しなければならない無形資産を企業が取得した場合によく用いられる。ＥＢＩＴＤＡでは資本調達や設備投資が収益性に及ぼす影響が排除されるため、セクター間の比較は容易である。ＥＢＩＴＤＡが初めて一般に広まったのは、ＬＢＯ（**訳注**　レバレッジドバイアウト。企業のＭ＆Ａの際に買収先企業の資産を担保にして資本調達をすること）が盛んに行われるようになった一九八〇年代。当時は負債を減らす企業の能力を測る基準として用いられていたが、今では多くの企業がＥＢＩＴＤＡを用いている。多くの企業の中には、長期にわたって高額な資産を減価償却しなければならないセクターでビジネス展開しているところもあるが、多くは――とくにテクノロジー企業――は自分たちのビジネスにふさわしいわけでもないのにＥＢＩＴＤＡを用いている。バークシャー・ハサウェイの副会長チャーリー・マンガー（『投資参謀マンガー』「パンローリング」参照）は、二〇〇三年五月に開いた同社の株主総会でＥＢＩＴＤＡを「でたらめ利益」だと評したようだが、われわれも同感である。企業がどんなビジネスを展開していようと、金利、税金、減価償却費、その他の償却費をその企業の営業費から除外してしまうと、その企業の財務の健全性に対して実に紛らわしいイメージを抱かせることになるからだ。

われわれが関心を抱いているのは、投資を検討している企業のひとつの利益の形、つまり一株当たりフリーキャッシュフローである。一株当たりフリーキャッシュフローとは、税引き後利益に非現金費用をすべて足した値から必要な資本支出を差し引き、それを発行済み株式数で割ったものである。われわれが買い付ける銘柄のほとんどは、フリーキャッシュフローもバランスシートもプラスの状態で、流動資産における現金や現金等価資産も短期借入金や短期借入金と同等かそれ以上である。負債が現金保有高を上回っているような企業に投資するには、ウォール街が本気でその成長率を過小評価していることを確信できなければならない。株式市場の流動性という趣旨からすると、上場企業を評価する際に最も重要な基準になるのがフリーキャッシュフローである。なぜなら、上場企業が流通市場から市場価格で株を買い戻すのか、それとも資本調達を目的に株を売る必要があるのかをそれで判断できるからだ。

利益の計算なんて面倒くさいって？　任せてほしい。まだまだやらなければならないことが山ほどある。会計基準を設定する目的で民間に設立された指定機関がＦＡＳＢ（米財務会計基準委員会）だが、ＦＡＳＢは一九七三年以来、数千ページに及ぶ説明文や解釈を発表し、さまざまな会計テクニックを明確にしている。残念ながら、少しでも記載されていれば、会計上の手先の早業を駆使したり、ＳＥＣファイリングや年次報告書の脚注に埋め込んだりするのは比較的簡単だ。企業がどんなに多種多様な利益を使おうと、利益には企業の経理担当者や代理人が意図するとおりの意味を持たせることができるのだ。やっとの思いで手に入れた財産を、企業やウォール街のアナリストから出される利益予想を基に投資するなどというのは、特記すべき例外も多少はあるものの、負け戦を戦っているようなものなのである。

会計の不正や利益のごまかしを見つけるのは、いくら巨大な上場企業であっても極めて難しい。ここで米国史上最も不名誉な企業の一つ、エンロンについて考えてみよう。

一九八五年に設立されたエンロンの本業は、ガスと電気を発電会社から購入し、それを顧客に販売することであった。そして二〇年もしないうちに、収益では米国第七位の企業に成長し、天然ガスでは世界最大の買い手、そして売り手となった。一流大学から頭脳明晰な学生を呼び込み、アグレッシブで何でもありの激しい企業文化を導入した。一九九〇年代の半ばには、エンロンのＣＥＯジェフリー・スキリングが、エンロンは水や広告スペース、ブロードバンドの容量、さらには気象条件まで、何でも取引できる儲かる市場を構築できる「身軽な」会社、つまり資産を持たない会社であるという誇大宣伝を展開。ウォール街も、そんなエンロンの成長著しい取引業務を大いに称賛した。一九九〇年代後半、スキリングとエンロンの会長ケネス・レイは、同社を担当しているウォール街のほぼすべてのアナリストから「買い」推奨を引き出した。この「買い」推奨を出さなかったアナリスト、ジョン・オルソンは、一九九八年にメリルリンチを解雇されている。彼らに迎合しなかったというのが理由だ。エンロンでは、表面には会社の成功という装飾を徹底的に施した。一九九九年四月には、ヒューストンのダウンタウンにある野球場も「エンロンフィールド」と命名されるほどであった。

しかし、華美な虚飾の裏に無数のゴミを隠しつつ、エンロンはついに砂上の楼閣のごとく崩壊した。二〇〇一年一〇月一六日、同社は第3四半期決算発表で、六億一八〇〇万ドルの特別損失を計上し、負債隠しのために設立した数百という特別目的会社の損失が一二億ドルという膨大な数字に上ることを明らかにした。SECは直ちにこの数百のパートナーシップの調査に乗り出したが、その多くには『スター・ウォーズ』に登場するキャラクターからヒントを得た社名が付けられていた。二〇〇一年一二月二日、エンロンは一九九六年から六億ドルほど利益を水増ししていたことを認めた。こうした事実が明るみに出た結果、エネルギー大手のダイナジーは、八四億ドルを提示していたエンロン買収を白紙撤回。二〇〇一年一二月二日、第3四半期に巨額の損失を計上したことを発表してから二カ月もたたないうちに、エンロンは破産法の適用を申請したが、これは当時としては米国史上最大の企業倒産となった。

エンロンの不正会計による悲劇的な結末はよく知られており、倒産後は数千人に上る従業員が職を失ったが、その多くは、エンロンの４０１ｋプラン（企業の確定拠出型年金プラン）で運用していた退職後の蓄えのほとんどを失った。４０１ｋプランでは六二％をエンロン株に投資していたが、二〇〇一年一二月末のエンロン株は、一株当たり一ドルにも満たない値で取引されていた。ところが、エンロンの株価が暴落しているときも、上級幹部らの懐は潤っていた。二〇〇一年の最初の八カ月間で――エンロン問題が明るみに出る直前――レイとスキリングだけで総額三一七〇万ドルにも上るストックオプションを行使していたのである。また二〇〇一年一一月には、同社の経営には不可欠だとされる五〇〇人近くの幹部らが総額一億ドルのボーナスを受け取っていたのである。平社員はスズメの涙ほどの退職金しかもらえないというのに。

自己取引を行った例としては米国史上最悪の企業の一つがエンロンだが、ウォール街ではほぼ全員がこの会社に問題がくすぶっているのを見落としていた。知識も経験も豊富な連中の多くが年に数十万ドルを稼ぎ、最新の技術資源を使いこなしているのだろうが、会社が大掛かりな詐欺を働いているなどとは思ってもいなかった。空売り筋――キニコス・アソシエーツ社長のジム・チェーノスやマーケット・トリムタブスの元顧客の空売り投資家たち――の中にはエンロンの会計を非難する者もいた。初めてエンロンとその会計について酷評したのが、ザ・ストリート・ドット・コムのピーター・イービスだ。しかし疑う余地のない決定的証拠が出てきたのは、二〇〇一年一〇月になってからであった。

ところが、二〇〇一年九月――エンロンが第3四半期の巨額の損失計上を発表する一カ月前――には、エンロンを担当していたウォール街のアナリスト一七人のうち一六人が、エンロン株の投資判断を「強い買い」または「買い」にしていた。『ワシントン・ポスト』紙がエンロンの崩壊後数カ月たってから報告しているように、ソロモン・スミス・バーニーが投資判断を「買い」から「マーケットパフォーム」に引き下げたのは、エンロンの株価が一六ドル前後になった一〇月二六日になってからであった。クレディ・スイス・ファースト・ボストンも、エンロン株が〇・五〇ドルまで下落した一一月二九日になっても「強い買い」を継続していた。リーマン・ブラザーズに至っては、「強い買い」という投資判断を一度も引き下げたことがなかったのだ！　エンロンの例は明らかに問題を提起している。つまり、もしウォール街のアナリストがエンロンの問題など意に介さなかったとしたら、あなたが同じような破滅を避けられる確率は上がっただろうか、ということだ。エンロンは極端な例だと反論する向きもあろうが、まさにそこが重要なのだ！　たとえエンロン規模の不正が長年発覚しなくても、多くの投資家は――エンロン株を直接保有している投資家もミューチュアルファンドを通して間接的にエンロン株を保有している投資家も含め――大金を払っているのである。

## 流動性理論――より優れた投資法

本章で説明したとおり、利益予想に基づいて投資判断を下すとどうしてもうまくいかない。株価は将来の期待利益の変動に歩調を合わせて動いてはくれないのだ。株価を動かす主な要因は次の二つである。

一．ハウスが株式市場に追加する株数と、株式市場から除去する株数
二．プレーヤーが株を売買するのに使える資本の量

あなたの資産にとって危険なのは、ウォール街の利益相反と上場企業の利益操作そのものである。大半の投資リサーチ会社とは異なり、トリムタブスでは企業の発表やウォール街のアナリストのレポートを完全に無視しているが、その代わりに、ハウスとプレーヤーが株式市場というカジノでどのように行動しているかをベースに投資をしている。株価を

動かしているのは、企業の基礎的価値ではなく、彼らの行動なのである。次章では彼らの行動をどのように分析するのかを説明する。

# 第六章

# ハウス——企業のシークレットパワー

前章で論じたとおり、上場企業が発表する損益計算書やウォール街のストラテジストが出す利益予想など、流動性理論では無用である。なぜなら、超長期の場合は別にして、株価を決めるのは企業の将来の利益ではないからだ。流動性理論は、株式市場というカジノでハウス——上場企業とその企業を経営するインサイダー——がどのように動くかに着目したもの。彼らがどのように動くかが、株式市場の流動性を最も大きく左右するのである。したがって、彼らの行動全体が株式市場の方向性を示す唯一にして最良の先行指標になるわけである。

## 企業のシークレットパワー

上場企業が巧みに操るシークレットパワーとは、自社の浮動株をコントロールする力をいう。上場企業はただ株式を売買しているのではない――取引される数多くの株式を積極的にコントロールしているのである。だから上場企業はハウスだといえるのだ！　上場企業を経営する幹部らは、株高のときに一般の投資家に株を売却し、安くなったときに他社や自社の株式を買う。彼らは業界で毎日ビジネスをしているから、いつ株価が上がり、いつ下がるのかを正確に知り得る最良のポジションにいるのである。とはいえ、企業の幹部の大半は自分たちのパワーがどの程度のものなのかに気づいていない。われわれが株式市場というカジノにおけるハウスのスタンスを評価するときには、企業の幹部が自分たちの発言に対してどう行動するかに着目する。相場が下落した後にＬ１の値が小さくなるのは実に興味深い。これはつまり、上場企業が買い越しに転じたことを意味しているのだが、幹部は相変わらず将来についての懸念を表明している。

　では、株式市場というカジノでハウスのパワーがほとんど表面化してこないのは、なぜなのだろう？　一つは、ハウスの動きに注意を払っている投資家がほとんどいないからである。また、ハウスの行動をまったく知ることができないか、あるいは知ることができてもあとになってからかのいずれかだからである。

　第四章で説明したとおり、われわれは浮動株の純変化（Ｌ１）を割り出すため、四種類の取引、つまり現金買収、自社株買い、株式の売り出し、インサイダーの売りを追跡調査している。そしてL1の公式（L1＝株式の売り出し＋インサイダーの売り－自社株買い－現金買収額の三分の二－現金買収額の残りの三分の一）にこれらの数字を当てはめて、相場の目先の方向性を予測している。本章では、株式市場というカジノに勝つにはこれらの取引をどう分析したらいいのかを説明する。また、これらの取引について一般に入手可能な情報をどのように見つけたらいいかについても説明する。

## 現金買収

株式市場というカジノから株式を除去する方法の一つに現金買収がある。現金買収とは、上場企業や非公開企業や個人投資家が現金の一部または全部を使って上場企業を買収することをいう。そこで、サントラスト・バンクスがナショナル・コマース・ファイナンシャルを二〇〇四年五月一〇日に、五二億ドルを株式で、一八億ドルを現金で買収すると発表した例について考えてみよう。サントラストのように、買収者が上場企業の場合、買収先の上場企業（ナショナル・コマース・ファイナンシャル）は買収者（サントラスト・バンクス）の一部になる。もし買収者が非公開企業か個人投資家グループの場合には、買収先の上場企業は上場廃止となる。現金を使った買収は、それによって浮動株が少なくなるため、株式市場の流動性という点では強材料になる。つまり、現金買収というのは、買収者が現金を保有しているよりも他社を買収したほうが価値が上がると考えていることを示しているわけである。

買収者が株式で上場企業を買収する場合には、株式数が株式市場の流動性に影響を及ぼすことはない。一方の企業の株式がもう一方の企業の株式に換わるだけなので、浮動株の総数に影響するわけではないからだ。サントラストの例でわれわれの流動性分析に影響するのは、サントラストがナショナル・コマース・ファイナンシャルに払った一八億ドルの現金だけであろう。企業買収が現金よりも株式交換によって行われれば、それだけ株式市場の流動性にとっては弱材料になる。また、非公開企業による買収も、経済面では一定の楽観ムードが出てくることはあろうが、株式市場の流動性にはまったく影響しない。

第四章でも説明したとおり、流動性分析の際には、現金買収発表当初と買収完了時とを区別している。買収発表当初には、発表されたばかりの上場企業の買収に使われる現金を用いて分析し、買収完了時には、完了したばかりの上場企業の買収に使われた現金を用いて分析する。

現金買収発表当初の流動性への影響を評価するときには、支払う金額と回数の両方を考慮する必要がある。**表6―1**は、われわれが現金買収を評価するときに使用する一般的な

**表 6-1　現金買収発表当初のガイドライン**

| 1週間の支払い金額 | スタンス |
|---|---|
| 20億ドル未満 | 弱気 |
| 20億～30億ドル | やや弱気 |
| 30億～40億ドル | やや強気 |
| 40億ドル以上 | 強気 |

| 1週間の支払い回数 | スタンス |
|---|---|
| 4回未満 | 弱気 |
| 4～5回 | やや弱気 |
| 6～7回 | やや強気 |
| 7回以上 | 強気 |

ガイドラインである。ここで注意してほしいのは、流動性分析では、現金買収の発表は一つの要因でしかないことだ。われわれの流動性分析では、現金買収発表当初のほうが買収完了時よりもはるかに重要である。なぜなら、流動性の公式では買収完了時の影響は買収発表当初の影響と比べると半減するし、買収完了時の影響は後ろ向きの指標だからである。

現金買収発表当初の流動性分析では、一週間の支払い額と支払い回数とを照合しなければならない。一般に企業が強気か弱気かを判断するには、一週間の支払い回数のほうが支払い額よりも優れた指標となる。なぜなら、ほかに現金買収活動が皆無でも、巨額の現金を一度か二度支払うだけの買収は一週間の支払い額を容易に膨らませるからである。

例えば、シンギュラー・ワイヤレスは二〇〇四年二月一七日、ＡＴ＆Ｔワイヤレスを現金四一一億ドルで買収することを発表したが、大掛かりな買収劇だったにもかかわらず、この取引は何カ月もかけて計画され、ウォール街にはほとんど無視されていたため、二月に発表された現金買収が唯一実質的な買収となった。事実、二〇〇四年二月末には皆が弱気に転じた。株式の売り出しが急増し、通常の年末の現金流入も三月には鈍化してきたからだ。いくら大掛かりな現金買収でも、一週間に数えるほどしかなければ企業が強気だというシグナルにはならない。総額六〇億ドルに上る現金買収が一件発表される週よりも、総額五〇億ドルの現金買収が一〇件発表される週のほうが企業ははるかに強気だということなのだ。

われわれの流動性の公式では、現金買収発表当初には三分の二の金額を、現金買収完了時には残りの三分の一の金額を使って計算する。おおむねアービトラージャーは、買収が発表されるとすぐに被買収企業の浮動株の三分の二程度を、先を争うように買い付ける。このようなトレーダーは、被買収企業のそのときの株価と買収企業が被買収企業に提示した一株当たりの株価との差を利用して利益を得ようとする。だから買収が発表されるや、たちまち被買収企業の株価が急騰するのである。シンギュラーがＡＴ＆Ｔワイヤレスに一株当たり一五ドルという買収価格を提示したときも、アービトラージャーが浮動株を大量に仕込んだため、ＡＴ＆Ｔワイヤレス株は直ちに二〇％ほど跳ね上がり、一四ドル程度になった。彼らはこの取引が実現し、自分たちがＡＴ＆Ｔワイヤレス一株当たりに払った金額とシンギュラーがＡＴ＆Ｔワイヤレスに提案した買収価格一五ドルとの差から利益を得られるという、計算済みのリスクをとっていたわけである。

このケースでは、二〇〇四年五月一九日にＡＴ＆Ｔワイヤレスの株主がこの買収を承認したため、彼らのとったリスクは報われた。もちろん、被買収企業の株式がいつ浮動株から除去されるかは知る由もないのだが、現時点での流動性から見て、現金買収発表当初の三分の二の額を計算に用いれば、株式市場の現状に極めて近い値が割り出せるものと考えている。

## 自社株買い

上場企業が株式市場というカジノで株式を購入する最も一般的な方法が、自社株買いである。自社株買いとは、まさにその名のとおり――上場企業が自社の浮動株の一部を買うこと――である。例えば、シスコシステムズの浮動株が七〇億株で、二四カ月をかけて五〇億ドルの自社株買いを行うことを発表したとしよう。これはつまり、シスコが自己資本五〇億ドルを充てて二四カ月にわたって自社株を買うということである。シスコの七〇億という浮動株の数は、シスコが自社株買いを実施する時点でのシスコの株価次第で変わってくる。もし二四カ月にわたって一株当たり平均二〇ドルで買う場合、シスコは二億五〇〇〇万株を買うことになり（五〇億ドル÷一株二〇ドル＝二億五〇〇〇万株）、浮動株は七〇億株から六七億五〇〇〇万株に減少する。投資家のシスコ株に対する需要が変わらなかったとすると、この浮動株の減少は強材料となる。なぜなら、同じ金額で少ない株式を狙い、将来の利益を少ない株式間で分け合うことになるからだ。

上場企業は、流通市場から自社株を買うか、ダッチオークション方式ともいわれる自社株公開買い付けによって買うか、のいずれかで自社株買いを実施することができる。上場企業がほかの投資家と同じように単に自社株を時価で買うのが市場買い付け、上場企業が既存の株主から一定の価格で株式を買い取るのが公開買い付けである。また、上場企業が公開買い付けで入札しなければならない発行済み株式の最少数、またはその企業が買う発行済み株式の最多数を特定することもある。

われわれが追跡調査をしているのは、自社株買い発表時のデータだけである。実際の自社株買いは、ＳＥＣがすべての上場企業に提出を義務づけている書式一〇―Ｋの年次報告書（年度末の財務内容に関する監査報告書）と書式一〇―Ｑの四半期報告書（書式一〇―

Kをアップデートした未監査報告書）を読まないと追跡調査することはできない。このデータを全部集計するのは実に根気のいる仕事で、結果が出るまでに何カ月もかかってしまう。そこで、続いて論じるとおり、われわれは自社株買い発表時のデータだけに基づいて実際の自社株買いを予測しているわけである。

自社株買い発表時のデータを追跡調査するのは簡単だ。上場企業が特定の金額の自社株買いを実施すると発表した時点で、実際に買った金額を記録すればいいからだ。また上場企業が、金額ではなく株数を指定して自社株買いを実施すると発表した場合には、買った株数に自社株買いを発表した前日の株価を掛ける。例えば、衛生用紙最大手のキンバリークラークは、二〇〇四年六月八日に二五〇〇万株の自社株を追加で買う計画を発表したが、この発表が行われた前日の同社株は六六ドル前後だったため、われわれは取引値を一六億五〇〇〇万ドルと記録した（二五〇〇万株×一株六六ドル＝一六億五〇〇〇万ドル）。

自社株買い発表時の流動性への影響を評価する場合には、金額と株数の両方を考慮する必要がある。**表6―2**は、われわれが自社株買い発表時のデータを評価するときに用いる一般的なガイドラインである。ここで注意してほしいのは、流動性分析では、自社株買い発表時のデータは一つの要因にすぎないということだ。また、週ごとに投入される金額と買われる株数との照合も行わなければならない。一般に、投入される金額よりも一週間に

**表6-2　自社株買い発表当初のガイドライン**

| 1週間の投入金額 | スタンス |
|---|---|
| 20億ドル未満 | 弱気 |
| 20億～30億ドル未満 | やや弱気 |
| 30億～40億ドル未満 | やや強気 |
| 40億ドル以上 | 強気 |
| **1週間で買う回数** | **スタンス** |
| 8回未満 | 弱気 |
| 8～14回未満 | やや弱気 |
| 14～20回未満 | やや強気 |
| 20回以上 | 強気 |

買われる株数のほうが、企業が強気なのか弱気なのかを示す優れた指標になる。なぜなら、ほかに自社株買いがまったく実施されなくても、巨額の資本による自社株買いが何度か実施されるだけで一週間の金額が容易に膨らむからである。

例えば、二〇〇四年四月一日（木）までの五日間では自社株買いが三回実施され、金額は一三一億ドルに上った。回数については弱材料だが、金額については強材料だから、われわれは巨額の金額よりも少ない回数のほうによりウエートを置いた。コーポレートアメリカ（米国の大企業）が本当に強気ならば、一週間に三回以上自社株買いが実施されていてもおかしくない。逆に、二〇〇四年五月二〇日（木）までの五日間では二六回の自社株買いが発表され、金額は四五億ドルに上ったが、これらの数字は企業がより強気であることを示している。四五億ドルという金額はそれほど強気ではないが、上場企業二六社が現金を保有するよりも自社株を保有するほうに価値を見いだしているというのが強気のサインなのである。

この例は、自社株買い発表時に関するわれわれの分析が実際にどのように機能しているのかを示したものである。二〇〇四年二月末にわれわれが弱気に転じたのは、主として企業の買いが手控えられ、売り出しが急増したからである。二〇〇四年三月一日から同年四月二二日までの間に五九回の自社株買いが発表され、金額は一七七億ドルに上った。平均すると、一日当たりの自社株買いは一・三回、金額にすると四億ドルである。自社株買いが増えるのは、一般に株式相場が上昇に転じる最初のサインの一つ。二〇〇四年四月二三日から同年五月二八日までの間には一一三回の自社株買いが発表され、金額は三一二億ドルに上った。平均すると一日当たりの自社株買いは四・三回、金額にすると一二億ドルである。この展開で、われわれは二〇〇四年五月二四日以降、強気に転じたのである。忘れてならないのは、相場が転換するのは、少なくとも何週間かにわたって自社株買いが増加したあとだということだ。

上場企業が自社株買いを発表するときは、その企業が実際に株を買う期間を明示する場合が多い。一般にこの期間は一二～二四カ月である。これまでのところ、巨大企業は実際に発表した株式をすべて買っているが、小企業や財務があまり安定していない企業は必ずしも発表した自社株買いを終了させるとは限らない。したがって、実際に自社株買いが終了するのは、発表されたもののうちせいぜい九〇％だと思われる。発表直後の自社株買いなら追跡調査することは可能だが、企業が実際にいつ自社株買いをしているのかを知るには、数カ月遅れて発表される書式一〇―Kの年次報告書や書式一〇―Qの四半期報告書を見るしかない。かつて、企業が実際に自社株買いを実施したら一週間以内に報告させるようにとSECに頼んでみたことがあるが、SECではそのような規制を設けていない。

実際の自社株買い活動を予測するに当たり、われわれは、直近の四週間に実際に買われた株数と投入された金額とそれらの過去の平均、そして自社株買い発表時の株数と金額との関係を利用している。二〇〇四年五月までの二年間を見てみると、自社株買い活動の一日当たり平均は三・二回、金額にして七億ドルであった。われわれはこの平均回数を予測の基点にした。自社株買いに費やされる金額が大きく――直近の四週間の一日当たり平均が一〇億ドル――、自社株買いの回数も多ければ――直近の四週間の一日当たり平均が四回――、実際の自社株買いは一日当たり九億ドル程度に上り、前の二年間の一日当たり平均をやや上回っていると予測できる。自社株買いに費やされる金額が小さく――直近の四週間の一日当たり平均が四億ドル――、自社株買いの回数も少なければ――直近の四週間の一日当たり平均が一回――、実際の自社株買いは一日当たり四億ドル程度だと予測できる。自社株買い発表時の回数と金額が複雑な様相を呈している場合には――一日当たりの平均が二回、金額にして一一億ドル――、普通は金額よりも回数のほうによりウエートを置く。この場合、実際の自社株買いは一日当たり六億ドル前後に上るものと予測できる。ごく少数の大掛かりな自社株買いが短期間で実施されれば株価は大きく動くが、実際の自社株買いを予測することで、この大きな変動を平坦にすることができるのである。

## 株式の売り出し

これまでは、ハウスが株式市場というカジノで株式を売却する最も重要な手段が売り出しであった。売り出しには次の五種類がある。

一．**ＩＰＯ（新規株式公開）**　ＩＰＯとは、新規に株式を上場した企業が普通株式を初めて一般大衆に売り出すことをいう。

二．**売り出し**　売り出しとは、上場企業が追加で新たな普通株式を売り出すことをいう。

三．**転換社債の売り出し**　転換社債とは、保有者の任意で上場企業の一定数の普通株式か優先株式と交換できるものをいう。原株の価格が上昇すれば転換社債の価値も上がるため、一般に転換社債の利率は通常の債券の利率よりもかなり低くなっている。

四．**転換優先株式の売り出し**　転換優先株式とは、保有者の任意でその企業の一定数の普通株式と交換できる優先株式をいう。普通株式とは異なり、優先株式の場合は、普通株式の保有者に配当が支払われる前に優先株式の保有者に一定の配当が支払われる。また、優先株式には普通株式のような議決権がない。

五．**ＡＤＲ（米国預託証券）**　ＡＤＲとは、米国の証券取引所で取引される外国企業の有価証券の所有権を示す預かり証書をいい、米国の銀行が発行するもの。

米国以外で売り出されている米国以外の企業の株式は考慮していない。われわれが関心を寄せているのは米国株式市場の浮動株だけだからだ。また、クローズドエンド型米国株ファンドや債券ファンドも売り出しとしては考慮していない。クローズドエンド型ファンドとは、ＩＰＯのときに一定の株数を一般投資家に発行するミューチュアルファンドである。投資家の要望に応じて新株を発行し、発行済み株式を買う義務のあるオープンエンド型ファンドとは違い、クローズドエンド型ファンドの株式は証券取引所で売買される。われわれはそうしたクローズドエンド型ファンドを、流動性にとってはニュートラル（中立）だと考えている。

株式の売り出しは、株式市場の流動性という点では弱材料である。なぜなら浮動株を増やし、その結果、ほかの条件がすべて同じだと仮定すると、同額の現金で多くの株式を奪い合い、利益もより多くの株式間で分け合い、薄まってしまうことになるからだ。機関投資家は、もし自分たちが最高級のＩＰＯを買い付けていると思われたければ、ウォール街の引き受け業者が売り出すほぼすべてのＩＰＯを買い付けるべきだろう。ＩＰＯで多くの株式が株式市場に流通すればするほど、機関投資家が既存の株式を買うのに使える資本は少なくなる。

長期的にみると、売り出しよりもＩＰＯのほうが弱材料である。企業が上場するときには総資本の一〇～二〇％を売り出す場合が多いが、残りの株式を保有しているインサイダーは、ロックアップ期間が終了し、自由に持ち株を売れるようになるまで一定期間――通常は六カ月ほど――待たなければならない。しかし、そのインサイダーが持ち株を市場に放出すると、流動性からみるとあっという間に弱気になるのである。一九九九年末、われわれは一九九九年に上場したＩＰＯ銘柄で、二〇〇〇年にロックアップ期間が解除される株式の価値は八〇〇〇億ドルを上回るだろうと予測した。二〇〇〇年四月、一般投資家は

**表6-3　株式売り出しのガイドライン**

| 1週間の売り出し金額 | スタンス |
|---|---|
| 30億ドル未満 | 強気 |
| 30億～40億ドル未満 | やや強気 |
| 40億～50億ドル未満 | やや弱気 |
| 50億ドル以上 | 弱気 |
| **1週間の売り出し回数** | **スタンス** |
| 8回未満 | 強気 |
| 8～14回未満 | やや強気 |
| 14～20回未満 | やや弱気 |
| 20回以上 | 弱気 |

できるだけ多くの株を買い付けようとはしたものの、どう考えてもインサイダーからこれらの株を買うのに使う八〇〇〇億ドル近くの現金などどこにもなかった。この八〇〇〇億ドルという現金のほとんどは、テクノロジーバブルの崩壊と共に泡と消えてしまったのだ。

株式の売り出しが流動性に及ぼす影響を評価する場合には、金額と株数の両方を考慮する必要がある。**表6―3**は、われわれが株式の売り出しを評価するときに用いる一般的なガイドラインである。ここで注意してほしいのは、流動性分析では、株式の売り出しは一つの要因にすぎないということだ。われわれは売り出される株数と金額の両方を追跡調査しているが、流動性分析では売り出される株数よりも金額のほうにややウエートを置いている。例えば、一週間に三〇億ドルに上る株式の売り出しが二五回行われるほうが、一週間に八〇億ドルに上る株式の売り出しが一二回行われるよりもはるかに強材料である。株式市場という仲介物の小切手口座から出ていく現金の量のほうが、株式を売り出す企業の数よりも重要なのである。

この例は、株式の売り出しに関するわれわれの分析が実際にどのように機能しているのかを示したものである。われわれが弱気に転じたのは二〇〇四年二月末だが、それは売り出しが急増したからでもある。二〇〇四年一月三〇日から同年三月二五日にかけて、売り出しは週当たり平均で七一億ドルに上り（一日当たり平均一四億ドル）、週当たり五〇億ドルを下回ることは一度もなかった。売り出しの一日当たり平均が一貫して一二億五〇〇〇万ドルを上回っていれば、これは市場が最高値圏で推移しているというサインであり、まさにこのときがそうだったのである。投資家たちは二〇〇四年二～三月にかけて二七九億ドルもの資本を米国株ファンドに投じていたが、この時期、S&P五〇〇は二・二％下落。いくら企業の買いが旺盛で、資本が大量に流入していても、株式の売り出しが一日当たり平均一二億五〇〇〇万ドルを上回っていれば、株式相場も上値を追いづらいのである。

## インサイダーの売り

追跡調査するのが最も難しい企業行動がインサイダーの売りである。取締役、役員、従業員がストックオプションを行使するか、自社株を売却するのがインサイダーの売り。ＳＥＣでは現在、主要なインサイダー――取締役、役員、その企業の発行済み株式の一〇％以上を保有する大株主――に対し、書式一四四（制限付き証券の売却予定）を提出し、株式の売却予定日までにストックオプションの行使について報告するよう求めている。ただし書式一四四を提出しても、必ずしも実際に売却が完了したことを示すわけではないし、任意の三カ月間に売却予定の株式数が五〇〇株に満たない場合、また売却価額の合計が一万ドルに満たない場合には書式一四四を提出する必要もない。さらに主要なインサイダーは、株式を売買するとき、またはストックオプションを行使するときには、書式四（有価証券の受益的保有の変化の届出）をＳＥＣに提出しなければならない。書式四の提出期限は、取引の翌月の一〇日目。一カ月当たり一万ドル未満の取引と株式の贈与については、いずれも報告義務はない。ここで注目すべきは、企業の副社長以下のインサイダーには、どの取引についてもＳＥＣへの報告義務がないということだ。以前、インサイダーの売りの金額を企業に報告させたらどうかとＳＥＣに言ってみたが、ＳＥＣではまだそのような

### 表6-4　インサイダーの売りのガイドライン

| 1週間の金額 | スタンス |
|---|---|
| 25億ドル未満 | 強気 |
| 25億～30億ドル | やや強気 |
| 30億～35億ドル | やや弱気 |
| 35億以上 | 弱気 |

規制を設けてはいない。

この規制の枠組みは、インサイダーの売りを追跡しようとする投資家に二つの大きな問題を提起している。一つ目は、主要なインサイダーによる小規模の売りや副社長以下のインサイダーによるすべての取引についてはまったく報告義務がないということ。二つ目は、このデータを集計するには莫大な時間がかかるということである。それでは、われわれがそうした困難をどのように乗り越えたかを次に説明しよう。

**表6―4**は、われわれがインサイダーの売りを評価するときに用いる一般的なガイドラインである。ここで注意してほしいのは、流動性分析では、インサイダーの売りは一つの要因にすぎないということだ。トリムタブス

では、トムソン・ファイナンシャルの報告書のとおり、書式一四四に記載されている売却株の金額を倍にしてインサイダーの売りを見積もっている。副社長以下のインサイダーにはSECへの報告義務がないが、彼らによる売りは少なくとも書式一四四に記載されている売却株と同額に上るものと思われる。書式一四四に記載されているインサイダーの売りを倍にするという方法では、どちらかというとインサイダーの売りを過小評価することになる。

インサイダーの売りは、一般に比較的狭いレンジに収まっている。株式相場の変動によってインサイダーの売りが発生する場合もあるが、一定レベルの自然の売りは年間を通じて発生している。

## 短期の流動性予測

翌週の株式市場の資本フローが一日当たりどの程度なのかを見積もることが、強力な予測ツールになる。そこでわれわれは、いつも使っている流動性の公式を修正し、日々の資本フローを見積もってみた。

一日のＬ１予測＝株式の売り出し＋インサイダーの売り－実際の自社株買い－現金買収額の三分の二（買収発表当初額）

次にこの公式の四つの変数をどのように割り出したかを示す。

一．**株式の売り出し**　一日の株式の売り出しについては、週の初めに予定されている売り出し額に基づいて評価している。この情報は毎週、資本市場の調査会社ディーロジック社から得ている。週の初めに予定されていない売り出し分を見積もるには、その多くが売り出し前夜または売り出し当日の朝に価格が決まるため、普通は予定されている売り出し額を倍にする。例えば、ディーロジックが翌週に予定されている株式の売り出し額を二五億ドルと報告していれば、われわれは一日の売り出し額が一〇億ドルであると考える（二五億ドル×二÷五日＝一〇億ドル）。

二．**インサイダーの売り**　一日のインサイダーの売りについては、直近の八週間のインサイダーの売りのレベルに関する当社の見積もりをベースにして評価している。例えば、直近の八週間のインサイダーの売りが平均三〇億ドルだとすると、一日のインサイダーの売りは六億ドルであると考える（三〇億ドル÷五日＝六億ドル）。

三．**実際の自社株買い**　一日の実際の自社株買いについては、直近の四週間の自社株買い発表当初のレベルをベースにし、過去二年間の自社株買い発表当初の一日平均を修正して評価する。例えば、過去二年間の自社株買い発表当初の一日平均が八億ドルで、直近の四週間の自社株買い発表当初の株数と金額が共に極めて少ないとすると、実際の自社株買いは一日当たり四億ドルであると考える。

四．**現金買収**　現金買収については、直近の四週間の一日当たり現金買収の平均をベースにして評価している。そしてこの数字に六七％を掛ける。その時点での流動性を計るために現金買収額の三分の二（買収発表当初の額）を計上するからだ。例えば、直近の四週間の現金買収発表当初の額の平均が七億ドルだとすると、一日の現金買収額は五億ドルであると考える（七億ドル×〇・六七＝五億ドル）。

次に引用したのは、二〇〇四年五月二四日付の『トリムタブス・ウイークリー・リクイディティ（TrimTabs Weekly Liquidity）』の例である。われわれが株式市場の短期の流動性をどのように予測しているかを示している。

株式市場に流入する資本と流出する資本を毎日追跡していくと、企業の流動性が大幅に高くなっているのが分かる。直近の四週間では、現金買収によって一日平均七億ドルが流動性に寄与している。過去四週間では自社株買いの発表で株を買い戻していることから、実際の自社株買いは一日当たり平均九億ドルのペースで行われるものと考える。これは過去二年間の自社株買いの一日平均六億五〇〇〇万ドルよりも多い金額である。現金買収発表当初の一日当たり七億ドルという額を実際の自社株買いの一日当たり平均九億ドルに加算すると、一日当たりの企業の買い物は合計一六億ドルになる。

企業の流動性を別の側面から見ると、少なくとも一日当たり一四〇〇万ドル相当の株式の売り出し、一日当たり四億ドル相当のインサイダーの売りがあるものと考えられる。したがって、企業の売りは一日当たり合計一八億ドルに上るため、一日当たりの流動性のギャップは二億ドルになる。

二〇〇四年五月二四日の週の一日当たりの資本フローを、当社の修正後の流動性の公式で表すと次のようになる。

一日のL1予測＝一四億ドル＋四億ドル－九億ドル－七億ドル＝二億ドル

この公式を基にすると、翌週の予測は慎重に、つまり弱気になる可能性がある。もし直近の週末に米国株ファンドへの資本流入が旺盛で、主要な現金買収が発表されるという予測をしていれば、ニュートラルに転じるはずだし、米国株ファンドからの資本流出が旺盛だと予測していれば、完全に弱気に転じるかもしれない。結局のところ、流動性分析はやはり芸術であり、科学でもあるということだ。

## どこでデータを入手するか

本章で引用しているデータのほとんどは一般に入手できるものである。トリムタブスでは、ディーロジック社が提供するデータ（会員登録が必要）を使って現金買収と自社株買い発表当初の数字を追跡調査している。ブルームバーグ・ニュース（http://www.bloomberg.com/）、CBSマーケット・ウオッチ（http://www.cbsmarketwatch.com/）、トムソン・ファイナンシャル（データを入手するには会員登録が必要）、ヤフー！ファイナンス（http://finance.yahoo.com/）でも現金買収や自社株買いの情報を提供している。トリムタブスでは現金買収発表当初の株数と金額、買収完了時の金額、自社株買い発表当初の株数と金額とを『トリムタブス・ウイークリー・リクイディティ』でレポートしているが、これはプロの投資家向けのもので、個人投資家向けには『トリムタブス・マンスリー・リクイディティ』がある。一般の投資家も、トリムタブスのウエブサイトから『トリムタブス・ウイークリー・リクイディティ』をやや遅れて入手することができる（http://www.trimtabs.com/を訪れ、サイドバーから"Liquidity"を選択）。

トリムタブスでは、ディーロジック社のデータ（会員登録が必要）を使って株式の売り出しについても追跡調査している。ＣＢＳマーケット・ウオッチ（http://www.cbsmarketwatch.com/）、ＣＮＮマネー（http://money.cnn.com/）、ヤフー！ファイナンス（http://finance.yahoo.com/）にアクセスすれば、一般の投資家もよりリアルタイムでこれらの情報の一部を入手することができる。『トリムタブス・ウイークリー・リクイディティ』では、売り出しの際の株数と金額を毎週レポートしている。

インサイダーの売りについては、トムソン・ファイナンシャルが作成している書式一四四のデータを使って予測している（データを入手するには会員登録が必要）。『トリムタブス・ウイークリー・リクイディティ』と『トリムタブス・マンスリー・リクイディティ』では共に、前週のインサイダーの売りに関する予測を掲載しているが、直近の八週間のインサイダーの売りに関する予測に限っては、トリムタブスのウエブサイトで一般投資家向けにやや遅れて掲載している。インサイダーの売りについては、一般投資家がまとまったデータを入手できる量が限られている。『ウォール・ストリート・ジャーナル』紙でもトムソン・ファイナンシャルが毎週提供するデータを使って、"Insider Trading Spotlight（「インサイダー・トレーディング・スポットライト」）"という欄にインサイダーの売買動向を市場セクターごとにレポートしている。またトムソン・ファイナンシャルがインサイダーの動向を月別にまとめた概要は、金融メディアで広く取り上げられている。検索エンジンのグーグル（http://www.google.com/）で"News「ニュース」"を選択し、"Thomson insider selling"と入力すれば、これらのレポートを読むことができる。この月別の概要では売買額比率も載っているが、これはインサイダーの月々の買いに対して売りの金額がいくらに上るかをレポートしたものである。

# 第七章

# プレーヤー――買い、売り、そして借り入れ

前章では株式市場というカジノでのハウスの行動に焦点を当てたが、本章ではプレーヤーの行動に焦点を当てる。株式市場というカジノに勝つには、ハウスの行動だけでなく、それ以上のことを――プレーヤーの行動についても――知っておく必要がある。二〇〇三年にはL1が八〇〇億ドル膨らみ、一二カ月のうち八カ月間ハウスが売り越した。だが、S&P五〇〇種株価指数は二六％上昇し、ナスダック総合指数も五〇％上げた。では、ハウスが果敢に売り越していたのに相場が上昇したのはなぜなのだろう？

プレーヤーが株式市場というカジノに法外な額を投資していたからだ。米国株ファンドへの資本流入額は合計一二九〇億ドル、つまり一カ月当たり一〇七億ドルに上っており、個別銘柄にも少なくともあと一二九〇億ドルが直接流入していたはずだ。また、二〇〇三年第2四半期の初めには年金基金やヘッジファンドが少なくとも三〇〇〇億ドルを株式市場に投入していたと思われる。要するに、二〇〇三年には優に五〇〇〇億ドルを超える資

本が株式に流れていたことになるが、これは企業がいくら売り越していても、それを十分相殺できる金額である。企業が一貫して売り越していたにもかかわらず、二〇〇三年には並外れたリターンを生み出したわけだが、これは流動性理論ではなぜプレーヤーだけでなくハウスの行動を調べるのかを示す好例である。ハウスの行動は株式市場の方向性を示す最良の先行指標である一方、プレーヤーの行動は、それが極限に達したときには、ハウスの行動を圧倒することもあり得るのである。本章ではプレーヤーの行動を分析する方法と、そうした情報を一般投資家がどこで入手すればいいかを説明する。

## ミューチュアルファンドの資本フロー

われわれは、株式ミューチュアルファンドの資本フローをモニターすることで、プレーヤーが株式市場というカジノでどのような動きをしているかを追跡調査している。株式ミューチュアルファンドの資本フローは、プレーヤーが株式に投じる現金、または市場から引き揚げる現金を量る重要な尺度である。なぜなら、プレーヤーは個別銘柄を直接購入するか、あるいはＥＴＦ（指数連動型上場投資信託）を購入するかで株式に投資することができるからだ。しかし、長年にわたって流動性を追跡調査しているうちに、株式市場というカジノでのプレーヤーの行動を調べるには株式ミューチュアルファンドの資本フローをモニターするのが一番いいということに気づいたのである。

浮動株の増減（Ｌ１）とは異なり、米国株ファンドの資本フロー（Ｌ２）は反対指標になる。つまり、米国株ファンドに大量の資本が流入してきたときは弱気のサイン、大量の資本が流出したときは強気のサインなのだ。Ｌ２が長年にわたって異常なレベルに達したときには、とくに有益な指標になる。資本フローが少ないときや短期間のフローはとりたてて重要ではない。

大半の個人投資家の投資手法は、ハンドルを握り、アクセルを踏んで、バックミラーを見ながら車を運転するのとよく似ている。個人投資家は、最近のトレンドは今後も続くものと思い込む節がある。彼らがホットな銘柄やセクターに乗り込んできたときには、すでに時は遅し。利益もほとんど出尽くしたあとなのだ。米国株ファンドに大量の資本が流入しているときには、多くの投資家がすでに強気に転じている。彼らはすでに投資をしてしまっているので、その後相場を押し上げるだけの現金はほとんどない。その逆も真なりで、米国株ファンドから大量の資本が流出しているときには、多くの投資家がすでに弱気に転じている。彼らはすでに大量に持ち株を処分してしまっているので、その後市場から引き揚げる現金はほとんどない。株式市場というカジノではプレーヤーはダムマネーである。

だからミューチュアルファンドの資本フローに合わせていてもうまくいかないのだ。プレーヤーの行動が異常なレベルに達したら、彼らとは反対の行動をとる必要があるのである。

## どこでデータを入手するか

ミューチュアルファンドの資本フローに関しては、米国の投資会社業界の全国組織であるＩＣＩ（米投資会社協会）が信頼できる情報源である。ＩＣＩでは「ミューチュアルファンド投資のトレンド（Trends in Mutual Fund Investing）」というタイトルで、株式、債券、ＭＭＦ（マネー・マーケット・ファンド）の資本フローに関するデータをウエブサイト上で発表している（http://www.ici.org/stats/mf/index.html#TopOfPage）。データは月別にまとめられ、約一カ月遅れで発表される（例えば、一月のデータは二月の後半に発表される）。

ＩＣＩでは、八三〇〇本の米国株ミューチュアルファンドのデータを基に、豊富な情報を発表している。流動性という観点では、株式と債券の資本フローが最も重要。この情報は、「ミューチュアルファンドの純資産（Net Asset of Mutual Funds）」という表のすぐ後ろの「ハイライト（Highlights）」のセクションに載っている。例えば、二〇〇四年一月のＩＣＩのレポートでは、株式ファンドの資本流入量が四三七・六億ドルに、債券ファンドの資本流入量が四億九六〇〇万ドルに達していた。ＩＣＩが発表するデータは、『ウォール・ストリート・ジャーナル』紙や『インベスターズ・ビジネス・デイリー』紙など、金融メディアでも広く取り上げられている。

しかし、このＩＣＩのデータには大きな欠点が二つある。一つ目は、約一カ月遅れで月に一度しか発表されないということ。二つ目は、ファンドの資本フローの内訳が示されていないことである。トリムタブスとＡＭＧデータ・サービシズでは、ごく一部だが、ファンドの資本フローの週別のデータを一般投資家に無料で提供している。『バロンズ』誌でも、ＡＭＧデータ・サービシズが予測した株式、債券、ＭＭＦへの資本流入量の四週間の移動平均値を載せている。また、トリムタブスとＡＭＧデータ・サービシズが毎週プレスリリースに載せているファンドの資本フローに関するデータは、ザ・ストリート・ドット・コム（http://www.thestreet.com/）やＣＢＳマーケット・ウォッチ（http://www.cbsmarketwatch.com/）といった金融メディアに定期的に掲載されている。会員登録していなくても、週に一度、また月に一度発表するファンドの資本フローに関するデータに簡単にアクセスすることができる。

## 入手したデータをどう解釈するか

トリムタブスでは、会員登録している投資家にファンドの資本フローに関する豊富なデータを毎日提供しているが、ファンドの資本フローに関する議論はこのデータが基になっている。何しろ株式ファンドだけでも四七〇〇本ほどあるため、今のところ、ファンドそれぞれの資本フローを追跡調査するすべはない。そこでわれわれは、およそ八〇本のファンドファミリーを毎日追跡調査することにした。これらのファンドファミリーの総資産は、ＩＣＩが発表する株式ファンドの総資産の一五％、債券ファンドの総資産の一三％に相当する。株式資本、目的、セクターなど、さまざまなカテゴリーで毎日の資本フローを予測するため、われわれはセクターごとの数字の回帰分析を行っており、この情報を『トリムタブス・デイリー・ミューチュアル・ファンズ・フロー（TrimTabs Daily Mutual Funds Flow）』を購読している会員投資家に毎日提供している。毎月末から二週間後には、チャールズ・シュワブをはじめ、四大ファンドファミリーであるフィデリティ、ジャヌス、ＭＦＳＳ、バンガードが提供するデータを使って月間の資本フロー予測を修正している。これら四大ファンドファミリーは、われわれが毎日追跡調査している米国株ファンドには含まれていない。

## 図7-1　1999年10月～2000年12月の米国株ファンドの月別資本フローとS&P500

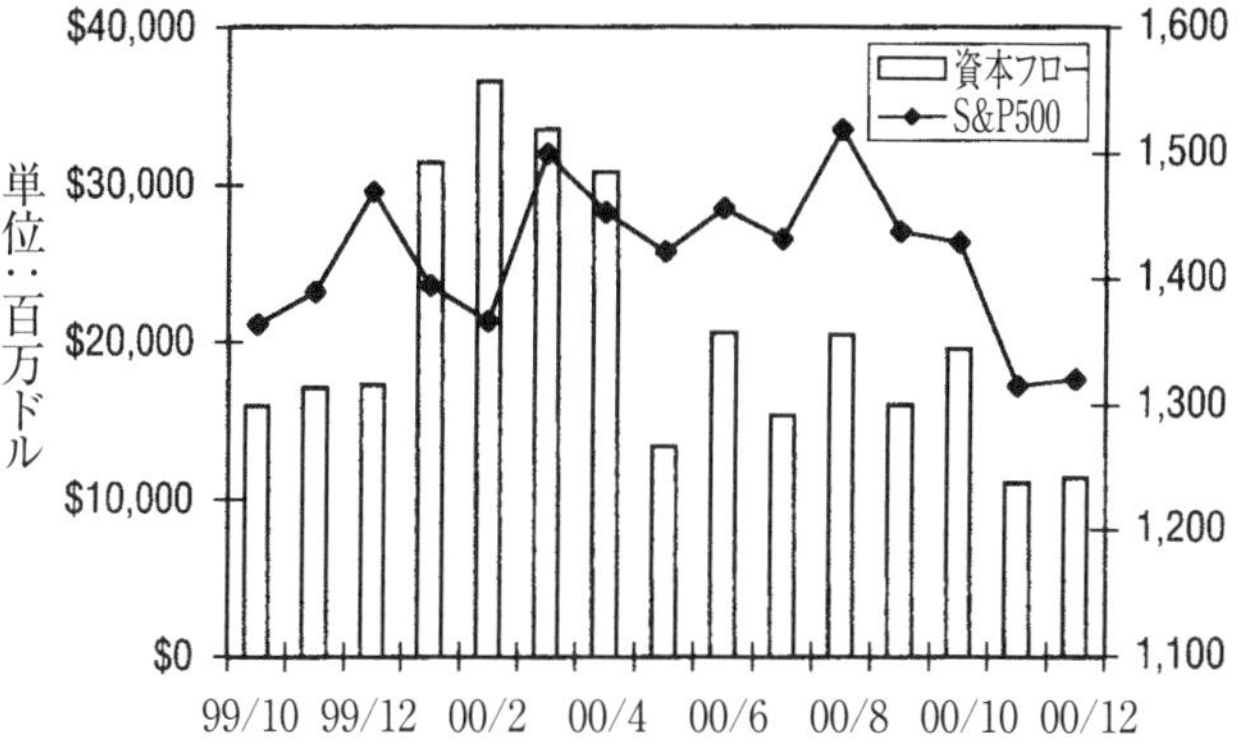


**出所**＝ICI（米投資会社協会）、ヤフー！ファイナンス

ファンドの資本フローは遅行した反対指標になり、流動性分析では、その資本フローが異常なレベルに達したときが最も有益である。われわれの流動性分析では、米国株ファンドの資本フローを最も重視している。どちらの方向であれ、資本フローが異常なレベルに達すると、相場のターニングポイントはそう遠くないところにあるということだ。最近の例を二つ挙げてこれを説明してみよう。

一九九九年一月から二〇〇〇年三月までの米国株ファンドの売買代金は一五二〇億ドル、つまり一カ月当たり二一七億ドルに上った。**図7―1**は、一九九九年一〇月から二〇〇〇年一二月までの米国株ファンドの資本フローをS&P五〇〇の資本フローと月別に比較したものである。言うまでもなく、テクノロジ

## 図7-2　2002年1月～2002年12月の米国株ファンドの月別資本フローとS&P500

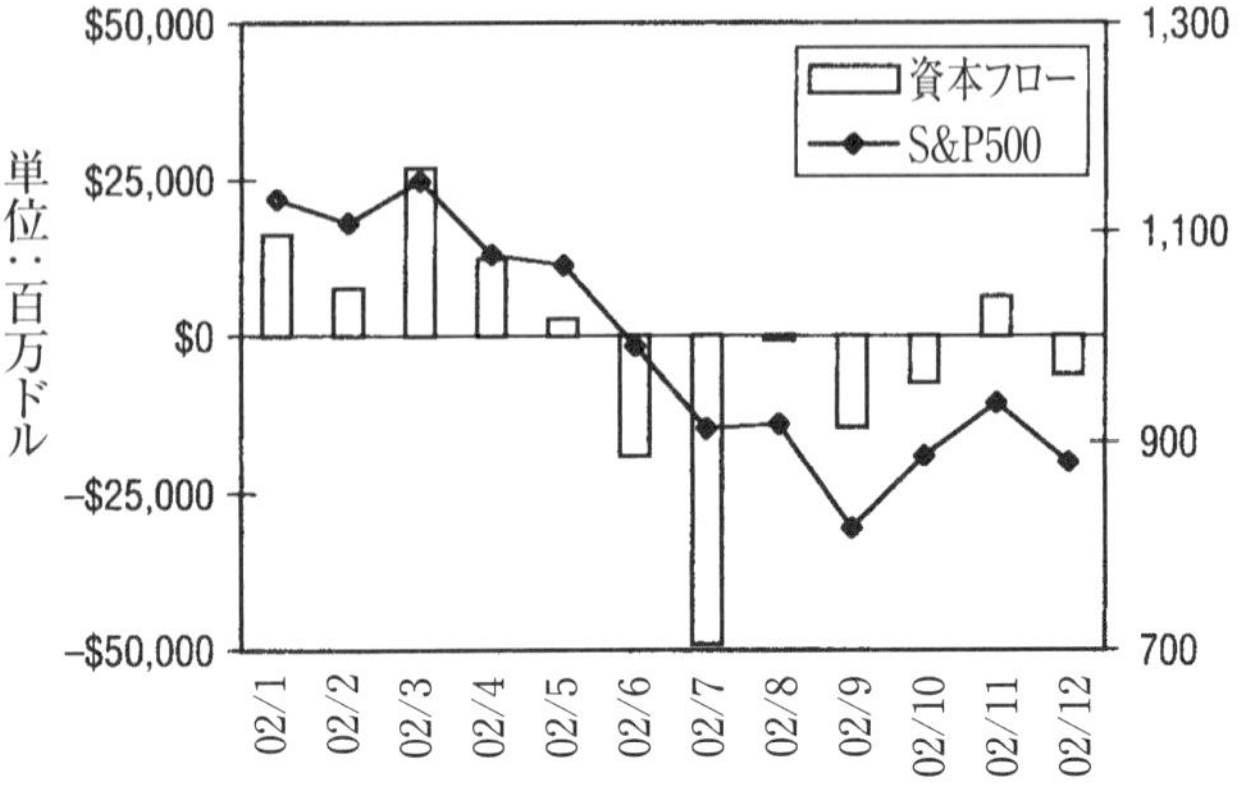


**出所**＝ICI（米投資会社協会）、ヤフー!ファイナンス

ーバブルがピークを付けたのは二〇〇〇年三月。月々の株式の売買代金が少なくとも二〇〇億ドルに上っているのは、相場が天井圏にあることを示すかなり信頼できるサインである。

今度は二〇〇二年中に米国株ファンドに流入した資本と流出した資本について考えてみよう。**図7―2**はS&P五〇〇と比較したものである。S&P五〇〇はこの時期に二度大底を打っている。一度は七月、もう一度は一〇月。この二度の大底のときには共に、米国株ファンドから大量の資本が流出していたことに注目してみよう。米国株ファンドが月に一五〇億ドル以上売られているのは、普通は相場の底入れが近づいたということだ。

米国株ファンドの資本フローは、それが異

常なレベルに達したときには反対指標になる。週に三〇億ドル以下の資本フローでは力強い推定値にはならないが、仮に資本フローがこの水準に達していても、この数値だけで分析することはできない。もし企業の買いが旺盛なら、弱い資本流入を相殺できるし、その逆もあり得る。例えば、二〇〇一年九月一一日の同時多発テロを受けて、九月には米国株ファンドから二七〇億ドルの資本が流出したが、一〇月にはわずか五〇億ドルしか流入していない。ところが、相場は底を打ってから急反発した。九月にコーポレートアメリカ（米国の大企業）が大量に買い越していたからだ。九月の間にＬ１は四六〇億ドルも減少したが、コーポレートアメリカが自社株買いで市場に投入した現金が、米国株ファンドの弱々しい資本流入を相殺して余りあるほどだったのである。

資本フローの指標としては米国株ファンドが最重要だと述べたが、われわれは海外からの投資やドル相場を予測するため、外国株を組み入れている株式ファンドの資本フローの割合もすべて追跡調査している。個人投資家は相も変わらず高きを買い、安きを売っている、ということを思い出してほしい。米国の投資家が株式ファンド投資のかなりの割合をグローバル株式ファンドに振り向けていれば、海外の市場は比較的高値で推移し、米ドル相場も底を打つ可能性がある。

逆に、米国の投資家が株式ファンドのほぼすべてを米国株ファンドに振り向けていたら、

## 図 7-3　2003 年４月～ 2004 年４月の全株式ファンドの資本流入に占めるグローバル株式ファンドの資本流入の割合

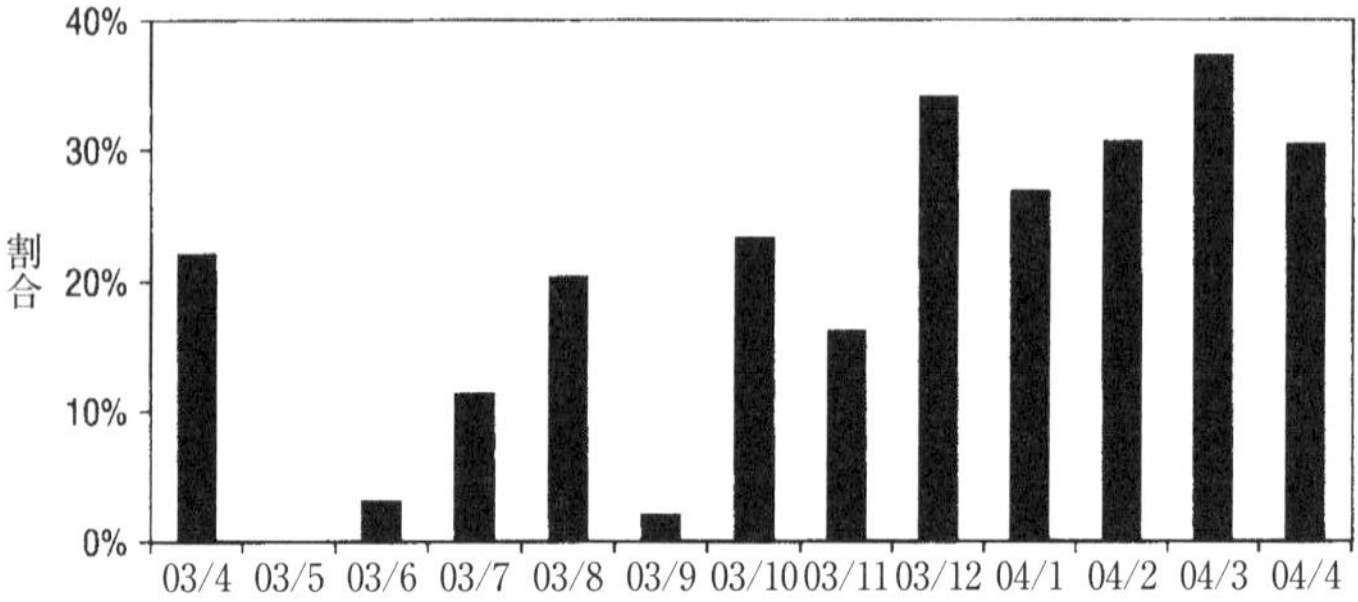


出所＝ICI（米投資会社協会）

海外の市場は比較的安値で推移し、ドル相場も天井を付ける可能性がある。外国株を組み入れているすべての株式ファンドの割合が異常なレベルに達したら、これは最高の予測値となる。われわれはその異常なレベルを一〇％未満、三〇％以上と定めている。最近では二〇〇四年初頭に、グローバル株式ファンドに大量の資本が流入したことを示す好例が見られた。**図7―3**は、二〇〇三年四月から二〇〇四年四月にかけて、株式ファンドの資本流入全体に対してグローバル株式ファンドの資本流入がどの程度の割合を占めているかを示したものである。

　外国株を組み入れた株式ファンドの資本流入の割合は、二〇〇三年末には三〇％以上に上ったため、二〇〇四年二月のユーロ相場は、一ユーロ＝一・三〇ドルと、過去最高値を更新した。ところが、二〇〇四年三月には外国株を組み入れた全株式ファンドの資本流入の割合が三五％を上回る上昇を示したものの、同年四月末には一ユーロが一・一八ドルに下落。米国株ファンドの場合とまったく同じで、個人投資家はグローバル株式ファンドも高値で買い、安値で手放していたのである。

最後に、われわれはセクターファンドのいつになく強い資本フローには十分な注意を払っている。ミューチュアルファンドの投資家の行動は常に好パフォーマンスを狙っているため、実に優れた反対指標になるからだ。短期間にあるセクターで極度に大量の資本フローが見られるときには、それがそのセクターが天井を付けている、あるいは底を打っていることを示すシグナルになる場合が多い。

最近では二〇〇四年初頭の不動産ファンドで、セクターファンドの大量の資本フローを示す好例が見られた。二〇〇四年一月からは、われわれも毎日追跡している不動産ファンドに極端に大量に流入してくる資本の量をチェックしている。実際に仕手筋が一斉にセクターに仕掛けてきたため、一週間の資本流入量がそのファンドの純資産の三％という途方もない数字を上回ったことも何度かあった。**図7―4**は、二〇〇四年一～四月までの週ごとの不動産ファンドへの資本流入をモルガン・スタンレーREITインデックスと比較したものである。

## 図7-4　2004年１～４月の不動産ファンドの週別資本フローとモルガン・スタンレーREITインデックス

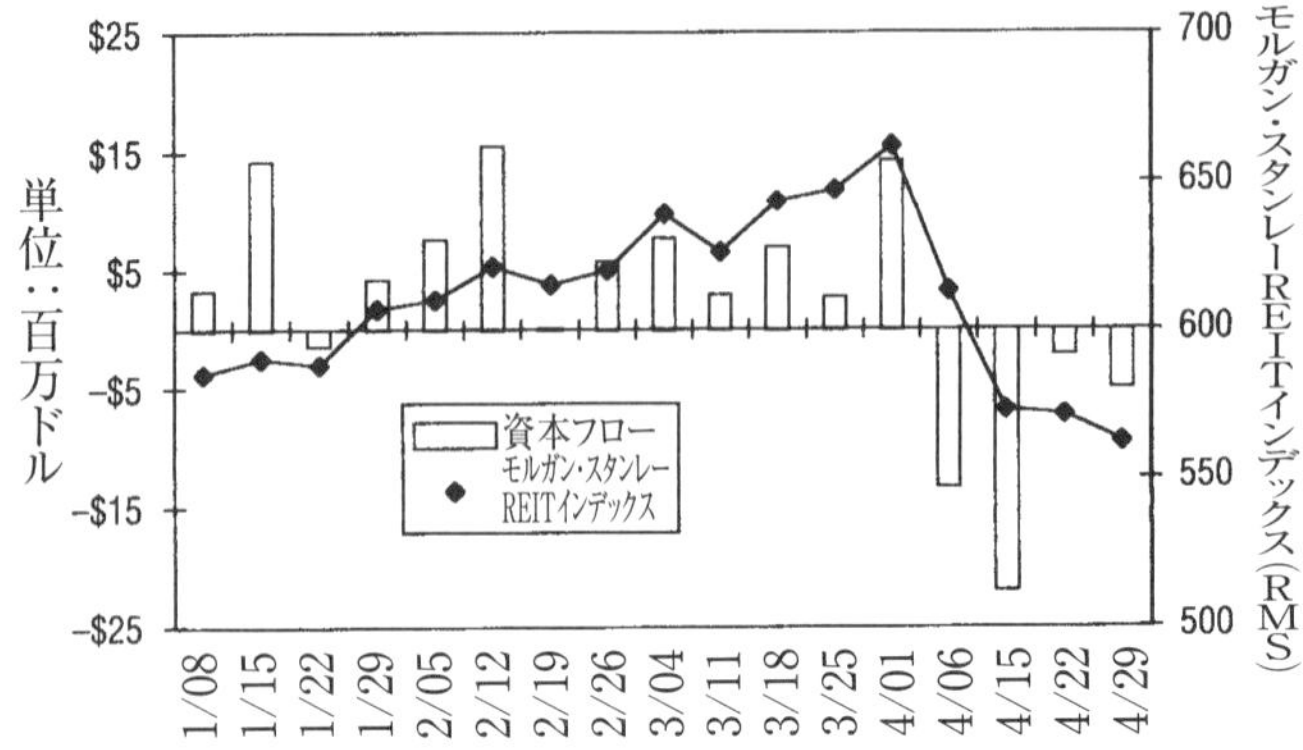


**出所**＝トリムタブス・インベストメント・リサーチ、ヤフー！ファイナンス

ＲＥＩＴインデックスは、資本流入量の急増に支えられ、その年の最初の三カ月間は堅調に推移していた。しかし、わずか三カ月間で一三％上昇した後に最高値を付けたのは、いみじくもエイプリルフールの日であった。四月二日、米労働統計局は、三月には三〇万八〇〇〇人の雇用が新たに生まれ、ＦＲＢ（米連邦準備制度理事会）も近々利上げを行うのではないかとの観測から、短期資本がこのセクターに逃避しているという報告を出した。予想どおり、ＲＥＩＴインデックスがピークに近づいたときに不動産ファンドを熱心に買っていた投資家は、不動産ファンドが下落したときには買い意欲をなくし、四月の半ばには流入していた資本があっという間に流出へと転じてしまった。四月末、ＲＥＩＴインデ

ックスはエイプリルフールの最高値から一五％落ち込んだ。短期資本が全部不動産ファンドに流れ込んでいることに気づいていた投資家は、死を免れたはずだ。

## 外国人の米国証券売買動向

ミューチュアルファンドと同様に、外国人投資家の米国証券売買動向も、長期的に見てそれが異常なレベルに達したときには最も有益な反対指標になる。外国人投資家も米国の個人投資家と何ら変わらない――高きを買い、安きを売っている――のである。

## どこでデータを入手するか

米財務省は外国人の米国証券売買動向に関するデータをウエブサイト上で公表している。ウエブサイトからは、「外国人の資産クラス別長期米国証券および外国証券売買動向(Foreign Purchase and Sales of Long-Term Domestic and Foreign Securities by Type)」と題する表を入手することができる（http://www.treas.gov/tic/s1_99996.txt）。データは月別にまとめられ、約二カ月遅れで発表される（例えば、一月のデータは三月後半に発表される）。

## 入手したデータをどう解釈するか

外国人の売買動向に関するデータは、とくに見やすい形で並んでいるわけではない。最初の六つのデータ欄は、外国人による六つの資産クラス――米国Ｔボンド（長期債）とＴノート（中期債）、米国政府機関債、米国社債、米国株式、外国株式、外国債券――の月間購入動向を、次の六つのデータ欄は、外国人によるこれらの資産クラスの月間売却動向を示したものである。数値はすべて百万ドル単位である。流動性という観点から見ると、米国株に関するデータが最も興味深い。一定の月に外国人が米国株を買い越しているのか、それとも売り越しているのかを判断するには、その月の外国人による米国株の買いから米国株の売りを差し引いてみる。例えば、二〇〇四年一月に外国人は三億二三三九万一〇〇〇ドル分の米国株を購入し、三億一〇六〇万四〇〇〇ドルの米国株を売却している。したがって、外国人は米国株を一二七八万七〇〇〇ドル買い越していることになる。外国に拠点を置く米国のヘッジファンドからの資本流入も外国人の売買動向に含まれることに注意してほしい。残念ながら、そうしたヘッジファンドの売買高が外国人の売買高の何パーセ

## 図7-5　1999年1月～2000年12月の外国人による米国株買いとS&P500

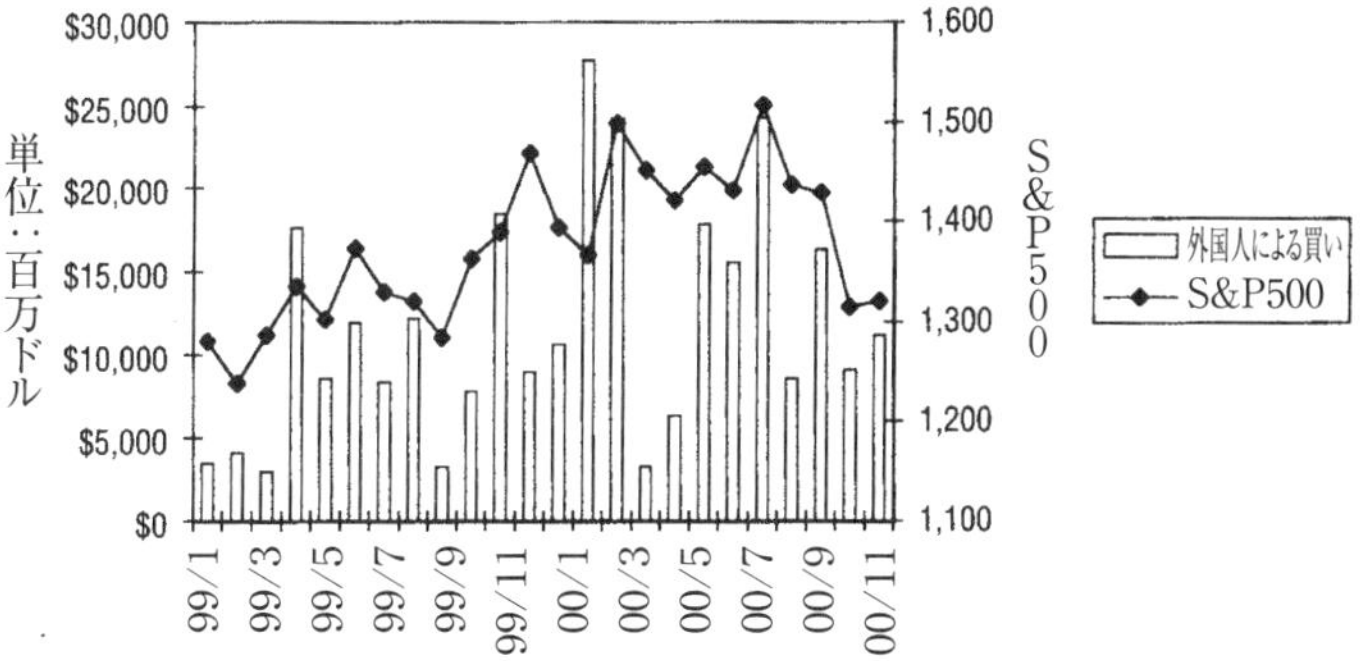


**出所**＝生データは米財務省、ヤフー!ファイナンスから入手

ントを占めているかを把握する手だてはない。

米国の株式市場に最高値近くで参入し、底値近くで撤退するという意味では、米国の投資家よりも外国人のほうが名うてである。したがって、数カ月というスパンで異常なレベルに達したときにはこの指標が最も有益だ。ちょうどバブルが崩壊したばかりの二〇〇〇年、外国人は過去最高の一七四〇億ドルという金額を米国株に投資していた。**図7―5**は、一九九九年一月から二〇〇〇年一二月までの外国人による米国株の購入額をS＆P五〇〇と比較したものである。

ちょうどバブルのピーク時に米国株を最も大量に購入していたのは、外国人だったということに注目してほしい。二〇〇〇年二月には外国人の買いが月間では過去最高の二八〇億ドルに達し、二〇〇〇年三月に流入した二四〇億ドルという月額も過去最高に近い額である。ほとんどの株価指数が過去最高値を下回っているのに、外国人は相変わらず買い続けていたのである。二〇〇〇年四～一二月にかけて、外国人が米国株に投じた額は一一三〇億ドル、つまり一カ月当たり九四億ドルに上ったが、二〇〇一年一月の二四〇億ドルという外国人からの資本流入は、二〇〇〇年三月の流入額とほぼ同額なのだ！　実際、二〇〇一年九月までは外国人は米国株を売り越していなかったのだ。市場が崩壊して下げ相場にさらされる前にしっかり投資をしておかなくては、と思う投資家の特性は万国共通だ！

逆に、二〇〇二年と二〇〇三年には、外国人による米国株の買いは、それぞれわずか四九〇億ドル、四五〇億ドルであった。言い換えれば、外国人は二〇〇二年または二〇〇三年のときよりも、二〇〇〇年二～三月の間に多くの米国株を買っていたことになる。実際、外国人が売り越していたのは、二〇〇二年と二〇〇三年の二四カ月のうち七カ月間であった。**図7―6**は、二〇〇二年一月から二〇〇三年一二月までの外国人による米国株の買いをS&P五〇〇と比較したものである。

外国人資本の流出は、その額が異常なレベルに達したときに最も有益なサインになる。一方、外国人資本の流入が何カ月にもわたって月間八〇億ドルを上回っている場合には、天井を付けるのも近いということだ。また、外国人資本の流入が何カ月もの間マイナスに

**図 7-6　2002 年 1 月〜 2003 年 12 月の外国人による米国株買い**

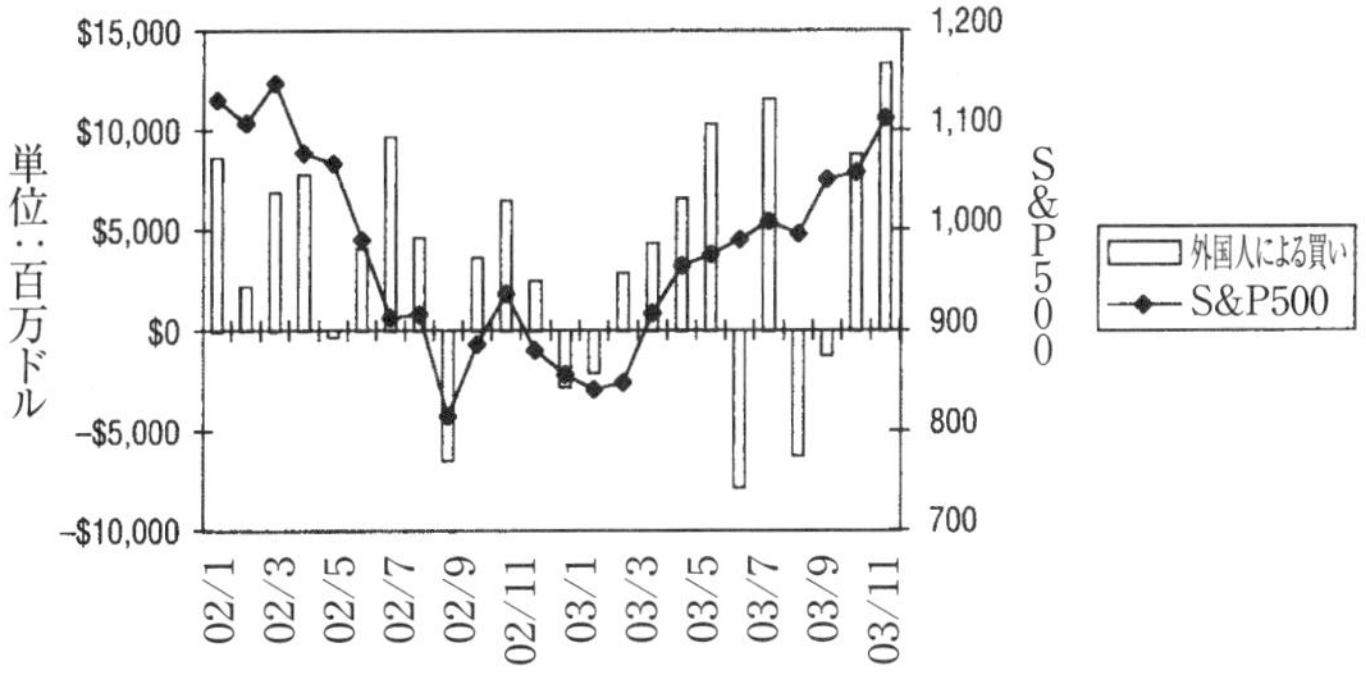


**出所**＝米財務省、ヤフー!ファイナンス

なっている場合には、底を打つのも近いということである。

## 委託保証金の額（L3）

委託保証金とは、投資家が信用で株式を購入するために一定の利率で証券会社から借り入れる資金のことをいう。例えば、莫大な資産を持つ個人が一〇〇万ドルを五％の利率でJ・P・モルガン・プライベート・バンクから借り入れ、エネルギー株を買ったとする。その後その銘柄を売却したら、J・P・モルガン・プライベート・バンクから借り入れた一〇〇万ドルと利息とを返済する。もちろん、投資リターンは借入金の金利負担分よりも高いほうがいい。保証金の額は遅行した反対指標となる。保証金の額が急増しているときは、投資家がますます強気になり、大量売りによる株価急落もあり得ることを示している。逆に保証金の額が急減しているときには、投資家が意気消沈しており、間もなく株価反発もあり得ることを示している。ファンドの資本フローと同様、一般大衆が一方に強く傾くと、その後は逆方向に振れるものなのである。

## どこでデータを入手するか

ＮＹＳＥ（ニューヨーク証券取引所）は、その会員証券会社に対し、ウェブサイト上で委託保証金の額に関するデータを公表している。「ニューヨーク証券取引所会員顧客の委託保証金の額（New York Stock Exchange Member Firms Customers' Margin Debt）」というタイトルの表を http://www.nyse.com/pdfs/marginMMYY.pdf で入手することができる。この〝ＭＭ〟というのは月を二桁で、〝ＹＹ〟はデータの対象となっている直近月の年を二桁で表したものである。例えば、二〇〇四年八月のデータは、http://www.nyse.com/pdfs/margin0804.pdf に収められている。データは月別にまとめられ、約一カ月遅れで発表される（例えば、一月のデータは二月後半に発表される）。

## 入手したデータをどう解釈するか

表ではデータが三つの欄に並んでいるが、これは三つのカテゴリー――委託保証金勘定の借方残高、現金勘定の現金残高、委託保証金勘定の現金残高――の月別の残高を示したものである。数字はすべて百万ドル単位である。

流動性という観点から見ると、委託保証金勘定の借方残高の月別の増減が最も興味深い。これを計算するには、前月の残高から翌月の残高を差し引いてみる。例えば、二〇〇四年一月の残高が一億七八八二万ドル、二〇〇四年二月の残高が一億八〇三六万ドルだったとすると、二〇〇四年二月には保証金の額が一五四万ドル増加したことになるが、これはごくわずかな増加である。

委託保証金の額は、流動性の三つのトリムタブのうち最も重視していないものである。外国人の買いと同様、これも遅行する反対指標であり、異常なレベルに達したときには最高の予測値となる。一九九五～九八年にかけて保証金の額は着実に増え、年に三〇〇億ドル弱増加した。ところが一九九九年にテクノロジーバブルが膨張してくると、この額は急増し、過去最高の八八〇億ドルに達したのである。**図7―7**は、一九九九一月から二〇〇一年一二月までの保証金の額の増減をS&P五〇〇と比較したものである。

**図7-7　1999年1月～2001年12月の委託保証金の増減とS&P500**

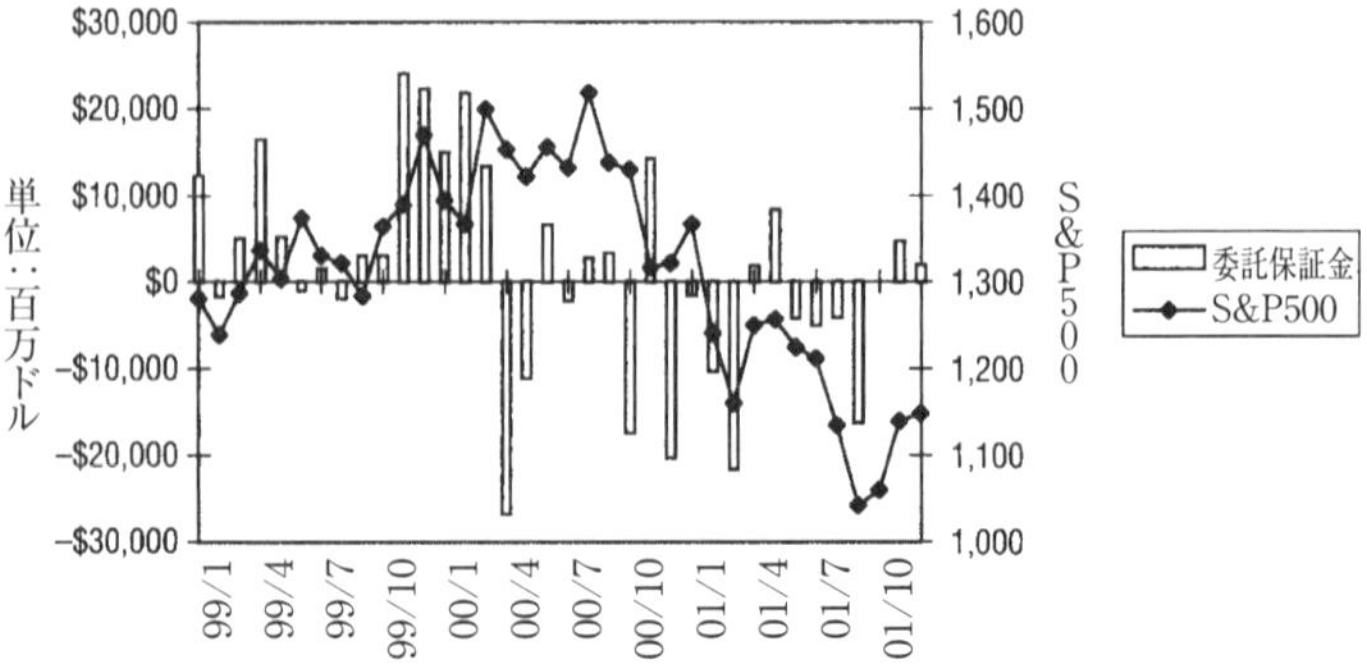


出所＝生データはニューヨーク証券取引所、ヤフー！ファイナンスから入手

一九九九年一一月から二〇〇〇年三月にかけて、保証金の額は激増し、九六〇億ドル、つまり月に一九三億ドルという途方もない額を記録した。これは前代未聞の増え方である。二〇〇〇年三月にはS&P五〇〇もナスダックも、共に終値ベースで過去最高を更新し、保証金の額もピークに達した。二〇〇〇年一〇月までは、その額もピーク時からそう大きく減少することはなかった。主要な株価指数が軒並みピークを付けた後でも、プレーヤーたちはまだ借金をして高値つかみをしていたわけである。

委託保証金の激減は、普通は相場が底入れしていることを示す強い反対指標になる。例えば、二〇〇一年九月には一六〇億ドル、つまり一〇％減少したが、これは月間ベースで

## 図7-8　2002年1～12月の委託保証金の増減とS&P500

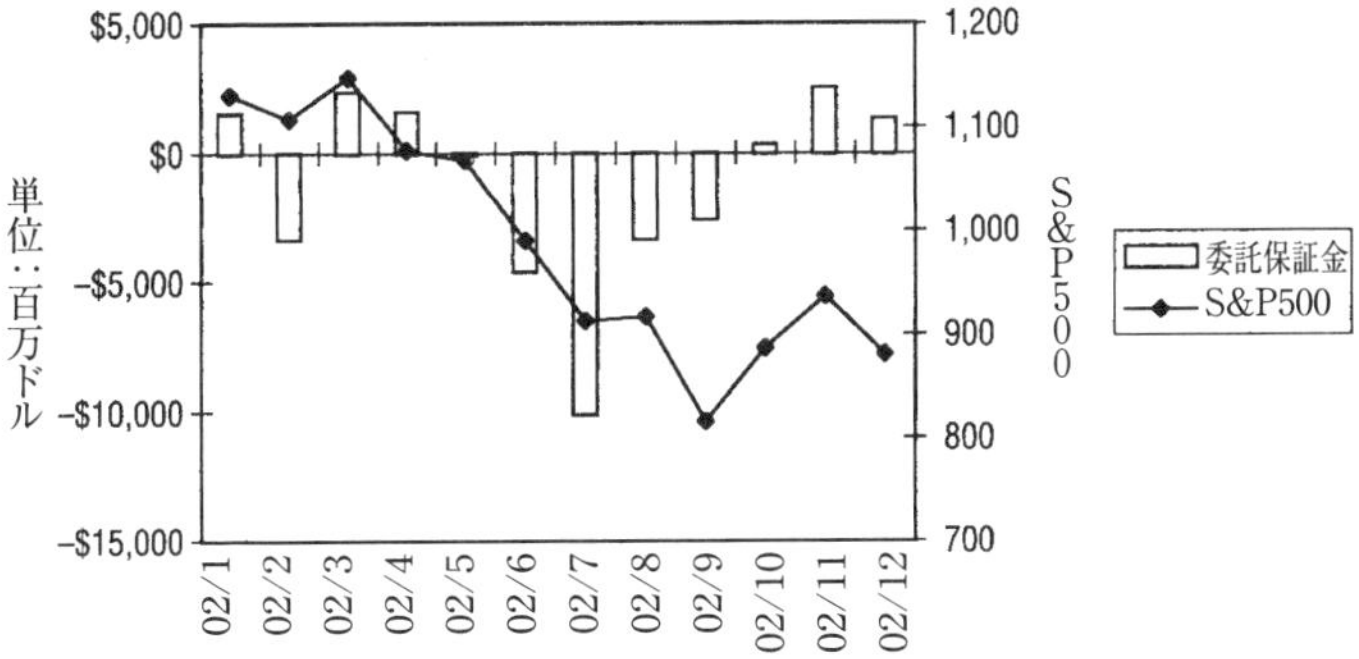


**出所**＝生データはニューヨーク証券取引所、ヤフー！ファイナンスから入手

は過去二番目に高い減少率である。驚くほどのことではないが、主要な株価指数は次の二カ月間で、九月二一日の安値引けから急反発した。もう一つ、保証金の額が強い反対指標になるという例がある。それは二〇〇二年の半ばに見られた。二〇〇二年五～九月にかけて保証金の額は五カ月連続で減少したが、その総額は二一〇億ドル、つまり月に四一億ドルに上っていた。**図7―8**は、二〇〇二年一～一二月までの保証金の額の増減をS＆P五〇〇と比較したものである。グラフが示すとおり、S＆P五〇〇はこの間に底を打っている。

委託保証金の額は、それが異常なレベルに達したときには流動性の指標として最も有益である。保証金の額の増減が共に月に四〇億ドルに満たなかった場合には、予測値はそれほど力強いものではない。ところが、数カ月にわたって月に五〇億ドル以上増加した場合には、プレーヤーが徐々に強気になっており、相場も天井を付ける可能性があることを示している。また、数カ月にわたって月に五〇億ドル以上減少した場合には、プレーヤーが投機的な行動を抑えており、相場も底を打つ可能性があることを示している。もちろん流動性理論に追随する投資家には、保証金に関する週ごとのデータ、あるいは日々のデータが役に立つだろう。われわれは複数の証券会社にこのような情報を提供してもらえないかと頼んでみたが、これまでのところ使いものになるデータは入手できていない。今はNYSEの月別のデータで我慢しなければならない。

流動性の指標についての説明はこれで終わりだが、次に過去数年の間に流動性が株式市場というカジノでどのような働きをしていたかを説明する。

# 第3部

# 過去を振り返る

# 第八章

# 強気相場とバブル

われわれが株式市場の歴史を記録し始めたのは一九九五年、トリムタブス・インベストメント・リサーチ――つまり当時はマーケット・トリムタブスとして知られていた会社――が株式市場の流動性の追跡調査を開始したときである。一方で、一九九五年より前の数年分の流動性に関する完全なデータを顧客や読者と共有したいと思っている。また、一九九五年から二〇〇四年にかけては驚くほどさまざまな市況――急激な上げ相場、容赦ない下げ相場、そして緒に就いたばかりの回復相場――を経験しているため、株式市場というカジノで流動性が実際にどのように作用しているかを知るには、この時期を詳しく調べてみるのがいい。

図8-1　1995年1月～1998年12月のS&P500とナスダック（生データはヤフー！ファイナンスから入手）

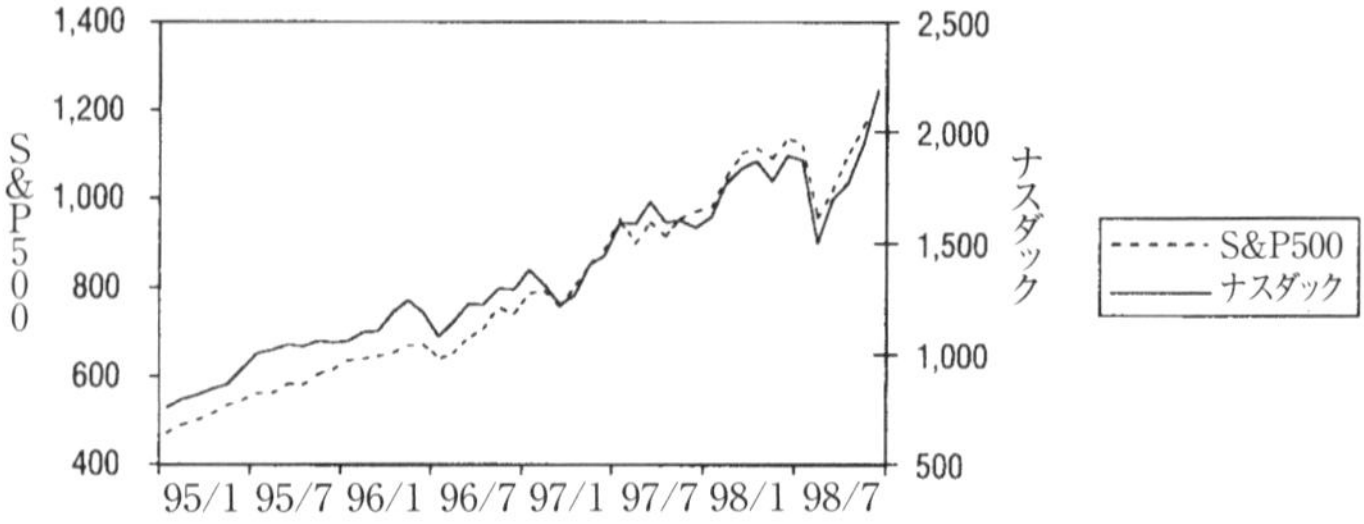


## 一九九〇年代後半の強気相場

米国は一九九五年に始まった辛いリセッション（景気後退）を脱却した。一九九五〜九八年にS&P五〇〇種株価指数やナスダック総合指数がほぼ三倍になるなどと思った人は皆無に近かった。だが、現実にはそうなった（**図8―1**を参照）。一九九四年末から九八年末にかけて、四五九・二七ポイントだったS&P五〇〇が一二二九・二三ポイントに、つまり一九二%上昇したのである。相場はただ高騰しただけでなく、堅調に推移していた。一九九五年から九九年にかけて、S&P五〇〇は五年連続で二〇%以上上げたわけだが、このような相場展開はめったにない。実際、再びこのような相場展開になる見込みはなさそうだ。

多くのプロの投資家や学者は、この時期の株高についてどう説明すればいいのか戸惑っていた。一九九九年初頭には、株価は米国史上未曾有の高値を付けていた。Ｓ＆Ｐ五〇〇の配当利回りはわずか一・三％で、Ｓ＆Ｐ五〇〇の実績ＰＥＲ（株価収益率）も桁外れの三三倍。ここで思い出してほしいのだが、テクノロジーバブルがピークを付ける一年以上前のバリュエーション（株価評価）はこんなふうだったのだ！　一九九〇年代後半の株高を牽引していたのは何だったのだろう？　激安銘柄か？　ＦＲＢ（米連邦準備制度理事会）議長アラン・グリーンスパンの巧みな経済運営か？　クリントン大統領の賢明な経済政策か？　それとも個人投資家の猛烈な思惑買いだろうか？

どの要因も株高を正しく説明できていない。さまざまな基本的尺度でみると、一九九五年の株式相場は妥当に評価されていたが、バリュエーションは一九七四年か八二年に底を打ったときの低さとは程遠かった。確かにこの時期にＦＲＢを仕切っていたのはグリーンスパン議長だが、この間その手法には取り立ててラディカルなところはなく、ＦＦ金利（フェデラルファンドレート）も四・五～六・〇％という狭いレンジで推移していた。クリントン大統領は一九九〇年代の好景気をしっかりと自分の手柄にしたが、その政策が経済に与えたインパクトは限定的であった。政治家たちはそんなことはないと反論するが。

さらに、あとでに論じるが、委託保証金の額の水準は、投資家がこの時期に猛烈な思惑買いには走っていなかったことを示している。では、この株式相場のあっという間の高騰はどう説明すればいいのだろう？　答えは簡単だ。株式市場というカジノでは、ハウス（上場企業とその企業を経営するインサイダー）が買い越していたのはもちろんだが、プレーヤー（個人投資家）も大量に買い越していたからである。

相場の方向性を示す最良の先行指標である浮動株の増減（Ｌ１）は、一九九五～九八年までは毎年強気であった。この四年間でＬ１は三一九〇億ドル、年平均で八〇〇億ドル減少した。上場企業は自らが生み出した巨額のフリーキャッシュフローを使って他社を買収し、自社株を買った。現金買収発表当初の額もほぼ一年で増加し、一九九五年には八九〇億ドルだったのが、一九九八年には一五七〇億ドルになった。年平均で一〇五〇億ドル増えている計算だ。同時に自社株買いも堅調に、また一貫したペースで推移し、総額で五二二〇億ドル、年平均一三一〇億ドルに上った。**図8―2**は、強気相場を主に支えた現金買収の増加と安定した自社株買いを発表当初の数字で示したものである。

一方、ハウスの売りは買いに比べるとはるかに少なかった。株式の売り出しも、一九九五年の八七〇億ドルから毎年増え、一九九七年には一三三〇億ドルを記録したが、その後一九九八年には九〇〇億ドルに後退している。合計すると、ハウスは四〇八〇億ドル相当、

**図 8-2　1995 ～ 98 年の現金買収と自社株買いの発表当初の額**

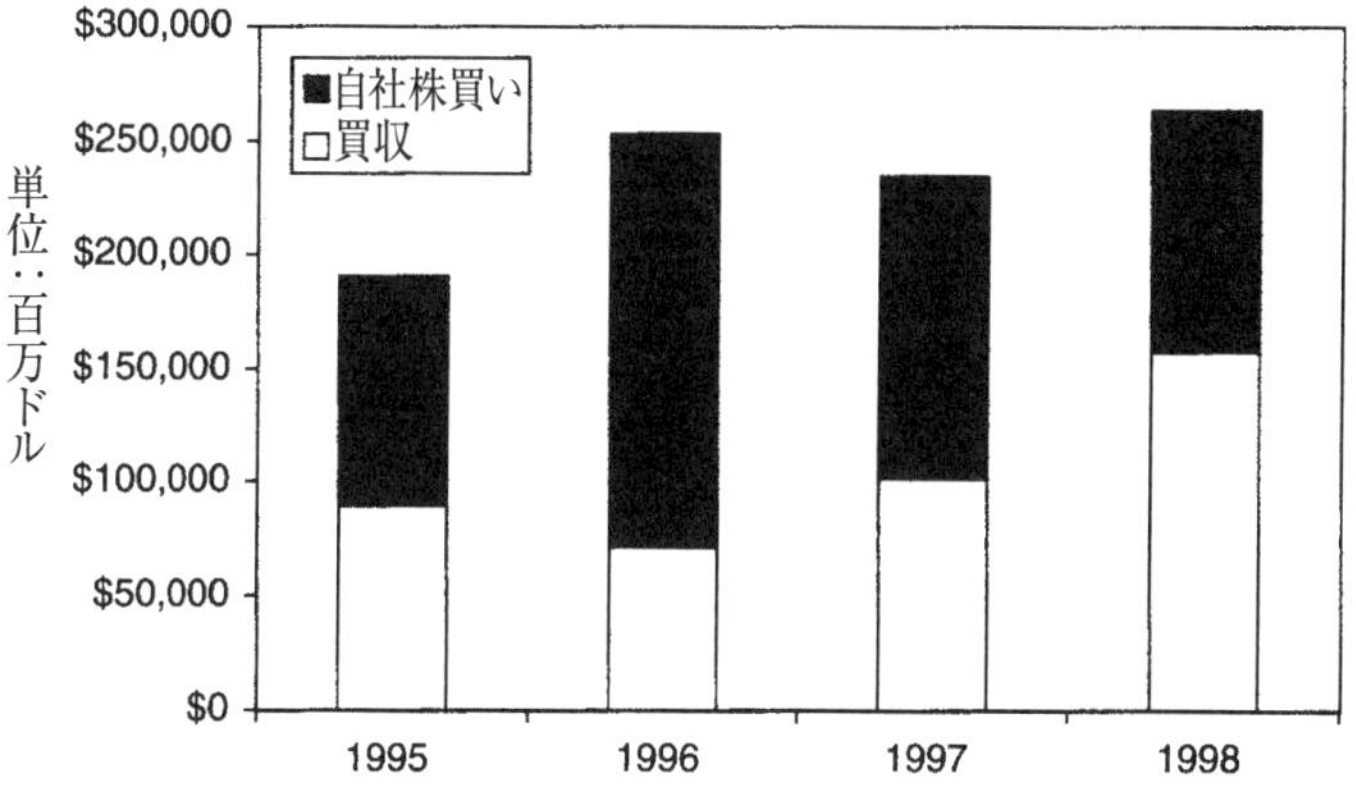


出所＝トリムタブス・インベストメント・リサーチ

年平均で一〇二〇億ドル相当の株式を新たに売り出していたことになる。ここで重要なのは、一九九五～九八年にかけて、ハウスは毎年売り出しによって株を売却していた以上に、自社株買いを行っていたということである。この現象が再び見られたのが二〇〇四年である。インサイダーの売りも一九九五～九八年にかけては毎年増加し、一九九五年には三二〇億ドルだったのが、一九九八年には倍以上の六九〇億ドルとなった。しかし、このインサイダーの売りの六九〇億ドルも、企業による買いの金額に比べたら少額であった。

　一九九五～九八年にかけてハウスは三一九〇億ドル買い越していただけでなく、プレーヤーも大量に買い越していた。これが一九九〇年代後半に株式相場の高騰を引き起こしたのである。一九九五～九八年の米国株ファンドへの資本流入（Ｌ２）は合計六二一〇億ドル。おそらく、少なくともそれと同じ金額が米国株にも直接流れていたはずだ。この四年間にプレーヤーが米国株に投じた金額は、合計すると少なくとも一兆二〇〇〇億ドルになる。米国株ファンドの資産が膨らんでいたのと同時に、ファンドマネジャーたちもその資産をさらに現金から株式へとシフトさせていた。一九九五年、米国株ファンドの現金資産は七・七％であった。この割合は一九九五～九八年にかけて毎年低下し、九八年には四・七％となった。米国株ファンドの現金資産の割合を比較してみると、二〇〇〇年三月のバブルの絶頂期には三・八％、二〇〇四年九月には四・一％であった。米国株ファンドは新たな資産が加わって膨張しただけでなく、株式市場ではその資産の割合も増えていったのである。

さて、一九九〇年代後半になぜ過去最高レベルの強気相場が訪れたのかということだが、これについて皆さんはどう思われるだろう？　第三章でも述べたとおり、株式の供給量は徐々に減っているのに需要は伸びているというときに、株価は上昇する。ＦＲＢのグリーンスパン議長は一九九六年一二月、株式相場の過熱について「根拠なき熱狂」という有名な警告を発したが、流動性理論では、一九九〇年代後半のほぼ全体で熱狂が見られることを示唆していた。これには十分な根拠がある。一九九五～九八年にかけての株高は、しっかりした流動性の基盤の上に成り立っており、市場投機も一九九九～二〇〇〇年のレベルには遠く及ばなかった。ＮＹＳＥ（ニューヨーク証券取引）の会員証券会社の委託保証金の額もじりじりと増加したが、一九九五～九八年のいずれの年も、三〇〇億ドルを上回る伸びを見せたことはなかった。あとで論じるが、「根拠なき熱狂」がクローズアップされたのは一九九九年、ＮＹＳＥの会員証券会社の委託保証金の額が膨らみ、八八〇億ドルというとてつもない金額になった年である――一九九五～九八年までの四年間ではさらに膨らんでいる。驚くことではないが、テクノロジーバブルが頂点に達した一九九九年末、ハウスは売り越しに転じていた。

では、一九九九年初頭に始まったテクノロジーバブルは、なぜあのような猛スピードで膨らんだのだろう？　また、なぜ膨らんだときと同じぐらいの猛スピードで破裂したのだろう？　その疑問に答えるカギが流動性理論にある。バブルとその崩壊を十分に理解するため、われわれはバブル期のめまぐるしい日々を三つの時期に分けてみた。第一期が一九九九年一～九月、第二期が一九九九年一〇月～二〇〇〇年四月、第三期が二〇〇〇年五～一二月である。次に、それぞれの時期にハウスとプレーヤーの行動がどのようにバブルを膨らませ、そして破裂させたのかをきちんと説明しよう。

## 第一期――膨張（一九九九年一～九月）

一九九九年初頭、テクノロジーブームの行きすぎがにわかにクローズアップされてきた。利益はおろか、売上高もほとんどない企業が株式を公開し、創設者たちが想像を絶するような富を手に入れた。企業はそわそわしている有能な人材をライバル会社から引き抜いては、ストックオプションを惜しみなく与えた。実際に創業間もないインターネット企業では、報酬としてストックオプションしか支給されていなかった従業員もいる。ウォール街でも目が回るような日々が続いた。上場を希望する企業が次から次へと出てくるものだから、投資銀行もついていくのがやっと。アメリトレードやEトレードをはじめとするオンライン証券も、一般のアメリカ人に株式市場というカジノに安く参加する手段を提供して大人気を博した。アビー・ジョゼフ・コーエンやエド・ケルシュナーといったマーケットストラテジストも、一九九〇年代後半の株式相場の急騰を予測し、予言者として大いにもてはやされた。まさか一年もしないうちに熱から冷め、終焉に向かおうとはだれも想像していなかったに違いない。

だが、本書はドットコム時代の欠点を詳細に報告しているわけではない。この時代に関心がある方は、マギー・マハール著『ブル！　ア・ヒストリー・オブ・ザ・ブーム、一九八二～一九九九（Bull! A History of the Boom, 1982-1999）』に良い説明が載っているので参照されたい。本書では、流動性理論とそれに追随する投資家が、テクノロジーバブル期だけでなくその後のバブル崩壊期にその理論をどのように生かしていたかに焦点を当てている。一九九九年のウォール街が熱狂に包まれていたことから、その年にＬ１がしっかりと六九〇億ドル低下していたことを知ったら驚かれるかもしれない。単にプレーヤーが大量に買っているからというだけで相場が上昇したわけではなかったのだ。この一年、ハウスはほぼ一貫して買い越していた。一～九月にかけて、ハウスは一九八〇億ドルの現金買収を発表したが、これは月に平均二二〇ドルという額である。この額は一年の最初の九カ月間の記録としては過去最高の金額であった。同時に、ハウスは一二八〇億ドル相当、月平均一四〇億ドルの株式を買っていた。

ハウスは大量に買っていたが、大量に売ってもいた。一～九月にかけて、ハウスは一一五〇億ドル相当、月平均一三〇億ドル相当の株式を売り出していたが、これは一年の最初の九カ月間の金額としては記録的な数字である。投資家はこうして新たに売り出された多くの株の値段をどんどんつり上げ、企業価値などには目もくれなかったが、インサイダーはこの株価の上昇をフルに利用して、自社株を高値で売り抜けていたのである。にもかかわらず、月に二二〇億ドルの現金買収と月に一四〇億ドルの自社株買いの発表は、プレー

図8-3　1999年1～9月のS&P500とナスダック（生データはヤフー！ファイナンスから入手）

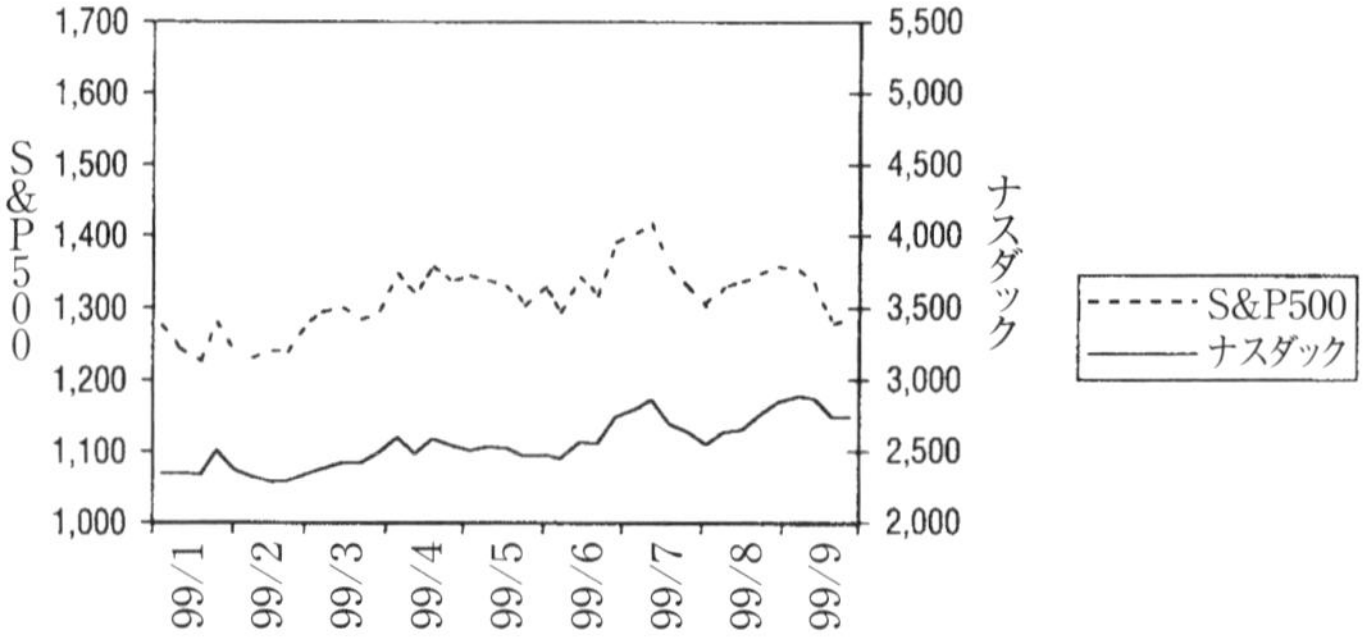


ヤーからの資本流入を考慮しなくても、株式の売り出しとインサイダーの売りの分を相殺して余りあるほどであった。

それでも、相場上昇の最大の牽引役はハウスの買いではなかった。S&P五〇〇とナスダックのパフォーマンスのダイバージェンス（乖離）は、何かほかの要因が介在していたことを示唆している。一～九月にかけて、S&P五〇〇は一二二九・二三ポイントから一二八二・七一ポイントに上昇したが、これはわずか四％強の上昇にすぎない。同時期にナスダックは二一九二・六九ポイントから二七四六・一六ポイントに上昇している。これは二五％の上昇である（図8―3を参照）。

では、これらの指数のダイバージェンスをどう説明すればいいのだろう？　答えは簡単だ。投資家がナスダックに多いテクノロジー株やインターネット株を含め、最も投機的な銘柄に資本を注ぎ込んでいたからである。一～九月にかけて、米国株ファンドには新たに一二六〇億ドル、月平均一四〇億ドルが流入していた。米国株への直接投資額も、おそらく米国株ファンドへの資本流入額と同程度だろう。つまり、一九九九年の最初の九カ月間で株式市場には二五〇〇億ドル以上の資本が流れてきたことになる。だが、この新たな資本が株式相場全体に一様に貢献していたわけではない。そのほとんどが経験の浅い個人投資家からの資本であった。「新時代」だと褒めはやすメディアは、彼らにテクノロジー株を集中的に保有すべきだとあおった。

例えば、テクノロジー株では当時最大のミューチュアルファンド、T・ロウ・プライス・サイエンス＆テクノロジーの純資産額が、一九九九年末に一二〇億ドルという驚くべき額に達した。当時最大の株式ミューチュアルファンド、フィデリティのマゼラン・ファンドと比べてみるとよく分かるが、マゼランの純資産額は一〇六〇億。言い換えると、一本のセクターファンドが最大の株式ミューチュアルファンドの純資産額の九分の一近くの資産を築いたということだ！　T・ロウ・プライス・サイエンス＆テクノロジー・ファンドでは一九九八年に四二％のリターンを、一九九九年には一〇一％のリターンを上げているが、これはこうした大量の資本流入と少なからず関係があるはずだ。こうしたテクノロジー部門の素晴らしいリターンを見ると、一般投資家がお気に入りのテクノロジー銘柄に殺到し、ナスダックがＳ＆Ｐ五〇〇の六倍以上の上昇を見せたとしても驚くには当たらない。

一方で、ほかの二つの流動性指標は黄色信号を点滅させていた。一九九九年の最初の九カ月間に、外国人は九三〇億ドル、つまり月平均一〇〇億ドルを米国株に投資していた。米国株相場が先のほうで高笑いしていると思ったのか、外国人資本も毎月入ってきた。また、投資家も信用で驚くような値で株を買っていた。ＮＹＳＥの会員証券会社の委託保証金の額は、一九九九年の最初の九カ月間で三八〇億ドル、つまり二七％も増加した。大量の外国人資本の流入と委託保証金の額の大幅増は、常に売りシグナルなのである。

しかしこの目まぐるしい期間中でも、われわれはおおむね強気でいた。バブルは膨らみつつあるが、企業の買い、ミューチュアルファンドへの資本流入、そして借入金が相場の上昇に拍車を掛けているのだという認識だった。好調な流動性相場も永久に続くことはない。もちろんそんなことは分かっていたが、われわれは甘んじて相場の上昇トレンドに乗った。われわれがスタンスを変えたのは、一九九九年末にテクノロジー熱が頂点に達したときであった。

## 第二期――熱狂（一九九九年一〇月～二〇〇〇年四月）

相場がさらに上昇するというサインを出したのは流動性の指標だけではなかった。一九九九年下半期に出版された一連の投資本は、逆張りの投資家を怒らせるには十分だったかもしれない。一九九九年六月にはデビッド・イライアスが『ダウ・四〇〇〇〇――ストラテジーズ・フォー・プロフィティング・フロム・ザ・グレーテスト・ブル・マーケット・イン・ヒストリー（Dow 40,000 : Strategies for Profiting from the Greatest Bull Market in History）』の中で、二〇一六年には素晴らしい「ニューエコノミー」企業がダウ平均を四万ドルに引き上げるだろうと予言。その数カ月後にはさらに強気な著作が二点出版された。一九九九年九月にはチャールズ・W・カドレック著『ダウ・一〇〇〇〇〇――ファクト・オア・フィクション（Dow 100,000 : Fact or Fiction）』が出版された。著者によると、通常の経済成長率よりも成長率が高くインフレ率が低ければ、ダウ平均は二〇二〇年に一〇万ドル台に乗せるという。最後に、評判は悪かったが、ジェームズ・グラスマンとケビン・ハセット共著『ダウ・三六〇〇〇――ザ・ニュー・ストラテジー・フォー・プロフィティング・フロム・ザ・カミング・ライズ・イン・ザ・ストック・マーケット（Dow 36,000 : The New Strategy for Profiting from the Coming Rise in the Stock Market）』

が一九九九年一〇月に書店に並んだ。それによると、何十年もの間、株式は不当に過小評価されていたのだという。この二人の著者の「申し分なく正当な株価」評価によると、ダウ平均は三万六〇〇〇ドル前後であるべきだという。

そろそろこうしたバブリーな予測ばかりでなく、バブル期の流動性の定義についてもう一度考え直してみるべきだろう。流動性理論によると、Ｌ１が大きくプラスになったあとでさらにＬ２とＬ３が大きくプラスに転じるとバブルが発生する。言い換えると、ハウスが大量の売り越しに転じたあとでも、プレーヤーは相場が天井を付ける前に十分に投資をしたと思い込んでいる、ということだ。これから見ていくが、このシナリオこそが、テクノロジー株がピークを付けた一九九九年一〇月から二〇〇〇年四月にかけての相場展開だったのである。

一九九九年九月三〇日、ナスダックは二七四六・一六ポイントで引けたが、翌年の二〇〇〇年三月一〇日には五〇四八・六二ポイントという過去最高値で引けた。わずか五カ月半で八四％上昇したのである（**図8―4**を参照）。長い下げ相場は急落で始まった。それからわずか一カ月半後の二〇〇〇年四月二八日、ナスダックは終値ベースですでに三八六〇・六六ポイントにまで下落。三月一〇日の過去最高値を二四％も下回っていた。三月と四月にはヘアカット（**訳注**　ブローカーの流動資産に含まれる有価証券の掛け目評価）が

**図8-4　1999年10月～2000年4月のS&P500とナスダック（生データはヤフー！ファイナンスから入手）**

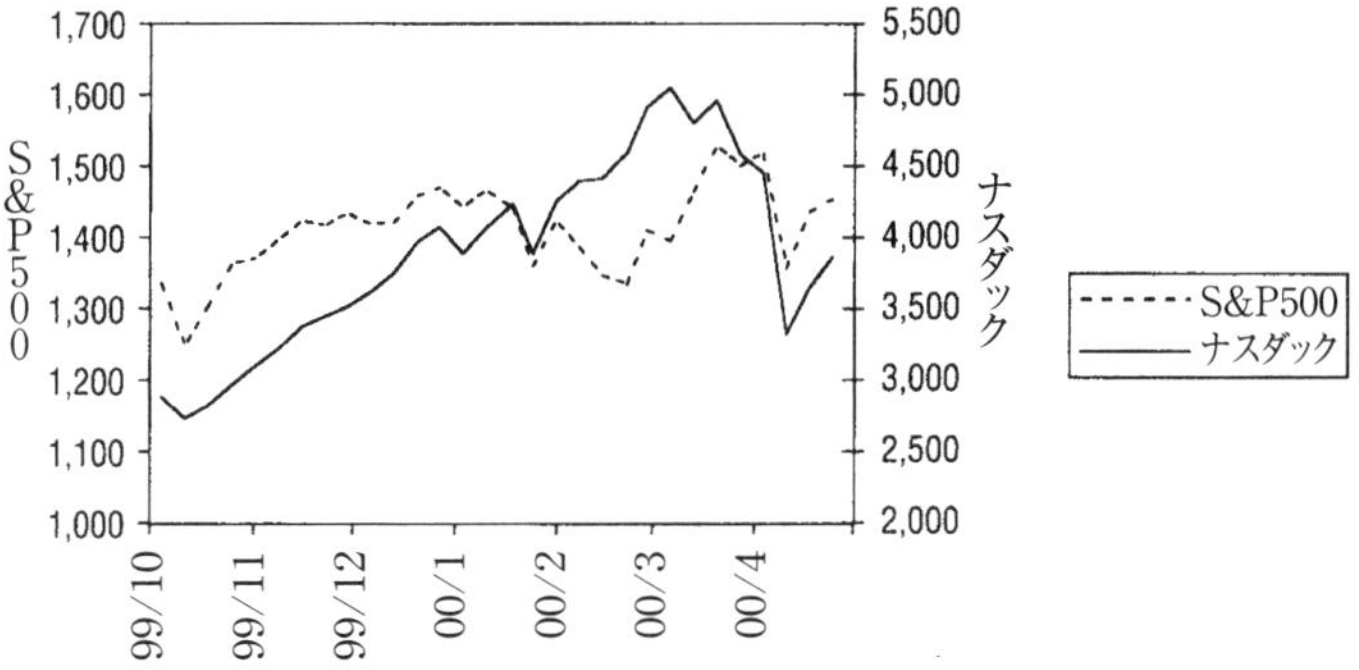


使われていたにもかかわらず、ナスダックは一九九九年一〇月以来四一％上昇した。比較してみると、S&P五〇〇はとてもナスダックほど上昇したとは言えない。一九九九年九月三〇日の終値は一二八二・七一ポイントだったが、二〇〇〇年四月二八日の終値は一四五二・四三ポイントと、一三％の上昇にとどまっている。この間、S&P五〇〇は二〇〇〇年三月二四日に付けた過去最高値の一五二七・四六ポイントからわずか五％しか下落しなかったものの、過去最高値を記録するのはそれから五カ月もあとになってからであった。

一九九九年の最初の九カ月間、ハウスは大量に買っていたが、バブルの絶頂期にはそれをはるかに下回る量しか買っていない。一九九九年一〇月から二〇〇〇年四月にかけて、現金買収の当初発表額は合計七四〇億ドル、月平均一一〇億ドルに上った。この月平均の額は、一九九九年一～九月までの現金買収発表当初の額の月平均二二〇億ドルのわずか半分である。一方で自社株買いの発表当初の額は合計一四六〇億ドル、月平均二一〇億ドルに上っている。この月平均の額は、一九九九年一～九月までの自社株買いの発表当初の額の月平均額一四〇億ドルを上回っている。

ハウスは株を買わなくなっただけでなく、これまで以上に新たな株を放出していたわけだ。一九九九年一～九月までの株式の売り出し額は月平均で一三〇億ドルに上っていたことを思い出してほしい。しかし、一九九九年一〇月から二〇〇〇年四月にかけて、ハウスは一七九〇億ドルという途方もない額の新株を市場に放出していた。月平均二六〇億ドル分である。

さらに、ストックオプションのロックアップ期間が解除されるのに伴い、インサイダーの売りも急増していた。一九九九年末のスペシャルレポート『五年間の強気相場はなぜ終焉を迎えたのか』で、われわれは、一九九九年末の時点で一九九八～九九年のIPO（新規公開株式）のロックアップ解除待ちの株式が八〇〇〇億ドル相当以上あるのではないかと予測した。それで何が問題なのかって？　これから見ていくが、バブルが絶頂期を迎えたときに資本流入が急増したが、ストックオプションを高値で売り抜けようとしていたイ

### 図8-5　1999年1月～2000年12月の米国株ファンドへの月別資本流入とS&P500

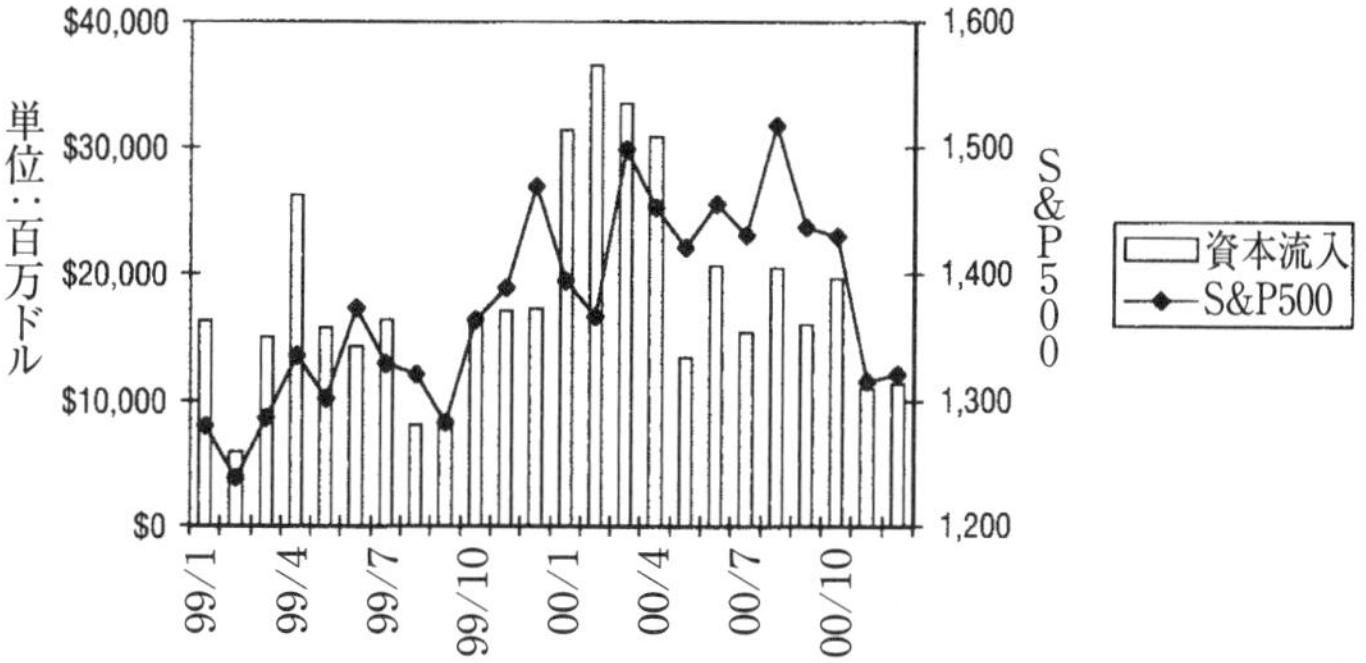


出所＝ICI（米投資会社協会）、ヤフー!ファイナンス

ンサイダーを満足させるには八〇〇〇億ドルではとても足りなかったのである。

株式の売り出しやインサイダーの売りが急増すると企業の買いは減少するが、一九九九年一一月には企業の流動性が急に弱気に転じてきた。ならば、株式指数はどのように過去最高値まで上り詰めていったのだろう？　個人投資家は現金をかき集めては、かつてないほどの高値で株式を購入した。一九九九年一〇月から二〇〇〇年四月にかけて、投資家は一八二〇億ドル、月平均二六〇億ドルという、驚くような額を米国株ファンドに投じている。二〇〇〇年二月には三七〇億ドルが米国株ファンドに勢いよく流れたが、これは一カ月間の資本流入量としては過去最高額である。この七カ月間のうち、米国株ファンドへの資本流入額が一五〇億ドルを下回った月はただの一度もない。図8―5に示すとおり、投資家は相場がピークを付けたときに十分に正しい投資をしているのだと確信していたのである。

われわれは、米国株への直接投資額は米国株ファンドへの資本流入額と同じだと予測したが、それからというもの、投資家はわずか七カ月の間に少なくとも三六〇〇億ドルを米国株に投じた。この数字には、ヤフー！やジュニパー・ネットワークスといったデイトレーダーお気に入りの銘柄に最高値を付けるような信用取引の分は一銭も含まれていないことを思い出してほしい！

一般大衆が現金を持って株式市場というカジノに殺到してきているときでも、ほかに二つの指標が赤信号を点滅させていた。一つ目の指標は、外国人が法外な値段で先を争うように米国株を買っていたこと。一九九九年一〇月から二〇〇〇年四月にかけて、外国人は一〇二〇億ドル、月平均一五〇億ドルを米国株に投資していた。二月と三月だけでも、外国人による米国株買いはそれぞれ二八〇億ドル、二四〇億ドルに上っている。例によって、外国人による大量買いが始まると相場は天井を付けたのである。

二つ目は、投資家の委託保証金が狂乱じみたペースで増大していたこと。一九九五～九九年にS&P五〇〇が毎年二〇%ずつ上昇しているとなれば、証券会社から借金をしてもっと高いリターンを狙えばいいじゃないか、と考えるのは当然だろう。テクノロジーバブルの行きすぎは見た目には分からなかったが、保証金の額のレベルも同じであった。一九九九年一〇月から二〇〇〇年三月にかけて、投資家からＮＹＳＥの会員証券会社に差し入れられた保証金の額が五五％も急増し、その後二〇〇〇年四月に一〇％下落したが、それはナスダックがピークを打った直後であった。外国人の買いと同様、保証金の額も二月と三月には過去最高水準に達し、それぞれ二六五〇億ドル、二七九〇億ドルに上った。例によって、まさに株式相場が天井を付けると保証金の額も頂点に達したのである。

要するに、ハウスがいくら買い越していても、資本流入量と保証金の額が急増するとバブルが発生したわけだ。一九九九年一一月、つまりナスダックがピークを付ける四カ月前にＬ１は上昇を始めたが、これは株式の売り出しとインサイダーの売りが急増したから、というのが主な理由である。株式市場というカジノに流れる現金――そのかなりの部分が信用取引のための借入金――の激増で、しばらくは相場の上昇に耐えられた。多くの投資家は「大ばか理論」を用いていた。相も変わらず超高値で売られている株を買っていたのは、もっと高値で買いたがる人に売れるだろうと自信満々だったからだ。株式市場というカジノはやはりギャンブル場だ！　しかし、二〇〇〇年三月にはほぼ「全員参加」の大相場になったため、資本流入量がそれ以上増加することはなかった。にもかかわらず、ハウスは大量売りを続け、カモがしきりに買いたがっているとみるや、市場にどんどん株を放出したのである。その結果、株式市場でも有数の長期にわたる下げ相場が訪れたというわけだ。

## 第三期――長い下落相場の始まり（二〇〇〇年五～一二月）

二〇〇〇年四月の時点では、株式市場の消化不良はまだ序の口だった。そして五月からナスダックは冷酷な下落をたどった（**図8―6**を参照）。ナスダックの終値ベースでは、二〇〇〇年四月二八日には三八六〇・六六ポイントだったのが、二〇〇〇年一二月二九日には二四七〇・五二ポイントと、三六％も下落した。S&P五〇〇のほうは、二〇〇〇年九月一日の日中に一五三〇・〇一ポイントの過去最高値を更新した。終値ベースでは、二〇〇〇年四月二八日には一四五二・四三ポイントだったが、二〇〇〇年一二月二九日には一三二〇・二八ポイントと、九％下落。バブルは破裂寸前であった。

二〇〇〇年後半に主要な株価指数が下向いた理由は主に三つある。一つは、企業の買いがしっかりと続いていたにもかかわらず、ハウスが依然として売り越していたこと。五～一二月にかけて、現金買収の発表当初の額は一八四〇億ドル、月平均で二三〇億ドルに達していた。少々びっくりするが、この月平均の金額はその前の二つの期間と比べると多い。

図8-6　2000年5～12月のS&P500とナスダック（生データはヤフー！ファイナンスから入手）

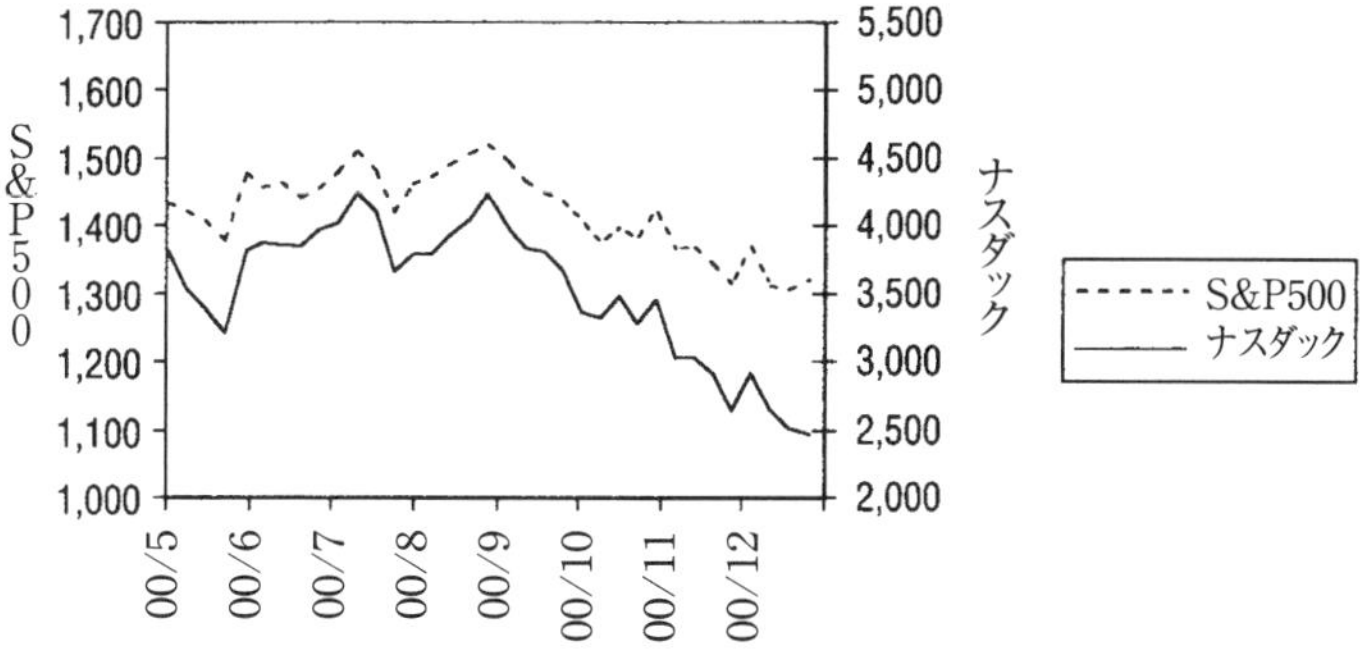


同時に発表された自社株買いは合計一〇六〇億ドル、月平均一三〇億ドルであった。これは前の二つの期間の月平均とほぼ並ぶ水準である。しかし、企業の買いが比較的高い水準で推移していたにもかかわらず、コーポレートアメリカ（米国の大企業）は売りスタンスを維持していた。五～一二月にかけて、ハウスは一二二〇億ドル、月平均一五〇億ドル相当の株式を新たに市場に放出した。この月平均の数字は一九九九年一〇月から二〇〇〇年四月までの月平均二六〇億ドルを優に下回り、一九九九年一～九月までの月平均一三〇億ドルとほぼ並んでいる。二〇〇〇年の最後の八カ月間にまさに急増したのは、インサイダーの売りであった。大株主、企業の最高幹部や一般従業員は、一様にロックアップ期間が解

除されたストックオプションの権利を猛烈な勢いで行使して現金を手にしていた。二〇〇〇年だけでもインサイダーは二六八〇億ドル、月平均二二〇億ドル相当の自社株を売却。このインサイダーの売りの水準は、一九九九年の月平均一一〇億ドルの二倍である。大量のインサイダーの売りは、株式の売り出しの減少や流動性の悪化を補って余りあるものだったのである。

相場下落のもう一つの理由は、米国株への資本流入が減少したことである。資本流入量が枯渇していなかったのは確かである。五～一二月にかけて、投資家は一二七〇億ドル、月平均一六〇億ドルを米国株ファンドに投じている。実際、この期間中に米国株ファンドに流れた資本が月に一〇〇億ドルを下回ったことは一度もなかった。ところが、一九九九年一〇月から二〇〇〇年四月のバブルの絶頂期の月平均一九〇億ドルと比べると、ペースは落ち、二〇〇〇年が終わりに近づくにつれ減少した。パーティーは終わりだ。これに最後に気づいたのが外国人だったのだ。五～一二月にかけて、外国人は一一〇〇億ドル、月平均一四〇億ドル相当の買いを入れていたが、これはバブルの絶頂期の月平均額とほぼ同額である。米国人投資家も外国人投資家も共に、嵐が去ったら二〇〇〇年初頭の輝ける日が再び訪れることを願っていたのは間違いないが、ナスダックの急落やS＆P五〇〇の下落はこうした楽観的な予測にまさに挑もうとしていたのだ。おめでたいことに、ハウスがすでに売り越しに転じていることに気づいていない投資家は、高値で買い続けていたわけである。それから程なく、彼らは自分たちのタイミングの悪さに自己嫌悪に陥ったのだった。

二〇〇〇年下半期に相場が下落した三つ目の理由は、テクノロジー株の上昇にあおられていた委託保証金の額の激減である。しかし驚くのは、ＮＹＳＥの会員証券会社の融資水準がいかに長きにわたり高水準を維持していたかである。四月末の時点で保証金の額は二五二〇億ドルに上っていた。続く四カ月間でわずかに減少したものの、九月には再び増加し、二五一〇億ドルを記録。言い換えると、ナスダックは九月末の過去最高値から二八％も下落しているのに、保証金の額の水準は四月からほとんど変わっていないということだ！　投資家が信用取引を控えたのは二〇〇〇年第４四半期だけであった。この間に保証金の額は二五一〇億ドルから二一％減少し、一九九〇億ドルとなった。

資本流入と保証金の額の水準は二〇〇〇年一二月でさえ極めて高かったということを強調したい。ただ、コーポレートアメリカが株式の売り出しやインサイダーの売りによって放出したすべての株式の分を相殺できるほどではなかった。一九九九年には、ほぼ年間を通してハウスもプレーヤーも共に買い越していたが、一九九九年下半期から二〇〇〇年初頭にかけて、ハウスは売り越しに転じた。しかし、プレーヤーはまだ大量に買っていた。

二〇〇〇年後半、ハウスは売りスタンスを継続していたが、プレーヤーもさすがに大量に買うことはなくなった。バブルが破裂し始め、その後、痛みがどんどん激しくなってきた。

# 第九章　バブル後

テクノロジーバブルの余波はナスダックがピークを付けてから三年間続いた。FRB（米連邦準備制度理事会）が大幅な利下げに踏み切ったにもかかわらず、二〇〇一年には軽い不況に陥った。九月一一日の同時多発テロも米国経済の悪化に拍車を掛けた。大半の投資家にとっては大変な時期だったが、流動性理論に追随していた投資家にとってはそうではなかった。弱気相場は二〇〇三年三月まで続くことになるが、株式市場というカジノでのハウスとプレーヤーの行動を追跡調査することで、われわれはこの時期のボラティリティを利用することができたからだ。

## 二〇〇一年――長い下落相場が続く

二〇〇一年は強気などと言えるような相場ではなかった。とくにテクノロジー株を大量

図9-1　2001年1月～2004年6月のS&P500とナスダック（生データはヤフー！ファイナンスから入手）

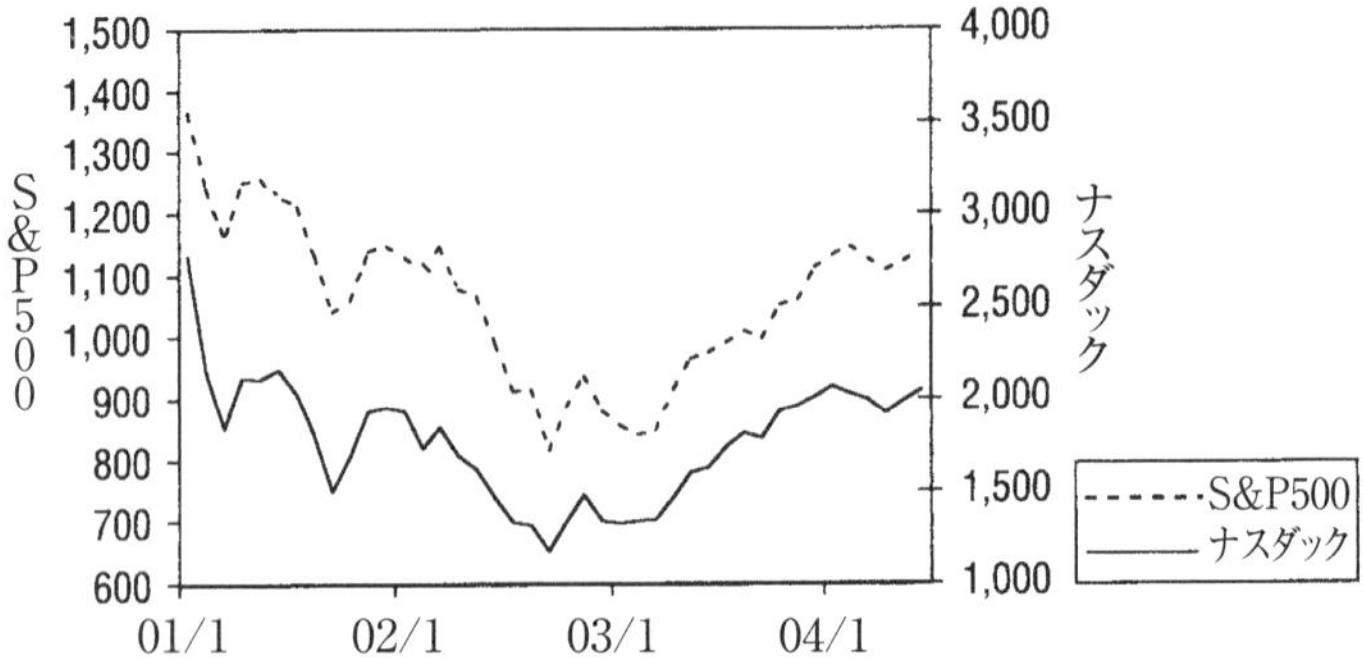


に仕込んでいた投資家にとってはそうである（図9―1を参照）。二〇〇〇年に三九%下落したナスダックだが、二〇〇一年にはさらに二一%落ち込み、その年は一九五〇・四〇ポイントで引けた。S&P五〇〇の下落はそれよりもずっと穏やかで、二〇〇〇年には一〇%、二〇〇一年には一三%下落し、一一四八・〇八ポイントでその年の取引を終えた。九・一一の同時多発テロの直後は、両指数共にさらに下げ幅を広げた。ナスダックは日中の安値で一四一八・一五ポイントを、S&P五〇〇は九四四・七五ポイントを付けた。

## 相場

二〇〇一年の相場下落を牽引したのは主に

企業の流動性であった。二〇〇〇年にＬ１はわずか七三〇億ドル増加しただけだったが、二〇〇一年には何と二六一〇億ドル、月平均で二二〇億ドル急増した。企業の流動性がこれほど低かった年はほかにない。では、この急増を牽引したのは何だったのだろう？　まずは、現金買収のペースが一九九九年から二〇〇〇年にかけてのペースと比べるとはるかに落ちたことである。二〇〇一年には九四〇億ドルに上る現金買収が発表されたが、これは月平均でみるとわずか八〇億ドルにすぎない。この水準は一九九九年の月平均一九〇億ドルや二〇〇〇年の月平均二〇〇億ドルとは雲泥の差である。例によって、ハウスはプレーヤーよりもはるか前に来るべき下落を予想していたわけであり、その結果、ハウスは他社の買収に現金を使おうなどとは思わなくなったのである。

一方で、ハウスは二〇〇一年、株式の売り出しやインサイダーの売りによってバブル期をはるかに超える数の新株を市場に放出した。株式の売り出しは過去最高を記録し、三一七〇億ドル、つまり月平均二六〇億ドルに達した。この売り出し総額は、一九九九年の月平均一五〇億ドルよりも、また二〇〇〇年の月平均二二〇億ドルよりも事実上高い水準であった。また、株式の売り出しと同様に、インサイダーの売りも過去最高を記録した。それは、今のうちに換金してしまおうと、ロックアップが解除されているストックオプションの権利を彼らがこぞって行使したからだ。そして保有する自社株二九三〇億ドルを売却した。月平均二四〇億ドルである。このインサイダーの売りは、一九九九年の月平均一一〇億ドルを優に上回る水準であり、二〇〇〇年の月平均二二〇億ドルをやや上回る水準であった。

自社株買いも、二〇〇一年には二三八〇億ドル、月平均二〇〇億ドルに上り、過去最高を記録した。このペースは一九九九年の月平均一五〇億ドル、そして二〇〇〇年の月平均一八〇億ドルと比べてもまったく遜色がない。しかし注意深くデータを見てみると、実際にはそれほど強気ではなかったことが分かる。自社株買いの年間総額のほぼ半分が九・一一同時多発テロのあとに、そしてほぼ四分の一がその年の安値圏に入っていた九月に発表されているのである。例によって、株式市場が崩壊しているときはハウスの買い意欲が旺盛であり、プレーヤーがパニックに陥っていたことになる。要するに、若干増えた程度の自社株買いでは、とてもではないが現金買収の激減と株式の売り出しやインサイダーの売りの増加の穴は埋められなかったというわけだ。ハウスは大量の売り越しに転じていたのだった。

株をロング（買い持ち）にしていた人にはあいにくだが、プレーヤーもハウスと一緒になって米国株の買いを減らしていった。確かにプレーヤーはハウスのように売り越していたわけではなかった。二〇〇一年の米国株ファンドへの資本流入は五四〇億ドルであった。

しかし、この額は一九九九年の一七六〇億ドルという大量の流入量、そして二〇〇〇年の二六〇〇億ドルという莫大な流入量にははるかに及ばなかった。二〇〇〇年初頭にはプレーヤーの買い意欲が明らかに衰えていた。二〇〇一年三月には米国株ファンドの資本流出量が一九九八年八月以来初めて流入量を上回った。二〇〇一年には米国株ファンドからの資本流出量が流入量を上回った月が三度あったが、これはその最初のケースであった。同時に委託保証金の額も、二〇〇〇年末の一九九〇億ドルから二四％減少し、二〇〇一年末には一五〇〇億ドルとなった。テクノロジーバブルの崩壊で、投資家は借金をしてまで株を買おうとは思わなくなったのである。

## 九・一一同時多発テロ

われわれが二〇〇一年の株式相場をいかにして切り抜けたかを議論する前に、九・一一同時多発テロの余波について強調しておきたい。おそらくハウスとプレーヤーが外因性ショックに対して対照的な反応を示したことについて、これほど見事な見識が見られた時期はほかにないだろう。テロの発生後、米国の株式市場は九月一七日まで閉鎖されていた。九月二一日のS＆P五〇〇の終値は九月一〇日の終値から一二％下落。同時期、ナスダックは一六％下落した。この急落の理由だって？　プレーヤー――機関投資家と個人投資家――が、再びテロが起きるかもしれないという話を聞いてパニックを起こし、持ち株を投げ売りしてしまったからだ。二〇〇一年の九月に入ってからこの日までに、米国株ファンドは一カ月の資本流出額では過去最大の二七〇億ドルを記録したが、それはおそらく、投資家が直接投資していた米国株を大量に処分したからに違いない。では、この時期にハウスは何をしていたのだろう？　プレーヤーが投げ売りした株を全部買い集めていたのである！　二〇〇一年九月には五四〇億ドルの自社株買いが発表されたが、だいたいその大半がわずか一カ月の間に発表されたものであった。プレーヤーがパニックを起こし、記録的な量の米国株ファンドを処分している間に、ハウスは記録的な量の株式を買っていたわけだ！

二〇〇一年の最後の三カ月間の出来事も同じように教訓になる。S&P五〇〇は九月二一日の九六五・八〇ポイントの安値引けから持ち直し、一二月三一日には一九％高の一一四八・〇八ポイントで引けた。ナスダックも同様に九月二一日には一四二三・一九ポイントと安値で引けたが、その後三七％と大きく反発し、一二月三一日には一九五〇・四〇ポイントで取引を終えた。プレーヤーが再び買う決意をしたということがこのような急上昇をもたらしたわけではない。実際のところ、二〇〇一年第4四半期中は米国株ファンドへの資本流入が合計で二五〇億ドルにしかならず、これらの月平均である八〇億ドルという数字は、その年の最初の八カ月間の月平均七〇億ドルをわずかに上回っていたにすぎない。

では、何がこの上昇を誘発したのだろう？　プレーヤーは再びテロが起きるかもしれないとパニックに陥っていたが、企業の買いのほうは加速していたのだ。第4四半期中、自社株買いの発表当初の額は月平均二一〇億ドルに上ったが、これはその年の最初の八カ月間の月平均一五〇億ドルを優に上回る数字である。明らかにハウスは、九・一一同時多発テロの余波で相場が下落したことを絶好のチャンスだととらえていたのである。ただ、ほかの流動性の指標はこの上昇が一時的なものだということを示していた。現金買収については、その年の最初の八カ月間の月平均が九〇億ドルだったのに対し、第4四半期中は月平均わずか四〇億ドルであった。そして株価が上昇すると、ハウスは大急ぎで株式を売却し始めたのである。二〇〇一年九月にはわずか七〇億ドル相当の株式が売り出しで売却されたのに対し――その年の月平均金額では最低の額――、第4四半期中の売り出しは月平均二九〇億ドル相当に上った。これはその年の最初の八カ月間の月平均二八〇億ドル相当を少々上回る数字である。九月の大量売りによる相場急落後に株式の売り出しを猛烈な勢いで進めているというのは、あまりいい兆候ではなかった。

## われわれのパフォーマンス

二〇〇一年、われわれの先物モデルポートフォリオは、一三％下落したS&P五〇〇と二一％下落したナスダックを大きく上回り、二三％の上昇を記録した。主要な株価指数をアウトパフォームできたのは、企業の流動性のシグナルを追跡調査し、その年にほぼ弱気スタンスを貫いたからだ。その年、われわれはいつものとおり一月の市場に新たに流入してくる現金の波に乗ろうと強気で入ったのだが、二月の初めには弱気に転じた。株式の売り出しとインサイダーの売りの水準があまりにも高かったからだ。二月末からは強気にシフトしたが、五月末にはまた弱気に転じた。多少の例外はあったものの、われわれは九月の初めまでは弱気スタンスを維持していた。コーポレートアメリカ（米国の大企業）が大量に売り越していたからだ。九・一一同時多発テロの後、市場が再開し、企業の買いが急増してからは、われわれも再び強気に転じ、九月末までそのスタンスを維持した。しかし一〇月の初めには企業の買いが弱まり、株式の売り出しが急増するようになったため、われわれはまた弱きスタンスをとった。一一月までは相場も上昇を続けていたが、われわれは一二月の初めにショートポジション（売り待ち）を倍にした。年金基金のリバランス戦略が株価を押し上げていたが、それも一二月までだというのに気づいたからだ。

## 二〇〇二年――弱気で踏ん張る

九・一一同時多発テロの記憶色あせぬうちに、二〇〇二年が幕を開けた。S&P五〇〇とナスダックは二年連続で下降線をたどっていた。二〇〇二年は株式相場が再び勝ちを目指す年だ。多くの投資家がそう思っていたのは間違いない。ナスダックは二〇〇〇年に三九%、二〇〇一年には二一%も下落した。もう落ちるところまで落ちたじゃないかというわけだ。

だが投資家は気づき始めていた。二〇〇二年、ナスダックは三二%下落した。S&P五〇〇も、二〇〇〇年と二〇〇一年の最悪の修羅場からは脱出したものの、二三%下落した。二〇〇二年一〇月九日は共にその日の安値で引けたが――ナスダックは一一一四・一一ポイント、S&P五〇〇は七七六・七六ポイント――、いずれの指数も終値ベースで過去最高を記録したときよりも、それぞれ七八%、四九%下げていた。

### 相場

流動性理論の追随者にはこの修羅場の理由がよく分かっていた。つまり、個人からの資本流入が枯渇しているときでさえ、その年の上半期にはハウスがずっと売り越していたからだ。二〇〇一年に二六一〇億ドル増加した。二〇〇二年、L1は八七〇億ドル増加したのと比べると、この年間総額はまだまだ少ないが、一九九〇年代の株式ブーム以来、やはりこれは二番目に弱気な指標だったのだ。株式の売り出しについては、二〇〇一年には三一七〇億ドルだったのが、二〇〇二年には三八％減少し、一九八〇億ドル、インサイダーの売りについても、二〇〇一年には二九三〇億ドルだったのが、二〇〇二年には七三％も落ち込み、七九〇億ドルとなった。企業の買いも同じように減少した。現金買収も年間を通して低迷。この年間総額三六〇億ドルという数字は、二〇〇一年に発表された九四〇億ドルを六二％も下回っており、われわれが一九九五年に現金買収の発表当初の額の追跡調査を始めて以来、最低の数字であった。自社株買いの発表当初の額も一四九〇億ドルにまで減少したが、これは二〇〇一年に発表された二三八〇億ドルを三七％下回る数字であり、年間総額としては一九九八年以来最低であった。同時に、プレーヤーは一九九〇年代の株式ブーム以来初めて売り越しに転じ、米国株ファンドからは年間二五〇億ドルが流出した。委託保証金の額も一六〇億ドル減少した。三年連続の減少であった。最後に、外国人の米国株買いも年間わずか四七〇億ドルにとどまったが、これは一九九六年以来最低の数字である。流動性の条件がここまで悪いのだから、主要な株価指数が下落するのも何ら不思議

**図 9-2　2002 年 1 ～ 12 月の月別企業流動性（L1）と米国株ファンドの月別資本フロー（L2）**

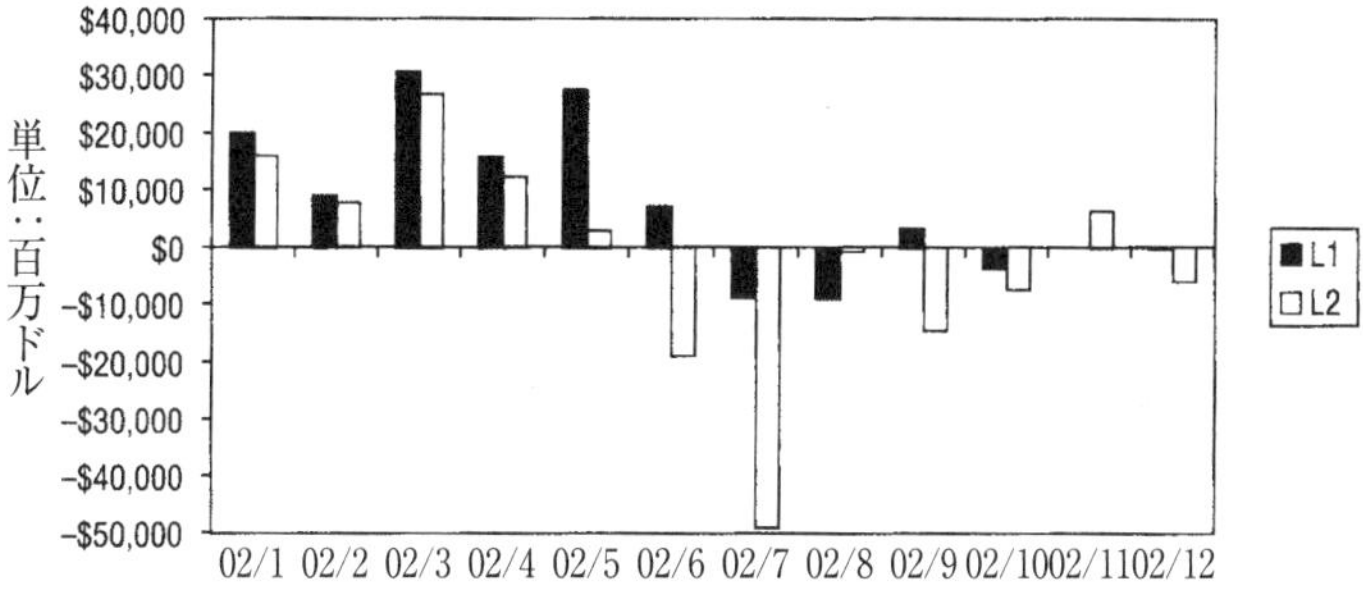


**出所**＝トリムタブス・インベストメント・リサーチ、ICI（米投資会社協会）

ではない。

二〇〇二年の流動性のトレンドを把握するには、この年を二分して考えてみる必要がある。プレーヤーは最初の五カ月間は買い越し、最後の七カ月のうち六カ月間は売り越しであった。ハウスのほうは、最初の六カ月間は売り越し、最後の六カ月のうち五カ月間は買い越しであった。**図9―2**に示すとおり、ハウスが弱気になるにつれL1は増加し、プレーヤーが強気になると、それに伴ってL2がほぼ一貫して増加している。それとは逆に、ハウスが強気になるにつれL1は減少し、プレーヤーが弱気になると、それに伴ってL2がほぼ一貫して減少している。ハウスが株式市場というカジノで大金を稼げるのは当然ではないだろうか？

一～六月にかけて、Ｌ１は月平均一八〇億ドル増加した。それは主として株式の売り出しがあったからである。売り出し額は月平均二四〇億ドルという途方もない額で、月平均一九〇億ドルを下回ったことは一度もなかった。しかし同時に、現金買収と自社株買いの発表当初の額は低調で、それぞれ月平均三〇億ドル、一〇〇億ドルであった。驚くことではないが、二〇〇二年の最初の六カ月間でＳ＆Ｐ五〇〇は一四％、ナスダックは二五％下落していた。相場の下落によって、プレーヤーは六月から撤退を急ぐようになり、米国株ファンドからは一九〇億ドルもが流出した。これは二〇〇一年九月に二七〇億ドルが流出して以来の月間流出量である。六月になるまで、プレーヤーは月平均一三〇億ドルを米国株ファンドに注ぎ込んでいたが、ハウスは大量に売り越していたわけである。

株式相場は二〇〇二年に二度底を付けている。最初は七月後半、二度目は一〇月の初めである。夏の間に主要な株価指数もそれぞれ滝のように落ちていった。七月二三日にはＳ＆Ｐ五〇〇の終値が七九七・七〇ポイントと、ほぼ底値に到達。その後八月五日にはナスダックも一二〇六・〇一ポイントと、底値で引けた。八～九月にかけて、相場は弱々しくも回復を試す局面に入ったが、一〇月には再び下落してしまった。しかし二〇〇二年一〇月九日には、Ｓ＆Ｐ五〇〇が七七六・七六ポイント、ナスダックが一一一四・一一ポイントと、とうとう下げ相場が底を打ったのである。

プレーヤーは売られている株を仕込むつもりだったのだろうか？　とんでもない！　米国株ファンドからは、六月から一二月にかけて一カ月を除いてすべての月で資本が流出し、この七カ月間の月平均流出は一三〇億ドルというかなりの額に上った。驚くことではないが、七月には売りが最高水準に達し、S&P五〇〇は、終値ベースで大底を打ってからわずか二〇ポイント上げただけであった。七月には米国株ファンドから四九〇億ドルという莫大な額が流出したが、これは米国株ファンドの月間流出額としては過去最高である。そして九月には米国株ファンドからの資本流出が一四〇億ドルに、一〇月には七〇億ドルに達し、相場も一〇月の初めに終値ベースで大底を打った。せっかく株価が下がっているのに、プレーヤーは買うことにはまったく関心を示さなかったのである。

一方、ハウスは別のことを考えていた。六～一二月にかけて、L１は月平均三〇億ドル減少した。このように企業の買いはけっして強いとは言えなかったが、一〇月初めにS&P五〇〇とナスダックが付けた底値は、七月後半から八月初めにかけて付けた底値と比べると、それほど低い水準ではないことを確認するには十分であった。実際にS&P五〇〇とナスダックは、一〇月九日の安値引けからそれぞれ一三％、二〇％上昇してその年の取引を終えた。下げ相場も修羅場をくぐり抜けたのである。

## われわれのパフォーマンス

二〇〇二年、われわれの先物モデルポートフォリオはＳ＆Ｐ五〇〇とナスダックを抜いて七四％上昇した。主要な株価指数をアウトパフォームできたのは、主としてわれわれがハウスの行動に従って動いたからだ。二〇〇二年の上半期、ハウスが弱気だったときには、われわれも弱気スタンスをとった。下半期にハウスが強気に転じたときには、われわれも強気に転じた。

その年、われわれの先物モデルポートフォリオは弱気で始まった。二月後半から三月初めにかけて、短期的に多少ロング（買い持ち）にシフトしたことはあったが、企業の売りが支配的だったことから、六月末までは弱気スタンスを維持した。だが、ここでわれわれは二つの理由でニュートラル（中立）に転じた。その理由は、一つ目は株式の売り出しとインサイダーの売りが鈍化してきたこと。二つ目は、六月に米国株ファンドから一九〇億ドルという大量の資本が流出したことである。このように大量の資本が流出すると底入れすることが多い。一方で、企業の買いは増加し始めていた。残念ながら、われわれは七月初めに慎重に強気に転じたが、二週間ほど早かった。個人投資家はパニックに陥っていたが、七月には企業の買いが急増し、八月には株式の売り出しがほぼなくなった。

われわれは九月初旬まで強気スタンスを維持したが、その後弱気に転じた。企業の売りがいきなり出なくなったからである。一〇月の半ば、企業の買いが出始めてきたので、われわれは慎重に強気に転じた。その後、一二月の半ばには弱気から強気に転じた。年末恒例だが、企業の買いは減少し始め、株式の売り出しとインサイダーの売りも鈍化してきた。そして何よりもわれわれが予想したのは、過去二年の間相場が下落していたことから、二〇〇三年の初めにコーポレートアメリカが一〇〇〇億ドルという大金を年金基金に注ぎ込むのではないかということだ。次章で論じるが、二〇〇三年初めに米国の株式市場に投資したのは年金基金だけではなかった。

## 二〇〇三年――上げ相場が戻る

二〇〇二年末は、ウォール街も目抜き通りも活気を失っていた。投資家もこれまでに見てきたように弱気になっていた。相場は四年連続で下落するのかと、専門家も公然とあれこれ思いを巡らせていた。二〇〇二年後半に出版された投資本は、間違いなく当時の支配的な雰囲気を表していた。二〇〇二年六月にはロバート・プレクター著『コンカー・ザ・クラッシュ――ユー・キャン・サーバイブ・アンド・プロスパー・イン・ア・デフレーショナリー・デプレッション（Conquer the Crash : You Can Survive and Prosper in a Deflationary Depression）』が出版された。タイトルからもお分かりのとおり、プレクターは米国が間もなくデフレ不況に陥ると信じていた。二〇〇二年一二月に出版されたダニエル・A・アーノルド著『ザ・グレート・バスト・アヘッド――ザ・グレーテスト・デプレッション・イン・アメリカン・アンド・UK・ヒストリー・イズ・ジャスト・セベラル・ショート・イヤーズ・アウエー（The Great Bust Ahead : The Greatest Depression in American and UK History Is Just Several Short Years Away）』も、同様の結論を導いている。アーノルドの予測によると、二一世紀の最初の四半世紀中に、早ければ二〇〇九～一〇年に、米国と英国は一九三〇年代に経験した不況よりもさらに深刻な不況に陥るそうだ。「金持ち父さん」シリーズの著者らもこの悲観論者の仲間である。二〇〇二年一〇月に出版されたロバート・キヨサキとシャロン・レクター共著『金持ち父さんの予言』（筑摩書房）では、初期のベビーブーム世代が七〇歳の誕生日を迎える二〇一六年には株式市場の大崩壊に注意するよう促している。多くの投資家にとって過去三年間は苦渋に満ちたものだったが、ここで紹介した著者らは、事態はもっと深刻になると断言しているのである。

## 相場

二〇〇三年の最初の三カ月間で、投資家のイライラの理由が分かってきた。差し迫ったイラク戦争が経済にどう影響するかについて彼らがやきもきするにつれ、S&P五〇〇は四％下げた。ナスダックはほぼ変わらずであった。悲観主義が支配していたにもかかわらず、この間コーポレートアメリカは常に買い越していた。これは一カ月を除いた二〇〇二年七月以降の行動とそっくりだ。L１は月平均六〇億ドル減少した。現金買収発表当初の額は月平均三〇億ドルと低水準で推移していたが、自社株買いは月平均一七〇億ドルと、しっかり増加した。これは二〇〇一年の月平均二〇億ドル、そして二〇〇二年の月平均一二億ドルといい勝負である。ただ、株式の売り出しとインサイダーの売りは過去二年のペースにははるかに及ばなかった。株式の売り出しは、二〇〇一年の月平均二六〇億ドル、二〇〇二年の月平均一六〇億ドルと比べると少なく、月平均一〇億ドルにとどまった。インサイダーの売りも、二〇〇一年の月平均二四〇億ドル、二〇〇二年の月平均七〇億ドルと比べると減少し、月平均わずか四〇億にとどまった。しかし、ハウスでは買いムードが強まっていたのにプレーヤーのほうは売りが優勢で、米国株ファンドからは月平均三〇億ドルが流出した。

三月一一日に株式相場は三度目の大底を打ったが、そのわずか二日後の三月一三日、チャールズ・ビダーマンはブルームバーグテレビに出演した。そして米国がイラク戦争の戦場にならないことが分かれば、株式市場全体が二〇～二五％上昇すると予測したのである。先見の明があった。三月一一日の底値から年末にかけて、S＆P五〇〇は三九％上げ、ナスダックに至っては五八％という驚異的な上昇を見せたのである。新たな上げ相場の始まりであった。

では、この急騰の牽引役は何だったのだろう？　断じて企業の買いではない。コーポレートアメリカは四月に売り越しに転じており、その後は一二月を除き、毎月売り越していた。四～一二月にかけて、L1は月平均一一〇億ドル増加した。現金買収発表当初の額も、二〇〇一年の初め以来ぱっとしなかったが、やはり月平均六〇億ドルという低水準にとどまっていた。自社株買いは堅調で、月平均一一〇億ドルを記録した。ただ、企業は年末年始の休暇に入る前に動いたためプラスになったものとみられ、一二月だけでこの九カ月間の二六％の額に上っている。企業の流動性元帳の反対側では、株式の売り出しとインサイダーの売りが急増していた。四～一二月には、一七〇〇億ドルという膨大な額の株式が売り出しで売却された。これは月平均一九〇億ドル。この大量の株について見てみると、二〇〇一年中に月平均二六〇億ドル相当の株が売り出しで売却されていることになり、株式

## 図9-3　2003年１～12月の月別企業流動性（L1）と米国株ファンドの月別資本フロー（L2）

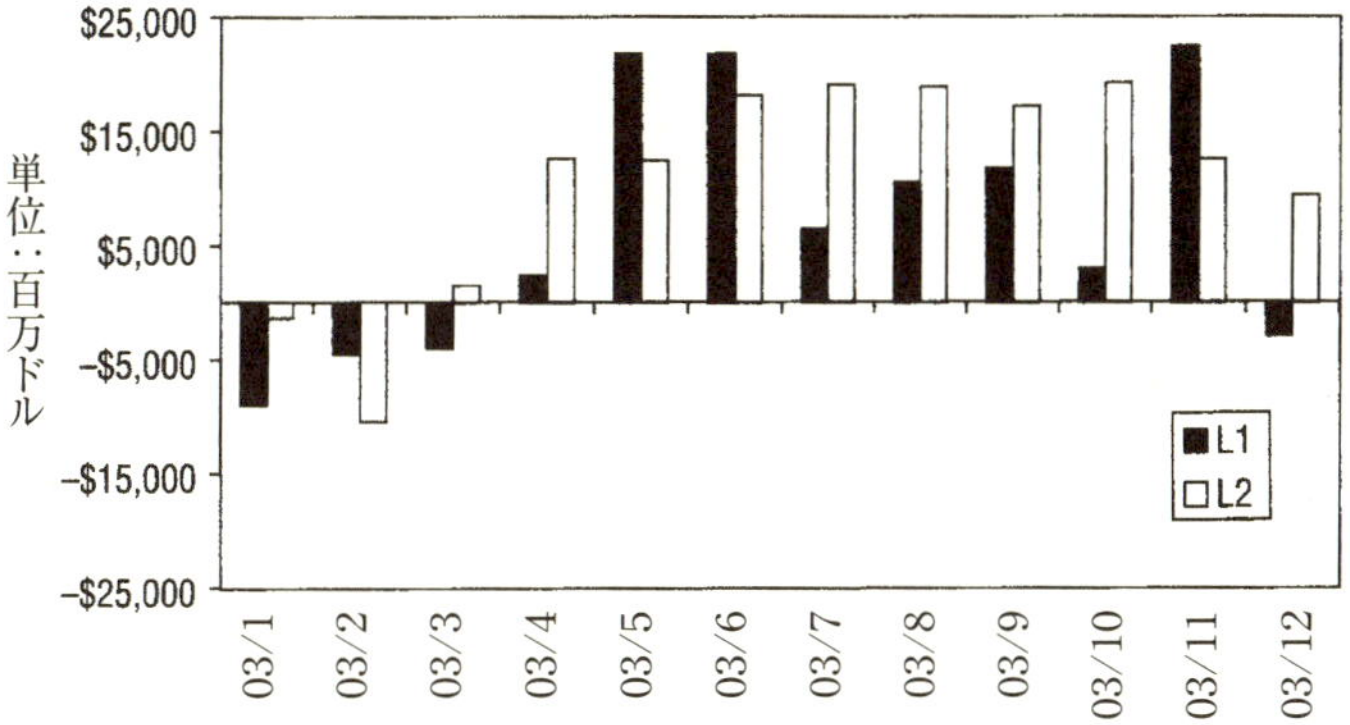


**出所**＝生データはニューヨーク証券取引所、ヤフー！ファイナンスから入手

の売り出しとしては過去最大である。同時に、インサイダーは自分が保有する自社株八三〇億ドル分、月平均九〇億ドル分を売却した。ハウスから出されるシグナルは一貫して弱気であった。

コーポレートアメリカは売り越していたが、二〇〇三年の上昇を演出したのは個人や年金基金、ヘッジファンドからの資本流入であった。流動性理論の支持者がなぜハウスとプレーヤーの両方に着目する必要があるのかを示す申し分ない例がこの時期である。企業の流動性は弱かったが、**図9―3**が示すように、プレーヤーからの資本流入が相場を押し上げるのに十分だったのである。

四～一二月には、投資家が米国株ファンドに一三九〇億ドル、月平均一五〇億ドルを投入した。またNYSE（ニューヨーク証券取引所）の会員証券会社の委託保証金の額も三三〇億ドル、月平均四〇億ドル増加した。痛みを伴わないと思われるイラク戦争終結の幸福感がプレーヤーの投資意欲を駆り立てたのだ。だが、大量に買っていたのは個人投資家ばかりではなかった。二〇〇三年第２四半期に参入したヘッジファンドは、ショートポジションかほとんど投資をしていないかのいずれかだったが、第２四半期中に少なくとも二〇〇〇億ドル分の株式を買いあさった。年金基金のスポンサー――地方自治体を含む――も、第２四半期中に長期債を大量に売って株式購入に充てていた。二〇〇三年の株高を後押ししたのは、こうした機関投資家と個人からの資本流入だったのである。

流動性理論では、浮動株数が急増したあとに時価総額が増大を続ける時期をバブルであると定義しているが、これこそまさに二〇〇三年の最後の九カ月間にテクノロジー株と小型株に起きた出来事である。四～一二月にかけて、L１は九九〇億ドル増加したのに対し、時価総額は一〇兆七〇〇〇億ドルから一五兆三〇〇〇億ドルに急増している。四三％増である。次章で論じるが、二〇〇三年の株式市場のパーティーの後遺症が出てくるのはこれからであった。

## われわれのパフォーマンス

正直なところ、二〇〇一年や二〇〇二年と比べると、二〇〇三年のわれわれの出来は良かったとは言えない。S&P五〇〇は二六%、ナスダックは五〇%上昇したが、われわれのモデルポートフォリオは七%下落した。年初は幸先が良かった。企業の買いが旺盛だったので、われわれも年が明けたころには強気であった。一月の半ばから二月の初めにかけてはやや企業の買い控えが出てきたため、われわれもショートポジションに転じた。二月の半ばからは個人投資家がイラク戦争の影響を考えてパニックに陥ったので、われわれは慎重に強気に転じた。二月末から四月の初めにかけては徐々に強気になり、少しずつロングポジションを追加していった。これでリターンが出るようになった。四月末の時点で、われわれのモデルポートフォリオは一年で九%上昇していた。ここでわれわれはニュートラルに転じ、やがて企業の買いが減少し、米国株ファンドからの資本流出が急増した四～五月には徐々に弱気になった。個人投資家が買い込んでいたので、さらにそれを加速する株式の売り出しを待った。

だが、五月の初めから一〇月末までショートポジションを持ち続けていたのは大きな間違いだと分かった。二〇〇二年夏にはウォール街のコーポレートファイナンス部門の多くが消滅していたが、それはつまり、株式の売り出しは十分に行われず、大量に流れ込んでくる現金がすべてそこに吸収されるということだったのだ。われわれはそれに気づかなかった。さらに、ヘッジファンドや年金基金が春の間に数千億という額を株式市場に移しており、見た目にはイラク戦争が痛みを伴わずにあっという間に終わったという安堵感から、個人も夏の間に新たに現金を株式市場に投じていたことにも気づかなかったのだ。われわれは一〇月末にようやく強気に転じ、その年の最後の二カ月間でそれまでの損失を多少取り戻したのだった。二〇〇三年半ばはわれわれにとって大変な時期であった。金融市場についても自分たちは無知なのだというのが分かっていなかった。油断は禁物だ、ということを思い知らされた屈辱的な出来事でもあった。

## 二〇〇四年初頭――バブルが収縮

二〇〇四年の初め、相場は失速し始め、投資家も次第に株に熱狂しなくなり、企業の買いにも活気が見られなくなってきた。二〇〇三年三月の底値からの上昇相場も、六月末には疲れが見えてきた。S&P五〇〇は二月一一日に一一五七・七六ポイントと高値で引けたが、六月末の終値は一一二五・三八ポントと、年初来わずか一％上げただけであった。

同様に、ナスダックも一月二六日には二一五三・八三ポイントの高値で引けたが、六月末の終値は二〇四七・七九ポイントと、年初来わずか二％の上げにとどまった。小型株とテクノロジー株に集中して発生していたバブルがしぼみ始めたのである。

## 相場

では、何が相場の上昇を止めたのだろう？　コーポレートアメリカは引き続き売り越していた。一～六月にかけて、Ｌ１は月平均四〇億ドル増加した。シンギュラー・ワイヤレスがＡＴ＆Ｔワイヤレスを四一〇億ドルで買収したが、これを除外すると、Ｌ１は月平均八〇億ドル増加していた。これは二〇〇三年の月平均額と同じである。確かに企業の買いも休止状態だったわけではない。現金買収発表当初の額は月平均一四〇億ドルに上り（ＡＴ＆Ｔワイヤレスの買収を除外すると月平均四〇億ドル）、自社株買い発表当初の額も月平均一八〇億ドルに上った。企業の流動性が低かったのは、主として株式の売り出しが目白押しだったからである。売り出しは月平均二二〇億ドルに上っており、一五〇億ドルを下回った月は一度もなかった。言い換えれば、二〇〇四年の最初の六カ月間に、ハウスは二〇〇〇年の最初の六カ月間に売却したのとほぼ同数の株を新たに売却したということだ！　またインサイダーの売りも多く、月平均一一〇億ドルに上っていた。ＡＴ＆Ｔワイヤレスの買収が流動性に与えた影響を除外すると、企業の買いは企業の売りに匹敵するには程遠いものであった。

一方で、個人投資家は株への投資意欲を失っていた。二〇〇四年の最初の六カ月間、米国株ファンドは八二〇億ドル、月平均一四〇億ドルという膨大な額を新たに集めたが、この総額だけを見ていたのではプレーヤーの行動の全貌を見誤ることになる。米国株ファンドの資本フローは低下しており、一月には三一〇億ドルが流入したが――一カ月間の資本流入量では過去最高――、五月にはわずか九億ドルしか流出していない。その後回復し、六月には八〇億ドルが流れてきた。そして一～二月にかけて主要な株価指数がピークを付けるや、個人投資家は幻滅し、さっと株式投資から引いていったのである。

われわれは二〇〇三年下半期から二〇〇四年初頭にかけての株式市場をバブルとし、それはテクノロジー株と小型株に集中していたと述べたが、どのように説明したか覚えているだろうか？　バブルは少々しぼんでいた。ナスダックは一月二六日に二一五三・八三ポイントの高値で引け、五月一七日に一八七六・六四ポイントの安値で引けた。一三％の下落である。同様に小型株のベンチマークとして知られるラッセル二〇〇〇も三月五日に五九九・五四と高値で引け、五月一七日には五三三・三四と安値で引けた。一一％の下落である。この動きはバブル崩壊とそれほど似ているとは思えない。二〇〇四年の初め、われわれはこれらの指数が一〇％どころか三〇％近く下落するのではないかと予測していた。もし上半期と同じぐらい景気が急拡大していなければ、下落幅はもっと大きくなっていたはずだ。二〇〇三年一二月から二〇〇四年六月にかけて、個人所得は年五％を上回る率で堅調に推移した。過剰な借り入れをしてリスキーな銘柄に入れ込んでいる投資家の苦痛を和らげるのに、景気の急拡大に勝るものはなかった。

## われわれのパフォーマンス

失望の二〇〇三年が終わり二〇〇四年に入ると、われわれのパフォーマンスも最初の九カ月間で急速に向上した。Ｓ＆Ｐ五〇〇はほぼ変わらず、ナスダックは五％下落したのに対し、われわれの先物モデルポートフォリオは一一％上昇した。

われわれは前年の一〇月以来強気スタンスを通したが、二〇〇四年も引き続き強気でスタートした。一月に年末のボーナスと退職金が大量に株式市場に流れ込んできたから、というのが主な理由である。米国株ファンドへの資本流入ではもはや企業の買いと売りとのギャップを埋められなくなった二月末まではそのまま強気でいた。その後、われわれは弱気に転じ、五月の半ばまで弱気を維持した。米国株ファンドへの資本流入が年初よりもはるかに減少していただけでなく、企業の買いも事実上ゼロに等しかったからだ。しかし四月の最終週になると、企業の買いが回復し始めたのに驚かされ、われわれも強気に転じ、五月半ばまではそのスタンスを維持した。ナスダックとラッセル二〇〇〇が共に五月一七日に底を打ったとき、われわれはこれが底だと正確な判断を下したが、このようなケースはまれである。そして六月末まで強気スタンスを維持した後に弱気に転じた。企業の売りが増加し、買いが減少したからだ。

われわれは強気から弱気へ、弱気から強気へと慎重にスタンスを変えていき、七月の半ばに慎重に強気に転じた。その後、八月半ばまでは企業の買いがかなり増加してきたため、強気を維持した。このとき、夏の終わりごろには株式の売り出しが鈍化するだろうと考えた。八月末、われわれは完全に強気に転じ、九月の第一月曜日のレイバーデーの休日まで延長されていた売り出し予定をうまく利用した。だが、九月には売り出し予定が目白押しだったため、われわれは強気スタンスを調整した。九月末には売り出しが急増し、企業の買いが鈍化してきたため、われわれは慎重に弱気に転じた。

しかし市場がどんな変化球を投げようが、流動性理論なら投資家のナビゲーターになれるのである。どうしたら分かるのかって？　われわれの先物モデルポートフォリオのパフォーマンスが自ら語ってくれるからだ。二〇〇〇年九月、われわれは流動性分析をするに当たり、企業の買いと売りを株式への資本流入から切り離すことにした。だからわれわれの先物モデルポートフォリオも難なくS＆P五〇〇をアウトパフォームしているのである。二〇〇〇年九月から二〇〇四年一二月にかけて、S＆P五〇〇は一六％下落したが、われわれの先物モデルポートフォリオのほうは一一五％上昇。株式市場というカジノにおけるハウスとプレーヤーの行動を追跡調査することは、たとえ米国の金融市場の歴史上一、二を争う激動の時期であっても極めて有益だということが分かった。

# 第4部

# 流動性理論の実践

# 第一〇章　シングルヒットを目指して——ローリスクな戦略

第三部では過去を中心に述べたが、第四部では現在に正面からスポットを当てていく。とりわけ皆さんのポートフォリオ管理に使える流動性を中心に、一連の投資戦略の要点を述べようと思う。ほとんどは個人投資家を対象にしたものだが、機関投資家もさまざまな商品を組み入れたそれぞれのポートフォリオでこの戦略を大々的に展開することができる。

本章では一般的な投資手法とリスクを低減する四つの投資戦略について論じようと思う。第一章で述べたとおり、本書で紹介する戦略は、専門的な手法でポートフォリオを管理したい人を対象に策定されたものである。もし投資の勉強や金融市場のモニタリングになど関心がなく、長期で投資をしたいという方には、幅広く分散投資したバンガードのインデックスファンドをドルコスト平均法で買い付けていくことをお勧めする。本書で紹介する戦略はとくに複雑なものではないが、株式市場というカジノでプレーをする前にその機能について熟知しておく必要があろう。

## 投資アプローチ

本書が投資管理の包括的な手引きだなどと言うつもりはない。株式に投資されているリスク資産をどう取り扱うかを論じているだけである。ほかに個人投資家が検討すべき重要な資産――現金預金、保険、不動産を含む――については、本書では扱っていない。

分かりきったことなのにないがしろにされているポイント、それはすべての投資家にとって正しい投資戦略など一つもない、ということだ。われわれはそれを強調することから始めた。二〇億ドルの資産を運用するヘッジファンドの投資は幼い子どもを二人抱えた若い夫婦の投資とはまったく異なるし、その夫婦も八〇歳を過ぎた高齢者の投資とは違う投資をする。しかし、すべての投資家が自分の戦略を展開していくに当たっては、だれもが次の二大ファクターを指針にすべきであろう。

一．**投資期間**　あなたは投資の目標を何年後ぐらいに置いているのか？　数年以内に住宅購入の頭金として使う予定の資金を投資しているか？　それとも、少なくとも三〇年後の退職に備えて貯蓄をしているか？　一般に投資期間が短ければ、それだけ高いリスクをとることはできなくなる。一〇年以内に必要になるかもしれない資金を株式に投資することはお勧めしない。短期間だと株式のボラティリティが大きいからである。

**二．リスク許容度**　これまでどのように行動していたかが、今後どのように行動するかを導く、おおむね確かな指針となる。一方で、二〇〇〇～〇二年の下げ相場でパニックに陥り、株式から債券や現金に資金をシフトしているとしたら、保守的な投資戦略をとられたほうがいいだろう。また、多くの投資家が二〇〇二年七月、二〇〇二年一〇月、二〇〇三年三月に相場が底を打ったときにパニックに陥っていたのに、あなたは株式を買い集めていたとしたら、より高いリスクをとる余裕があるはずだ。いつも投資に神経を使っていられるほど人生は長くはない。心地良い眠りに就けるような投資戦略を選ぶことである。

投資のリターンについてはまだ一切言及していない。どの投資家も高いリターンを夢見ているが、皆さんがポートフォリオを組み、管理しているときはリターンよりもリスクのほうに着目すべきだろう。ハイリスクな戦略をとればハイリターンを得られる可能性はあるが、厳しい時期というのは必ずやって来るもので、そういうときに戦略を投げ出してしまったのでは報われるはずもない。

流動性理論とはマクロのタイミングツールであるため、われわれの戦略ではもっぱら指数連動型の株式商品――インデックスファンド、指数連動型上場投信（インデックス型E

ＴＦ）、株式インデックス先物を含む――を利用している。個別の銘柄や市場セクターを選ぶつもりもない。また、われわれの戦略にはアクティブ運用型の株式ミューチュアルファンドやヘッジファンドを採り入れていない。なぜなら、どのタイプのファンドであれ、経費を差し引いてもなお一貫して株価指数を上回ることができるようなファンドマネジャーは二〇〇人にも満たないと思っているからだ。例外的なファンドマネジャーがいるのは確かだが、事前にそうしたマネジャーを見極めるのは至難の業である。さらに、優秀なマネジャーの多くは、ファンドの運用では必ずしも純資産残高が多ければいいわけではないことを知っているため、追加で募集を行っていないのである。株式以外には、短期債インデックスファンド、短期債インデックスＥＴＦを用いている。ポートフォリオのリスクを低減するには短期債が最良のツールである。われわれはそう考えている。預貯金に比べると短期債には多少のリスクはあるものの、リターンは高い。長期債は避けている。過去の長期債のリターンを見ると、金利リスクがかなり高く、それを考えるとけっして納得のいくものではない。債券以上に株式に近い値動きをするジャンクボンドも避けている。最後に、さらにリスクをとらなければならず、経費もかかることから、アクティブ運用もしないようにしている。

われわれの戦略では、予想される流動性の条件によって拠出額や保有高を変えている。

**表10-1　流動性に基づいた投資スタンス**

| 日中のL1 | スタンス |
|---|---|
| −8億ドル未満 | 超強気 |
| −4億～−8億ドル | 強気 |
| −4億～4億ドル | 中立 |
| 4億～8億ドル | 弱気 |
| 8億ドル以上 | 超弱気 |

株式市場というカジノではハウス側に立って投資をしたいと考えているため、翌週の浮動株の純変化（L１）予測に基づいて、次の五つのスタンスのうちの一つをとっている（**表10―1**を参照）。

例えば、コーポレートアメリカ（米国の大企業）が毎日五億ドルの買い越しだと予測した場合、われわれは強気スタンスをとる。コーポレートアメリカが毎日九億ドルの売り越しだと予測すれば、強硬に弱気スタンスをとる。もちろん、株式市場というカジノでプレーヤーに何を期待するかによって、スタンスを変えることもある。例えば、一週間のうちに米国株ファンドに大量の資本が流れてくるためＬ１が慎重に弱気になると予測した場合、われわれは慎重に弱気でいるよりは、むしろ慎重にニュートラル（中立）か強気に転じる。流動性理論は芸術であり、科学でもあるということを思い出してほしい。

本書で紹介する最初の二つの戦略は、バンガードのインデックスファンドを利用したものである。バンガードのファンドは経費率も低く、販売手数料も無料のため、投資家はより大きなリターンを得ることができる。またバンガードのCIO（最高投資責任者）ジョージ・U・〝ガス〟・ソーターは、バンガードのインデックスファンドをすべて監視している。インデックスファンドならだれだって運用できるさ、と多くの人が思っているが、効果的な運用にはかなりのスキルが求められる。ソーターのチームは業界屈指のインデックスファンド運用チームの一つである。バンガード・五〇〇・インデックスファンドは世界第二の純資産残高を誇るミューチュアルファンドだが、実は機敏なトレードのテクニックでS&P五〇〇をわずかながら上回ることもある。

バンガードも投資には適しているが、流動性をベースにした戦略に適した別のアプローチもある。とりわけ既存の持ち株をトレードしたい、信用取引をしたいと思っている投資家に向いている。個人投資家向けには、多くの投信運用会社――フィデリティ、T・ロウ・プライス、チャールズ・シュワブ、TIAA―CREF（米教職員保険年金連合会・大学退職株式基金）など――で販売している低コストのインデックスファンドがあり、直接またはディスカウントブローカーを通して購入することができる。バークレイズ・グローバル・インベスターズやステート・ストリート・グローバル・アドバイザーズなどが販売するETFを利用する個人投資家や機関投資家もますます増えている。ミューチュアルファンドと同様、ETFも経費率が低く、手数料も無料。幅広く分散投資している。ただ、株式のように日中にいつでも売買できる点がミューチュアルファンドと異なる点である。こうした特徴から投資家は大きなゆとりを持ててはいるが、売買するたびに手数料の支払いも求められる。最後に、機関投資家は高度な投資オプション――株式インデックス先物など――を数多く利用して、投資戦略を実践している。

本章にはレバレッジ、つまり借入金を使った事例は一件も出てこないが、それは借入金が必要な戦略がローリスクな戦略になるはずがないからだ。われわれはそう考えている。経験豊富な個人投資家は別にして、プロの投資家に残された最高の手法がレバレッジの活用である。多くの投資家は、借入金を使えば得られそうな魅力的なリターンを夢見ている。何しろポートフォリオの一〇〇%を借り入れて一年で二〇%上昇するインデックス型商品に投資をすれば、四〇%のリターンが得られるのである（借入金の金利負担を除外して計算）。しかし残念ながら、逆もまた真なりである。インデックス型商品が一年で二〇%下落すれば、借入金の金利負担を除外して計算すると、損失はポートフォリオの四〇%と等しくなってしまうのである。

こうした前置きはさて置き、いよいよ流動性理論の実践だ！　まずは最も保守的な戦略から始め、徐々にアグレッシブな戦略へと進めていく。

**ドルコスト平均法**

| | |
|---|---|
| 時間的負担 | あり |
| トレード | なし |
| ショートポジション | なし |
| レバレッジ | なし |

一つ目の戦略は最も保守的だ。時間をかけて定期的に購入したいが、既存の持ち株のトレードやショート、信用取引などはしたくないという投資家向けのものである。月に一度だけ注意を払えばいいため、毎週のように市況をにらみながら調整する時間がない、またはそんな時間を使いたくないという投資家にはうってつけの戦略だ。また、この戦略は課税対象口座を持つ投資家にも役に立つ。節税になり、事務処理も省くことができるからだ。

ここでこの戦略がいかに機能しているかを示す例を紹介しよう。カレンは四五歳、独身の弁護士で、六〇歳を過ぎても仕事を続けたいと考えている。また、現在一五万ドル相当に上っているＩＲＡ（個人退職年金制度）の三分の二程度を株式で、三分の一程度を短期債で保有したいが、流動性の条件次第ではこの振り分けを少々変えたいと思っている。さらに毎月ＩＲＡに三〇〇ドルずつ追加していきたいとも思っている。

購入するときに時間を割くだけで、既存の持ち株をトレードするつもりはないため、カレンはバンガードのインデックスファンドでポートフォリオを組むことができる。ポートフォリオの株式部分については、低コストで米国の株式市場全体を投資対象としたVTSMX（バンガード・トータル・ストック・マーケット・インデックスファンド）を、債券部分については、低コストで短期債、住宅ローン債権、社債に連動するVBISX（バンガード・ショートターム・ボンド・インデックスファンド）を選んでいる。従来のドルコスト平均法だと、市況に関係なく、月に二〇〇ドル（月々の投資額の六七％）をVTSMXに、月に一〇〇ドル（月々の投資額の三三％）をVBISXに投資しなければならない。仮に株式市場にバブルが発生し、企業が大量に売り越していても、従来のドルコスト平均法だと、やはり月々の投資額の六七％を株式に投資しなければならない。同様に、仮に何年もの間下げ相場にさらされ、企業が大量に買い越していても、従来のドルコスト平均法だと、月々の投資額の三三％を債券に投資しなければならない。

しかしカレンはそうはせず、流動性理論を利用しつつ、IRAにドルコスト平均法を用いているのである。流動性理論に基づいたドルコスト平均法とは、ハウスが買い越しているときにはそれに応じて株式を多めに買い、ハウスが売り越しているときにはそれに応じて債券を多めに買うということだ。カレンは最初にバンガードでIRA口座を開き、一〇

**表10-2　ドルコスト平均法**

| 流動性に基づいたスタンス | VTSMX | VBISX |
|---|---|---|
| 超強気 | $300 (100%) | $0 (0%) |
| 強気 | $200 (67%) | $100 (33%) |
| 中立 | $150 (50%) | $150 (50%) |
| 弱気 | $100 (33%) | $200 (67%) |
| 超弱気 | $0 (0%) | $300 (100%) |

万ドル（現在あるＩＲＡの評価額の三分の二）をＶＴＳＭＸに、五万ドル（現在あるＩＲＡの評価額の三分の一）をＶＢＩＳＸに投資した。その後は毎月三〇〇ドルずつを積み立てているが――従来のドルコスト平均法で投資をするのとまったく同じ――、現在の流動性の条件次第で、月々の積立金の振り分けがその都度変わってくる（**表10―2**を参照）。

カレンはこの保守的な戦略で、ハウスが買い越しているときにはそれに応じて株式を多めに買い、ハウスが売り越しているときはそれに応じて債券を多めに買っている。リターンは従来のドルコスト平均法に基づいた投資を軽く上回るはずだ。だが、この戦略で投資判断が求められるのは月に一度だけであり、投資計画に必要な時間を最小限に抑えることができる。カレンは維持管理が楽なこの手法をありがたく思っている。その分のエネルギーを株式投資以外の関心事や仕事に集中させることができるからだ。リスクも最小限に抑えることができる。これは相場が動くたびに胃が痛くなるカレンにとっては最も重要なこと。最後に、もし株式と債券に分散するという比較的しっかりした資産配分を維持していこうというのなら、株式と債券のポートフォリオのバランスを、例えば一年ごとに見直せばいい。

**強化型ドルコスト平均法**

| | |
|---|---|
| 時間的負担 | あり |
| トレード | なし |
| ショートポジション | なし |
| レバレッジ | なし |

次の戦略は、先ほどのドルコスト平均法に少々冒険的要素を加えたものである。仕組みはまったく同じだが、先のドルコスト平均法と違うのは、小型株インデックスファンドを加えたことと、資産配分の比率を少々変えて株式の比率をより高くしていることである。

ライアンは三年前にデューク大学を卒業、建築の学位を取得した。その後はアトランタにある最大手の商業デザイン会社に就職。学生ローンを完済しており、いざというときのために貯蓄をし、バンガード・五〇〇・インデックス・ロスＩＲＡ（税控除がない個人退職金口座）に三〇〇〇ドル積み立てている。比較的物価が高い地区で初任給レベルの収入で暮らしているため、毎年四〇〇〇ドルしか投資に回すことはできない。そこでライアンはこの資金をロスＩＲＡに集中させようという賢い判断を下し、一年のうち最初の一〇カ月間は月四〇〇ドルずつを投資している。カレンとは異なり、ライアンは一定の資産配分比率を変えるかどうかにはこだわらなかったが――流動性次第ではいつでも新たに資金を投じる気はあった――、ドルコスト平均法でロスＩＲＡに毎月積み立てをしたいと思っていた。トレードやショート、信用取引に対しては警戒感がある。だが、何といってもまだ二四歳だし、もう少し高いリスクをとっても大丈夫だということで、資産配分を変えて株式の比率を増やしたいと考えている。もっと年をとっていたら株式以外の比率を増やしていたのだろうが。

高度なドルコスト平均法を実践するため、ライアンはバンガードのノーロード（手数料無料）のファンド三本――ＮＡＥＳＸ（バンガード・スモールキャップ・インデックスファンド）、ＶＦＩＮＸ（バンガード・五〇〇・インデックスファンド）、ＶＢＩＳＸ（バン

## 表10-3　強化型ドルコスト平均法

| 流動性に基づいたスタンス | NAESX | VTSMX | VBISX |
|---|---|---|---|
| 超強気 | $200 (50%) | $200 (50%) | $0 (0%) |
| 強気 | $120 (30%) | $280 (70%) | $0 (0%) |
| 中立 | $0 (0%) | $200 (50%) | $200 (50%) |
| 弱気 | $0 (0%) | $160 (40%) | $240 (60%) |
| 超弱気 | $0 (0%) | $120 (30%) | $280 (70%) |

ガード・ショートターム・ボンド・インデックスファンド）――を選んだ。そしてまず、現在VFINXのロスIRAの口座にある三〇〇〇ドルをこの三本のファンドに均等に振り分けた。三本のファンドは、いずれもロスIRA口座の最低投資額が一〇〇〇ドルなので、この条件を満たしていた。そして流動性の条件次第で、一年の最初の一〇カ月間は月々四〇〇ドルずつをドルコスト平均法でロスIRA口座に積み立てている（**表10―3**を参照）。

これだとドルコスト平均法に限定されてしまうが、小型株ファンドに投資したり資産配分比率を変えたりすることで、カレンの手法よりもアグレッシブな戦略になる。ここで着目してほしいのは、小型株を組み入れているため、強気相場、超強気相場のときにはリターンが跳ね上がるＮＡＥＳＸをライアンが選んでいるということ、弱気相場、超弱気相場のときにも同様に、それぞれ四〇％、三〇％をＶＦＩＮＸに投資しているということだ。小型株や株式の配分を増やすことで、この戦略にはより高いリスクが伴うことになるが、ライアンが定年退職を迎えるのはまだ三〇年、四〇年先の話である。だから高いリスクをとってもリターンのほうがそれを上回るだろうと判断しているわけである。

**分割ポートフォリオ**

| | |
|---|---|
| 時間的負担 | あり |
| トレード | あり |
| ショートポジション | なし |
| レバレッジ | なし |

三つ目の戦略はドルコスト平均法から離れたものである。持ち株の一部をトレードしたい、投資に時間をかけてもいいという投資家向けで、より高いリスクをとってもいいが、ショートや信用取引はしたくないという投資家にぴったりなのがこの戦略である。先の二

つのドルコスト平均法よりは多少時間をかける必要があるが、その分より高いリターンが得られるのである。これは課税対象口座と非課税の退職金口座に資産を振り分けている投資家にはとくに役に立つ。税効果が発生しないようにするため、非課税の退職金口座だけでトレードするからだ。

テリーとマイケルは四〇歳台半ばの夫婦で、二人の子どもがいる。テリーは専業主婦、マイケルはペイロールサービス（給与計算・振込等）会社のセールスマネジャーである。マイケルは副業として小さな住宅リフォーム会社を経営している。マイケルは株のほうが気楽だと思っているが、テリーのほうは低利回りだが安全な投資、つまりＭＭＦ（マネー・マーケット・ファンド）や銀行預金、債券のほうがいいと言う。二人は経済的に余裕があり、月に五〇〇ドルを課税対象口座に、年に四〇〇〇ドルをそれぞれのロスＩＲＡ口座に、そして年に五〇〇〇ドルをマイケルのＳＩＭＰＬＥ―ＩＲＡ（簡易退職年金）口座に拠出することができる。ポートフォリオを構築するに当たり、二人は妥協することにした。まずテリーを納得させるため、課税対象口座でインデックスファンドに投資をし、ここではトレードやショート、信用取引はしないことにした。課税対象口座では、流動性理論を用いて拠出金を配分する。しかし同時に、二人ともそれぞれ数年前に開いたロスＩＲＡ口座を持っている。マイケルはＳＩＭＰＬＥ―ＩＲＡの口座まで持っており、副業で得た収入をそこで積み立てていた。二人は流動性理論に従って退職金口座でトレードしようと決めた。

課税対象のポートフォリオでは、現在保有している五万ドルのうち五〇％を、S&P五〇〇に連動するVTGIX（バンガード・タックスマネージド・グロース・アンド・インカム・ファンド）に振り分けている。VFINX（バンガード・五〇〇・インデックスファンド）の代わりに、課税対象のポートフォリオに選んだものだ。このファンドはS&P五〇〇に連動しているが、さまざまなトレードテクニックを駆使してキャピタルゲインが最大になるようにしているため、二人はこのファンドの当初の最低投資額の一万ドルを拠出する余裕ができる。残りの五〇％はVMLTX（バンガード・リミテッドターム・タックスエグゼンプト・ファンド）に振り分けている。この短期債ファンドは、連邦所得税の高い税率区分に属するテリーやマイケルのような投資家に適している。比較的保守的な配分なので、テリーは満足している。二人は先に説明したドルコスト平均法を用い、そのときの流動性の条件次第で月五〇〇ドルの拠出金の振り分けを変えている（**表10―4**を参照）。もし二人が望めば、例えば一年ごとに持ち高のバランスを見直し、株式五〇％、債券五〇％という、ほぼ一定の配分を維持することもできる。

二人は退職金のポートフォリオではよりアクティブな手法を採用している。現金を戦略

**表10-4　分割ポートフォリオ――課税対象の拠出額**

| 流動性に基づいたスタンス | VTGIX | VMLTX |
|---|---|---|
| 超強気 | $500 (100%) | $0 (0%) |
| 強気 | $375 (75%) | $125 (25%) |
| 中立 | $250 (50%) | $250 (50%) |
| 弱気 | $125 (25%) | $375 (75%) |
| 超弱気 | $0 (0%) | $500 (100%) |

的に配分するのみならず、それまでの持ち高のトレードもしているのだ。この戦略を実践するため、二人が選んだのはバークレーズ・グローバル・インベスターズ・iシェアーズ・ETFをディスカウントブローカーのロスIRA口座とSIMPLE―IRA口座で運用すること。これには多くの投信会社が設定している売買制限がないため、自由に売買ができるのである。退職金口座でトレードすることで、税効果も発生せずに済む。

　退職金のポートフォリオ戦略を実践するため、二人は三本のETF―IVV（iシェアーズ・S&P五〇〇・インデックス）、IJR（iシェアーズ・S&P五〇〇・スモールキャップ・六〇〇・インデックス）、そしてSHY（iシェアーズ・リーマン・一～三イ

### 表10-5　分割ポートフォリオ——非課税の拠出額

| 流動性に基づいたスタンス | IJR | IVV | SHY |
|---|---|---|---|
| 超強気 | $1,000 (50%) | $1,000 (50%) | $0 (0%) |
| 強気 | $600 (30%) | $1,400 (70%) | $0 (0%) |
| 中立 | $0 (0%) | $800 (40%) | $1,200 (60%) |
| 弱気 | $0 (0%) | $400 (20%) | $1,600 (80%) |
| 超弱気 | $0 (0%) | $0 (0%) | $2,000 (100%) |

ヤー・トレジャリー・ボンド・ファンド）——を選んでいる。そして年に二回、つまり一月と七月に二〇〇〇ドルずつをＩＲＡ口座に新たに拠出しようと考え、それぞれそのときの流動性の条件次第で配分している（**表10—5**を参照）。

マイケルも同じ戦略で、一二五〇ドルずつをＳＩＭＰＬＥ—ＩＲＡ口座に四半期ごとに拠出しているが、彼の場合は一度に二〇〇〇ドルではなく一二五〇ドルを投資しているため、金額が明らかに違ってくる。ここで着目してほしいのは、ライアンの場合とは異なり、流動性の条件がニュートラルのとき、弱気のとき、超弱気のときは、二人のロスＩＲＡの株式比率がそれほど高くなっていないということである。二人は四〇歳を過ぎているので

**表10-6　分割ポートフォリオ――非課税の持ち高**

| 流動性に基づいたスタンス | IJR | IVV | SHY |
|---|---|---|---|
| 超強気 | $15,000 (50%) | $15,000 (50%) | $0 (0%) |
| 強気 | $9,000 (30%) | $21,000 (70%) | $0 (0%) |
| 中立 | $0 (0%) | $12,000 (40%) | $18,000 (60%) |
| 弱気 | $0 (0%) | $6,000 (20%) | $24,000 (80%) |
| 超弱気 | $0 (0%) | $0 (0%) | $30,000 (100%) |

投資期間もそれほど長くはなく、したがって流動性が悪化するとすぐに株式比率を低くしているのである。

二人は毎月、流動性の条件次第では保有している持ち高のトレードもしている。二人は子育てに忙しいため、流動性をそう頻繁にモニターする時間などないし、証券会社に支払う取引コストも安く抑えたいと思っている。

現在はそれぞれのロスIRA口座に三万ドル、マイケルのSIMPLE―IRA口座に一万八〇〇〇ドルを保有しており、それをそのときの流動性の条件次第でそれぞれのロスIRA口座に配分している（表10―6を参照）。マイケルも同じ戦略で、SIMPLE―IRA口座で運用しているが、その口座には三万ドルではなく一万八〇〇〇ドルしかないため、金額は明らかに違ってくる。

ここで二人のトレードがいかにうまくいっているかを説明しよう。流動性が一カ月の間ニュートラルであると仮定してみよう。それぞれのロスＩＲＡ口座で、二人はＩＶＶを一万二〇〇〇ドル、ＳＨＹを一万八〇〇〇ドル保有している。もし翌月に流動性が弱気に転じたら、それぞれのロスＩＲＡ口座でＩＶＶの持ち高を六〇〇〇ドル分売却し、ＳＨＹを六〇〇〇ドル分購入する。二人はロスＩＲＡ口座でのトレードとＳＩＭＰＬＥ―ＩＲＡ口座でのトレードは気楽だと感じている。そうしていれば税効果が発生しないからだ。一方、課税対象のポートフォリオでは一切トレードをしていない。

**ロングショート分割ポートフォリオ**

| | |
|---|---|
| 時間的負担 | あり |
| トレード | あり |
| ショートポジション | あり |
| レバレッジ | なし |

最後に紹介する戦略は、流動性が超弱気のときに非課税のポートフォリオの一〇〇％ま

でショートポジションで保有できる以外は、分割ポートフォリオとよく似た戦略である。しかしレバレッジを一切利用しないため、アグレッシブな戦略とは言えない。また、トレードも非課税のポートフォリオに限定している。この戦略の場合、分割ポートフォリオよりは管理に時間はかからないが、ショートポジションを建てるという、かなり高いリスクをとる必要がある。分割ポートフォリオと同様、これは課税対象口座と非課税の退職金口座に資産を分けて運用している投資家にとくに役に立つ。

ドンは五九歳のやもめ。三人の子どもたちは成人し、資産は四〇〇万ドル以上ある。医者として裕福な生活を送っており、支出を除いても毎月投資に回せる資金はたっぷりある。開業医なので、五〇万ドルをSEP―IRA（簡易従業員年金制度）口座で運用し、一〇万ドルをIRA口座で、残りの三五〇万ドルを課税対象口座で運用している。ドンは早期退職を考えているが、課税対象口座でのトレードで税金を徴収されるのも嫌なので、課税対象の投資を極力控えたいと思っている。ただ、SEP―IRA口座ではトレードをしたい。流動性の条件次第では一〇〇％までロング、一〇〇％までショートのポジションを建てることもできるからだ。

ドンは課税対象の資産の一部をTIPS（インフレ連動債）に投資しているが、これはトレジャリーダイレクト（**訳注**　米財務省国債局のオンライン窓口。米国債の直接購入、

**表10-7　ロングショート分割ポートフォリオ――課税対象の拠出額**

| 流動性に基づいたスタンス | VTSMX | VMLTX |
|---|---|---|
| 超強気 | $1,000 (100%) | $0 (0%) |
| 強気 | $750 (75%) | $250 (25%) |
| 中立 | $500 (50%) | $500 (50%) |
| 弱気 | $250 (25%) | $750 (75%) |
| 超弱気 | $0 (0%) | $1,000 (100%) |

口座管理ができる）の口座で米国債と一緒に運用している。残りの資産はバンガードのミューチュアルファンドに投資している――六〇％をVTSMX（バンガード・トータル・ストック・マーケット・インデックスファンド）で、残りの四〇％をVMLTX（バンガード・リミテッドターム・タックスエグゼンプト・ファンド）で運用。課税対象口座でのトレードで税金を徴収されるのは嫌なので、ドルコスト平均法で月一〇〇〇ドルずつをバンガードの課税対象口座に拠出している。資産配分はそのときの流動性の条件次第で決めている（**表10―7**を参照）。二年に一度見直しを行い、この株式六〇％、債券四〇％という配分をほぼそのまま維持している。

ドンはSEP―IRAとIRAの口座にも

非課税の資産を保有している。ＳＥＰ―ＩＲＡには現在五〇万ドルの資産があり、ＩＲＡには一〇万ドルの資産があるが、年に一度ＳＥＰ―ＩＲＡに三万六〇〇〇ドルを、年に一度ＩＲＡに四〇〇〇ドルを投資することが可能。退職金のポートフォリオではタイミング戦略やトレード、ショートをしてみたいが、レバレッジを利用するのは不安である。この戦略を実践するため、ドンはＳＥＰ―ＩＲＡとＩＲＡの両方の口座でノーロードのミューチュアルファンドを一本、ＥＴＦを二本利用している。ＳＥＰ―ＩＲＡ口座もＩＲＡ口座もディスカウントブローカーで開設した。ノーロードのミューチュアルファンドは、ＲＹＵＲＸ（ライデックス・ウルサ・ファンド）。これはＳ＆Ｐ五〇〇を一〇〇％ショートするファンドである。つまり、Ｓ＆Ｐ五〇〇が五％下落するとＲＹＵＲＸが五％上昇するというもので、その逆もある。ＥＴＦの二本は、ＩＶＶ（ｉシェアーズ・Ｓ＆Ｐ五〇〇・インデックス）とＳＨＹ（ｉシェアーズ・リーマン・一～三・イヤー・トレジャリー・ボンド・ファンド）である。

ドンは毎月三〇〇〇ドルをＳＥＰ―ＩＲＡ口座に、三三三〇ドルをＩＲＡ口座に拠出しており、一二月にはその三三〇ドルに四〇ドルを足して、年間のＩＲＡ拠出金を四〇〇〇ドルにしている。その四〇〇〇ドルを流動性の条件次第で配分しているのである。例えば、**表10―8**は、ドンがＳＥＰ―ＩＲＡとＩＲＡへの月々の拠出金をそのときの流動性の条件

## 表10-8　ロングショート分割ポートフォリオ――非課税の拠出額

| 流動性に基づいたスタンス | RYURX | SHY | IVV |
|---|---|---|---|
| 超強気 | $0 (0%) | $0 (0%) | $3,000 (100%) |
| 強気 | $0 (0%) | $1,200 (40%) | $1,800 (60%) |
| 中立 | $0 (0%) | $3,000 (100%) | $0 (0%) |
| 弱気 | $1,800 (60%) | $1,200 (40%) | $0 (0%) |
| 超弱気 | $3,000 (100%) | $0 (0%) | $0 (0%) |

次第でどう配分しているのかを示したものである。流動性が極めて高く超強気のときには一〇〇%ロングし、流動性が極めて低く超弱気のときには一〇〇%ショートする。また、流動性に基づくスタンスがニュートラルのときには一〇〇%を短期債に投資している。この配分は、自分のリスク許容度に応じて調整することもできる。

ドンは月々の拠出金をめったに調整しないが、二週間ごとにそのときの流動性の条件次第でSEP―IRAとIRAの持ち高をトレードしている。**表10―9**は、SEP―IRAのポジションをどのように投資しているかを示したものである。もし月初めに流動性が低く弱気であれば、三〇万ドルの持ち高（六〇%）をRYURXに、二〇万ドルの持ち高（四

## 表10-9　ロングショート分割ポートフォリオ――非課税の持ち高

| 流動性に基づいたスタンス | RYURX | SHY | IVV |
|---|---|---|---|
| 超強気 | $0 (0%) | $0 (0%) | $500,000 (100%) |
| 強気 | $0 (0%) | $200,000 (40%) | $300,000 (60%) |
| 中立 | $0 (0%) | $500,000 (100%) | $0 (0%) |
| 弱気 | $300,000 (60%) | $200,000 (40%) | $0 (0%) |
| 超弱気 | $500,000 (100%) | $0 (0%) | $0 (0%) |

〇%）をＳＨＹに投資する。もし翌週に流動性がニュートラルに転じれば、ＲＹＵＲＸにある三〇万ドルの持ち高をすべて売却し、その全額をＳＨＹに投資する。ＳＨＹはＳＥＰ―ＩＲＡの全額を短期債に投資している。

アグレッシブな戦略に見えるかもしれないが、結局のところ、ドンは六〇万ドルの資産をアクティブにトレードし、その資産を一〇〇％ロングし、一〇〇％ショートしている。しかし思い出してほしいのは、ドンには四〇〇万ドルの資産があり、アクティブにトレードしているのはその資産の一五％にすぎないことである。

# 結論

ローリスクな戦略で自分のポートフォリオで流動性理論のパワーを生かしたいと思うなら、きっとこの四つの戦略が何かしら役に立つだろう。流動性理論を用いれば、無数とも言えるほどあるローリスクな戦略を実践することができるのだ。本書で紹介した四つの戦略はそのほんの一例である。資産配分や投資商品、投資戦略を皆さんそれぞれのニーズに合わせて調整するのは簡単だが、どの戦略を選んだ場合でも、実践する前に、必ず皆さんの投資期間やリスク許容度に合っているかどうかを確認してほしい。

# 第一二章

# フェンス越えを目指して――よりアグレッシブな戦略

本章ではさらにハイリスクな流動性戦略に焦点を当てるが、これらにはおおむね次の二つのタイプの投資家に向いている。

一．投資可能な資産を五〇〇万ドル以上保有する個人である、とわれわれが定義する富裕層の個人投資家

二．ヘッジファンドや年金基金などの機関投資家

莫大な資産を持つ投資家は、これらの戦略を用いれば流動性理論のパワーをフルに発揮することができる。しかしリスクが伴うため、大半の投資家には相応しいとは言えない。もし投資可能な資産が五〇〇万ドル未満の個人投資家で、これらの戦略のうちいずれかを選びたいのであれば、ポートフォリオのごく一部に限定して実践することをお勧めする。

## レバレッジ

本章で説明する戦略と前章で説明した戦略の違いは何かというと、それはレバレッジ、つまり借入金を利用するかしないかである。レバレッジを利用する投資家は一定の金利で借金をし、その資金と自己資金とで投資をする。借り入れた資金は利息と共に貸し手に返済しなければならない。もちろん、借入金を使って投資をした場合、リターンは借入金の金利負担分よりも高いほうがいいに決まっている。

富裕層の個人投資家が二〇〇万ドルでS&P五〇〇をショートする場合を考えてみよう。自己資金の二〇〇％でS&P五〇〇をショートするには、証券会社から二〇〇万ドルを四％の金利で借り入れ、その二〇〇万ドルと自己資金の二〇〇万ドルを使ってトレードをする。そしてその投資家がこの戦略を一年間実践すると仮定してみよう。年末の時点で、投資家は二〇八万ドルを証券会社に返済することになるが、この金額は借り入れた二〇〇万ドルに利息の八万ドル（二〇〇万ドル×四％＝八万ドル）を足したものである。投資家はトレードのリターンが利払い分の八万ドルを上回ってくれればいいと願っている。今度は年内にS&P五〇〇が一〇％下落する場合を考えてみよう。投資家はレバレッジ二倍でS&P五〇〇をショートしているわけだから、ポートフォリオは二〇％、すなわち四〇万ドル増加する。投資家は借入金二〇〇万ドルに対し八万ドルの利息を証券会社に支払わなければならないため、このトレードの儲けは三二万ドル（四〇万ドル－八万ドル＝三二万ドル）、すなわち一六％となる。ただ、年内にS＆P五〇〇が一〇％上昇した場合を考えてみると、投資家はレバレッジ二倍でS＆P五〇〇をショートしているわけだから、ポートフォリオは二〇％、すなわち四〇万ドル減少する。八万ドルの利息を証券会社に支払わなければならないため、このトレードの損失は四八万ドル（マイナス四〇万ドル－八万ドル＝マイナス四八万ドル）、すなわち二四％となる。

レバレッジを利かせることで利益も損失も倍になるのは確かである。もし投資家が投資資金の五〇％を借り入れ、レバレッジを倍にしてS＆P五〇〇をトレードした場合、S＆P五〇〇が一％上下するごとにポートフォリオは二％上下することになる。S＆P五〇〇が五〇％上昇すると投資家の利益は倍になるが、S＆P五〇〇が五〇％下落すると、投資金額はゼロになってしまうのである（そのうえ、借入金の利息も返済しなければならない）。例えば、二〇〇〇年三月から二〇〇二年一〇月にかけて、不幸にもレバレッジ二倍でS＆P五〇〇をロングしていた場合には、投資資金をすべて失っていたはずである。レバレッジを利かせるとポートフォリオのリスクが劇的に高くなるのである。資産が五〇〇万ドル未満の個人投資家の方にはレバレッジの利用を控えることをお勧めする。

トレードやレバレッジが絡んでくるため、本章で紹介する戦略はＥＴＦ（上場投資信託）か株式インデックスファンドで実践されることが最も多い。大半のミューチュアルファンドと異なり、これらの商品ではショートやロングのポジションを建てることもできるからだ。

**ロングショート取引**

| | |
|---|---|
| 時間的負担 | なし |
| トレード | あり |
| ショートポジション | あり |
| レバレッジ | なし |

この戦略はレバレッジを利用しないため、本章で紹介する戦略としては最も保守的なものである。多額の資産で定期的にアグレッシブなトレードをしたいが、レバレッジは利用したくないという富裕層の投資家向けである。

カールとジェーンは自分たちが経営する業務用キッチン用品の会社を八〇〇万ドル（税込み）で売却した。二人とも五〇歳台半ば、二人の子どもはまだ大学に通っている。二人は元本割れを防ごうと、三〇〇万ドルをさまざまな地方債に投資してラダーポートフォリオ（**訳注**　短期債から長期債まで残存期間がさまざまに異なる債券ポートフォリオ）を組んだ。大手ヘッジファンドにも二〇〇万ドルを投資している。そして残りの三〇〇万ドルで、オリジナルの「流動性ヘッジファンド」を作ることにした。保守的な資産にかなりの蓄えがあるので、この三〇〇万ドルで週に一度アグレッシブなトレードをしてみたいと思ったのだ。カールはかつて信用取引で大やけどを負ったことがあるため、レバレッジは二度と利用しないと誓っている。

会社の売却資金のうち三〇〇万ドルで、二人は証券会社に口座を開いた。まずは三〇〇万ドルをすべてMMF（マネー・マーケット・ファンド）に入れ、戦略を実践するため、バークレーズ・グローバル・インベスターズのETF三本――IVV（iシェアーズ・S&P五〇〇・インデックス）、IWM（iシェアーズ・ラッセル・二〇〇〇・インデックス）、そしてSHY（iシェアーズ・リーマン・一～三・イヤー・トレジャリー・ボンド・ファンド）――を選んだ。**表11―1**は、そのときの流動性の条件次第で二人が三〇〇万ドルをどのように配分しているかを示したものである。

カールとジェーンは、流動性が極めて高く強気のときには、ポートフォリオの五〇％（一五〇万ドル）を使ってレバレッジ一倍でIWMをロングし、残りの五〇％（一五〇万ドル）

## 表11-1　ロングショート取引

| 流動性に基づいたスタンス | IWM | IVV | SHY |
|---|---|---|---|
| 超強気 | 50%（レバレッジ1倍ロング） | 50%（レバレッジ1倍ロング） | 0% |
| 強気 | 25%（レバレッジ1倍ロング） | 75%（レバレッジ1倍ロング） | 0% |
| 中立 | 0% | 0% | 100%（レバレッジ1倍ロング） |
| 弱気 | 25%（レバレッジ1倍ショート） | 75%（レバレッジ1倍ショート） | 0% |
| 超弱気 | 50%（レバレッジ1倍ショート） | 50%（レバレッジ1倍ショート） | 0% |

を使ってレバレッジ一倍でＩＶＶをロングする。逆に流動性が極めて低く弱気のときには、ポートフォリオの五〇％を使ってレバレッジ一倍でＩＷＭをショートする。流動性がニュートラルのときには、ポートフォリオの全額（三〇〇万ドル）をＳＨＹで保有する。ＩＷＭを利用すればリターンが高くなるはずだ。ラッセル二〇〇〇は小型株で構成されているため、多くの銘柄が投機の対象になっている。流動性が極めて高い期間は市場全体を上回るパフォーマンスを上げるが、流動性が極めて低い期間は市場全体を下回るのがこれらの銘柄である。

次に紹介するのは、カールとジェーンがオリジナルの「流動性ヘッジファンド」をどのように運用しているかを簡単に示した例である。二人が三〇〇万ドルのポートフォリオでこの戦略を実践し始めた最初の週は流動性が低かったと仮定してみよう。二人はポートフォリオの二五％（七五万ドル）を使ってレバレッジ一倍でＩＷＭをショートし、残りの七五％（二二五万ドル）を使ってレバレッジ一倍でＩＶＶをショートしている。週末にはこの戦略が成功し、ポートフォリオの評価額が三〇四万ドルに（ＩＷＭが七六万五〇〇〇ドルに、ＩＶＶが二二七万五〇〇〇ドルに）増えていたと仮定してみよう。もし翌週に流動性が大きく悪化した場合には、レバレッジ一倍でショートしていたＩＶＶの七五万五〇〇〇ドルを買い戻し、その売却益を使ってレバレッジ一倍でＩＷＭをショートすればいい。

そこで二人はＩＷＭに一五二万ドルを投資し、レバレッジ一倍でショート、一五二万ドルをＩＶＶに投資し、レバレッジ一倍でショートした。今度はこの戦略が失敗に終わったと仮定してみよう。流動性が極めて低い週が三週間続いたあと、二人のポートフォリオは三〇二万ドルに（ＩＷＭが一五〇万五〇〇〇ドルに、ＩＶＶが一五一万五〇〇〇ドルに）減少する。では、休日の間に大掛かりな現金買収が発表され、株式の売り出しが鈍化したため、流動性がいきなりニュートラルに転じたと仮定してみよう。

二人はＩＶＶとＩＷＭの保有ポジションをすべて手仕舞いし、三〇二万ドルを全額ＳＨＹに投資する。今度は流動性がニュートラルな週が二週間続いたあと、この三〇二万ドルが三〇二万五〇〇〇ドルに増えていたと仮定してみよう。その後、流動性は高まった。二人はポートフォリオの二五％（七五万六二五〇ドル）をＩＷＭに投資し、レバレッジ一倍でロング、残りの七五％（二二六万八七五〇ドル）をＩＶＶに投資し、レバレッジ一倍でロングポジションを建てる。

この戦略には大きなリスクが伴うばかりか証券会社に支払うコストもかかり、すべてのトレードで税効果が発生する。しかし、カールとジェーンにはかなりの資産があるし、会社の売却益の三分の一以上を低リスクの地方債に投資しているため、この戦略のリスクには満足している。また、長期的には流動性理論のメリットのほうがこの戦略を採用したために生じる取引コストや税金を上回るだろうという確信があるので、今後もこの戦略に従ってやっていくつもりである。さらに、二人は富裕層の個人投資家ということで、証券会社から取引手数料を大幅に割り引いてもらえるうえ、投資の記録や納税に備えて会計士を雇う余裕もある。しかし、もう一度念を押しておくが、大半の個人投資家にはこのようなアグレッシブなトレード戦略は向いていない。

### レバレッジを利用したロングショート取引

時間的負担　　なし

| | |
|---|---|
| トレード | あり |
| ショートポジション | あり |
| レバレッジ | あり |

次の戦略はレバレッジを利用する最初の戦略であり、先のロングとショートを組み合わせたアクティブトレードの変形である。レバレッジを利用しながら定期的に資産をアグレッシブにトレードしたいという富裕層の投資家と機関投資家に向いているのがこの戦略である。

カールはレバレッジ嫌いを克服し、二人が三〇〇万ドルの「流動性ヘッジファンド」でレバレッジを利用することにしたと仮定してみよう。先の戦略で述べたＥＴＦを二本――ＩＶＶ（ｉシェアーズ・Ｓ＆Ｐ五〇〇・インデックス）とＳＨＹ（ｉシェアーズ・リーマン・一～三・イヤー・トレジャリー・ボンド・ファンド）――利用する。二人は証券会社に委託保証金も差し入れているので、ＩＶＶでは二倍のロング、二倍のショートのポジションを建てられる。例えば、この戦略でポートフォリオの一〇〇％を使ってＳ＆Ｐ五〇〇の二倍をロングするという場合には、三〇〇万ドルでＩＶＶを買い付け、さらに三〇〇万ドルを証券会社から借り入れてＩＶＶを買い付ける。**表11―2**は、二人が毎週そのときの

## 表11-2　レバレッジを利かせたロングショート取引――ETF

| 流動性に基づいたスタンス | IVV | SHY |
|---|---|---|
| 超強気 | 100%（レバレッジ2倍ロング） | 0% |
| 強気 | 100%（レバレッジ1倍ロング） | 0% |
| 慎重ながら強気 | 50%（レバレッジ1倍ロング） | 50%（レバレッジ1倍ロング） |
| 中立 | 0% | 100%（レバレッジ1倍ロング） |
| 慎重ながら弱気 | 50%（レバレッジ1倍ショート） | 50%（レバレッジ1倍ロング） |
| 弱気 | 100%（レバレッジ1倍ショート） | 0% |
| 超弱気 | 100%（レバレッジ2倍ショート） | 0% |

流動性の条件次第でどのようにポートフォリオを運用しているかを示したものである。

この例では強気のオプションと弱気のオプションが慎重に導入されており、それによってポートフォリオをより柔軟に運用できるようになっている。**表11―3**に示すとおり、二人は日中の浮動株の純変化（L1）の予測に基づいて流動性に対するスタンスを決めているのである。委託保証金があるため、ポートフォリオの全額を限度にレバレッジ二倍でロング、二倍でショートすることもできる。また、流動性がとくに高くも低くもないときには短期債も保有する。

では、ヘッジファンドでこの戦略を実践する場合を想定してみよう。この戦略を実践するには、S&P五〇〇先物とTビル（短期債）

## 表11-3　流動性に基づいたスタンス

| 日中のL1（単位:100万ドル） | スタンス |
|---|---|
| −$800未満 | 超強気 |
| −$500〜−$800 | 強気 |
| −$200〜−$500 | 慎重ながら強気 |
| −$200〜$200 | 中立 |
| $200〜$500 | 慎重ながら弱気 |
| $500〜$800 | 弱気 |
| $800以上 | 超弱気 |

三カ月物を組み合わせるのが一番便利であろう。S&P五〇〇先物はCME（シカゴ・マーカンタイル取引所）で取引されており、売買はS&P五〇〇の決められた値で行われる。先物価格はS&P五〇〇の値に二五〇ドル、つまりCMEが取引スペックで設定した価格を掛けた値とされ、次のようになる。

S&P五〇〇先物一枚＝二五〇ドル×S&P五〇〇の値

例えば、S&P五〇〇が一〇〇〇ポイントなら、S&P五〇〇先物一枚は二五万ドルになる（二五〇ドル×一〇〇〇）。したがって、S&P五〇〇が一〇〇〇ポイントを付けているときに、ヘッジファンドがS&P五〇〇先

## 表11-4　レバレッジを利かせたロングショート取引——先物

| 流動性に基づいたスタンス | S&P500先物 | Tビル3カ月物 |
|---|---|---|
| 超強気 | 100%（レバレッジ2倍ロング） | 0% |
| 強気 | 100%（レバレッジ1倍ロング） | 0% |
| 慎重ながら強気 | 50%（レバレッジ1倍ロング） | 50% |
| 中立 | 0% | 100% |
| 慎重ながら弱気 | 50%（レバレッジ1倍ショート） | 50% |
| 弱気 | 100%（レバレッジ1倍ショート） | 0% |
| 超弱気 | 100%（レバレッジ2倍ショート） | 0% |

物でS&P五〇〇に一億ドルを投資したいと思えば、S&P五〇〇先物を四〇〇枚買い付ければいい（二五万ドル×四〇〇枚＝一億ドル）。S&P五〇〇先物は、決められた決済期日に現金決済される——指数取引なので株式の受け渡しはない。先物取引の場合には、買い約定日の価格と売り約定日の価格との差額が損益になる。

レバレッジ二倍でS&P五〇〇をロング、レバレッジ二倍でS&P五〇〇をショートする場合、ヘッジファンドは、ポートフォリオの実質的価値の二倍のS&P五〇〇先物を売買する。**表11—4**は、この戦略を実践したヘッジファンドがそのときの流動性の条件次第でポートフォリオをどのように配分しているかを示したものである。

この戦略で用いているのは二つの投資商品だけなので、実践するのは簡単だ。次に紹介する二つの戦略では、さらに柔軟性を持たせるために複数の株式インデックス先物に投資している。

| | |
|---|---|
| **先物取引** | |
| 時間的負担 | なし |
| トレード | あり |
| ショートポジション | あり |
| レバレッジ | あり |

この戦略は、トリムタブスの先物モデルポートフォリオで実践している戦略の一つに似ている。目下、これについては紙媒体に記してあるだけだが、ヘッジファンドなどの機関投資家に最適である。自分のポートフォリオをそのときの市況にできるだけ合わせたいというトレーダーは、複数の指数先物取引を利用することで、最大限の柔軟性が得られるという戦略である。

二〇億ドル規模のヘッジファンドはその資産の二〇％、つまり四億ドルを流動性ベースの戦略に充てている。ヘッジファンドでは、ショートポジションや二倍までのレバレッジ比率の利用など、トレード上の大きな柔軟性を求めている。この戦略を実践するために利用している商品は、S&P五〇〇先物、ナスダック一〇〇先物、ラッセル二〇〇〇先物、Tビル三カ月物の四種類。複数の指数先物を利用することで、ポートフォリオを先の戦略よりもより市況に合わせることができるのだ。S&P五〇〇先物と同様、ラッセル二〇〇〇やナスダック一〇〇の先物もCMEで取引されている。

ナスダック一〇〇先物一枚＝一〇〇ドル×ナスダック一〇〇種指数の値
ラッセル二〇〇〇先物一枚＝五〇〇ドル×ラッセル二〇〇〇種指数の値

例えば、ナスダック一〇〇が一五〇〇ポイントのときに、ヘッジファンドがナスダック一〇〇のショートポジションを五億ドル持ちたいという場合には、ナスダック一〇〇先物を三三三三枚売ればいい（五億ドル÷一五万ドル＝三三三三枚）。同様に、ラッセル二〇〇〇が五〇〇ポイントのときに、ラッセル二〇〇〇のロングポジションを二億ドル持ちたいという場合には、ラッセル二〇〇〇先物を八〇〇枚買えばいい（二億ドル÷二五万ドル＝八〇〇枚）。**表11―5**は、ヘッジファンドがそのときの流動性の条件次第でポートフォ

## 表11-5　先物取引

| 流動性に基づいたスタンス | ポートフォリオ |
|---|---|
| 超強気 | 50%をナスダック100（レバレッジ2倍ロング）、50%をラッセル2000（レバレッジ2倍ロング） |
| 強気 | 50%をナスダック100（レバレッジ1倍ロング）、50%をラッセル2000（レバレッジ1倍ロング）、または100%をS&P500（レバレッジ1倍ロング） |
| 慎重ながら強気 | 50%をS&P500（レバレッジ1倍ロング）、50%をTボンド3カ月物 |
| 中立 | 100%をTボンド3カ月物 |
| 慎重ながら弱気 | 50%をナスダック100（レバレッジ1倍ショート）、50%をTボンド3カ月物 |
| 弱気 | 50%をナスダック100（レバレッジ1倍ショート）、50%をラッセル2000（レバレッジ1倍ショート）、または100%をS&P500（レバレッジ1倍ショート） |
| 超弱気 | 50%をナスダック100（レバレッジ2倍ショート）、50%をラッセル2000（レバレッジ2倍ショート） |

リをどのように配分しているかを示したものである。

ヘッジファンドは、流動性が極めて高いときにはナスダック一〇〇とラッセル二〇〇〇に連動する先物をロングし、流動性が極めて低いときにはショートする。S&P五〇〇先物よりもこの二つの先物のほうがボラティリティが高いからだ。流動性次第でナスダック一〇〇先物とラッセル二〇〇〇先物の組み合わせ（投機的な相場のとき）、あるいはＳ＆Ｐ五〇〇先物（投機的ではなさそうな相場のとき）のいずれを利用するかを自由に選ぶことができる。もちろん、市況次第では**表11―5**の組み合わせを変更することも可能だ。例えば、テクノロジー株が投機対象になっていても、流動性の全体的環境が慎重ながらも高いと確信している場合には、ポートフォリオの五〇％でＳ＆Ｐ五〇〇先物をロングし、残りの五〇％でナスダック一〇〇先物をショートすることもできる。

**アグレッシブな先物取引**

| | |
|---|---|
| 時間的負担 | なし |
| トレード | あり |
| ショートポジション | あり |
| レバレッジ | あり |

ヘッジファンドに最適なのがこの戦略である。流動性が慎重ながらも高いとき、または慎重ながらも低いときにロングとショートを組み合わせる以外は、先物のロングショート戦略とまったく同じであり、委託保証金の四倍までレバレッジを利用することができる。

## 表11-6　アグレッシブな先物取引

| 流動性に基づいたスタンス | ポートフォリオ |
|---|---|
| 超強気 | 50%をナスダック100（レバレッジ4倍ロング）、<br>50%をラッセル2000（レバレッジ4倍ロング） |
| 強気 | 50%をナスダック100（レバレッジ2倍ロング）、<br>50%をラッセル2000（レバレッジ2倍ロング）、<br>または100%をS&P500（レバレッジ2倍ロング） |
| 慎重ながら強気 | 50%をS&P500（レバレッジ1倍ロング）、<br>50%をTボンド3カ月物、<br>または67%をS&P500（レバレッジ1倍ロング）、<br>33%をナスダック100（レバレッジ1倍ロング） |
| 中立 | 100%をTボンド3カ月物 |
| 慎重ながら弱気 | 50%をS&P500（レバレッジ1倍ショート）、<br>50%をTボンド3カ月物、<br>または67%をナスダック100（レバレッジ1倍ショート）、<br>33%をS&P500（レバレッジ1倍ロング） |
| 弱気 | 50%をナスダック100（レバレッジ2倍ショート）、<br>50%をラッセル2000（レバレッジ2倍ショート）、<br>または100%をS&P500（レバレッジ2倍ショート） |
| 超弱気 | 50%をナスダック100（レバレッジ4倍ショート）、<br>50%をラッセル2000（レバレッジ4倍ショート） |

先の二〇億ドル規模のヘッジファンドがよりアグレッシブなこの戦略を実践したいという場合を考えてみよう。**表11―6**は、ヘッジファンドがそのときの流動性の条件次第でポートフォリオをどのように配分しているかを示したものである。

この戦略によって、ヘッジファンドはかなり自由にポートフォリオを市況に合わせることができるようになる。

例えば、流動性が慎重ながらも高いときには、ポートフォリオの五〇％でTビル三カ月物を保有しつつ、ポートフォリオの残りの五〇％を使ってレバレッジ一倍でS＆P五〇〇をロングするか、あるいはポートフォリオの六六％を使ってS＆P五〇〇をロングしつつ、残りの三三％を使ってナスダック一〇〇をレバレッジ一倍でショートするかを選択することができる。全体的な流動性が慎重ながらも高いが、ヘッジファンドはテクノロジー株が依然としてバブル状態だと確信しているときには、とくに後者のオプションが有益だろう。またこの戦略では、超強気の時期と超弱気の時期に四倍のレバレッジを利用することもできるため、ヘッジファンドがこの戦略に四億ドルを充てた場合には、最大一六億ドル、つまりポートフォリオの実質的価値の四倍の取引が可能になるのである。

## 結論

本章で紹介したよりアグレッシブな戦略を用いると、前章で紹介した保守的な戦略を上回るパフォーマンスを上げることができるが、その分より高いリスクを伴うことにもなる。皆さんが富裕層の個人投資家や機関投資家ではないのなら、よく考えてからこうしたハイリスクの戦略を実践すべきであろう。また、巨額の資産を持った経験豊富な投資家で、少なくとも週ごとの流動性を追跡しているのでないかぎり、第一〇章で紹介した低リスクの戦略を実践したほうがいい。

# 第5部

# 今後に向けて

# 第一二章　困難を乗り越える

本書全体を通して、われわれは株式市場の方向性を予測するときに流動性理論がいかに優れているかを述べてきた。しかし、完璧なシステムなどあるはずがなく、流動性理論にしても例外ではないということをまずは認めなければならない。本章では、流動性理論に追随する投資家が直面する困難について、そしてどうしたらその困難をうまく乗り越えられるかについて論じよう。

## 遅れて発表される不完全な情報

流動性理論を実践する当たりおそらく最も問題になるのが、情報が不完全で、しかも遅れて発表されることであろう。実際のデータではなく予測データで我慢したり、発表された時点ですでに古くなっているデータを何週間も待っていたり、ということもしばしばだ。

われわれの市場予測は、信頼できるコーポレートファイナンスやファンドの資本フローに関するデータに大きく依存している。しかし、一五年前から株式市場の流動性を追跡してきた結果、そうしたデータが不完全であることを説明する方法を考えついたのだ。流動性理論が科学であり、芸術でもある理由はそこにあるのである。

浮動株の純変化（Ｌ１）を予測するときに用いる公式の変数は、解釈上の問題をいくつもはらんでいる。自社株買いと現金買収についていては、その株式数や金額を割り出すのは比較的簡単だが、それがいつ株式市場に影響を及ぼすのかを正確に予測するのは難しい。自社株買いについては、それが発表された日の流動性の公式に計上するが、上場企業が自社株を買うには一二～一四カ月以上かかるのが普通だ。この時間差が流動性理論にとって問題なのである。例えば、ウォルマートが二年間で五〇億ドルの自社株買いを実施することを発表したとしよう。この自社株買いは、それが発表された日の公式で計上されるが、市場への影響は二年にわたって見られるのである。一週間のうちにいくつかの大規模な自社株買いが発表された場合には、それらが発表されてから数カ月後、あるいは数年後にならないと影響が出てこないため、実際の流動性に対する見方が歪曲されてしまう可能性がある。われわれはこの問題に二つの方法で対処した。一つ目は、自社株買いの回数だけでなく、金額についても週ごとに追跡すること。一般に、一週間の自社株買いの回数は一週間の自社株買いの金額よりも、コーポレートアメリカ（米国の大企業）の投資スタンスを示すより信頼できるバロメーターとなる。われわれは、多くの自社株買いが発表されるのは――大規模な自社株買いが少ない場合ではない――、コーポレートアメリカが強気のときだと考える。二つ目は、直近の四週間における自社株買いの回数と金額の関係、自社株買いの回数と金額の過去の平均を用いて実際の自社株買いを予測することである。

自社株買いのデータを左右する可能性のあるもう一つの問題は、上場企業が実際に発表したとおり全株式を買うのか、ということである。われわれは毎年、時価総額上位一〇〇社が実際に行った自社株買いの金額を調べているが、こうした巨大企業は一二～二四カ月間をかけて発表したとおりの数の株式をすべて買っていることが分かった。もちろん、このサンプルはごく小さなもので、財務的に不安定な企業は必ずしも発表したとおりの自社株買いを行っていない。したがって、発表のあった自社株買いのうち実際に行われているのはせいぜい九〇％だろうと考えるのである。

現金買収も自社株買いと同じ問題を提起している。件数や金額はメディアで広く報道されるが、買収によって株式市場の流動性にいつ影響が出てくるのかを正確に追跡するのは不可能だ。現金買収が発表されると、普通はアービトラージャーが被買収企業の株を買い、浮動株を減らす。しかし買収の条件と市況次第では、彼らがいつ参加してくるかを正確に見極めるのは無理である。そこで、彼らは買収の発表から一週間以内に被買収企業の浮動株の三分の二を買いあさるので、われわれの流動性の公式には、発表された時点で現金買収の価値の三分の二を計上することにしたのである。

流動性の反対の側面を見ると、売り出しの場合は、自社株買いや現金買収と同じく時期を見極める難しさはない。ＩＰＯ（新規株式公開）、売り出し、転換社債の売り出しなどはメディアで広く取り上げられるため、だいたい売却される直前に値が付くことが多い。われわれは「グリーンシューオプション」――引き受け業者が売り出し後に浮動株総数の一五％に相当する株式を追加購入する権利のこと――を計上するため、売り出しの金額に一五％を加える。ところが、インサイダーの売りは二つの問題を提起している。一つ目は、書式四と書式一四四でＳＥＣ（証券取引委員会）に売却の報告をする義務がインサイダー全員にないことである。そこで、副社長以下のインサイダーの売りを計上するため、われわれは報告されているインサイダーの売りを倍にして総額を予測している。二つ目は、一般の投資家がインサイダーの売りに関する報告書を入手できるのが数週間後だということである。第一四章で論じるとおり、上級幹部などのインサイダーの売りについても、規制当局としては報告書の提出を求めることが最も投資家のためになるはずだ。

われわれは米国株ファンドの資本フロー（Ｌ２）を個人投資家の株式投資の代用として

利用しているが、これにもいくつか問題がある。一つ目は、ＩＣＩ（米投資会社協会）では米国株ファンド、グローバル株式ファンド、債券ファンド、ハイブリッドファンドの資本フローに関するデータを毎月報告しているが、一般投資家が入手できるのが数週間後だということだ。そこでトリムタブスでは、ファンドの資本フローを毎日、または毎週追跡するための独自の推定値を考案した。現在のところ、数千とあるファンドすべての資本フローを追跡する手だてはない――株式ファンドだけでも四七〇〇本ほどある。そこで八〇本のファンドファミリーの資本フローを毎日追跡することにした。これらの純資産額はＩＣＩの株式ファンドの資産総額の一五％、ＩＣＩの債券ファンドの資産総額の一三％に相当する。そして各種ファンドの一日の資本フローを予測するために、セクターごとにこれらの数字の回帰分析を行っている。もちろん回帰分析は有益だが、これだけで資本フローを正確に予測することはできない。そこでフィデリティ、ジャヌス、ＭＦＳＳ、バンガードが提供するデータを利用して月別の資本フロー推定値を独自に編み出したというわけだ。この四大ファンドは、われわれが毎日追跡している全米国株ファンドの一五％には含まれない。大幅な見直しもときどき行う。例えば、ジャヌス、パトナムをはじめ大手ミューチュアルファンドを巻き込んだスキャンダルが発覚したあとの二〇〇三年後半、バンガードとフィデリティはスキャンダルには関与していないとして、投資家からの資本流入が増加した（**訳注**　大手ファンド会社が投資会社からリベートを受け取り、その投資会社のファンドを優先的に販売していたことを隠ぺいしていたという疑惑が持ち上がった。ヘッジファンドなど一部の機関投資家を優遇するレートトレーディング〔基準価格が決まったあとのファンド売買〕で、パトナムをはじめとする大手ファンド会社が不正疑惑の対象となった）。そこでわれわれは、米国株ファンドの月間資本フロー総額（L２）を次のように三度修正している。

一．トリムタブスが行うファンドの毎日の資本フロー推定値に基づき、最初の月間推定値を割り出す

二．フィデリティ、ジャヌス、ＭＦＳＳ、バンガードの資本フローのデータとチャールズ・シュワブの顧客のファンド購入に関するデータに基づき、最初の推定値を修正して二番目の推定値を割り出す

三．ＩＣＩが数週間遅れで発表する実際の月間データ

そして二つ目の問題は、米国株ファンドだけが個人の株式投資の手段ではないということだ。個別銘柄を直接買う投資家もいれば、ＥＴＦを買う投資家もいる。しかし残念ながが

ら、個人が個別銘柄に直接いくら注ぎ込んでいるかを測る手段が何一つないのが現状である。『トリムタブス・エクスチェンジトレーデッド・ファンズ（TrimTabs Exchanged-Traded Funds）』でも全ETFの資本フローを毎日追跡しているが、その資本の出所については知る由もない。要するに、個人の資本が米国の株式市場にどのぐらい流入し、どのぐらい流出しているかの全体像がつかめないため、米国株ファンドの資本フローで善しとしなければならないということである。そこで株式への資本流入の総額――ミューチュアルファンド、ETF、直接投資を含む――を予測するため、われわれは米国株ファンドの資本フローを倍にしてみた。つまり、二〇〇三年には投資家から米国株ファンドに一二七〇億ドルが流れているので、その年米国株に流れた資本は二五四〇億ドルだろうと見積もったわけだ。

委託保証金（L3）のデータも、投資家が入手できるのはかなりあとになってからである。NYSE（ニューヨーク証券取引所）では会員証券会社における委託保証金の増減を報告しているが、ある月のデータが発表されるのは翌月の後半である。一般投資家がそのデータを入手した時点で、すでに古くて使えなくなっているわけだ。委託保証金の増減についてては、よりタイムリーな報告が望まれる。

## 投資家心理

流動性の分析では投資家心理も問題になる。投資家が常に合理的に行動しているとは限らないからだ。経済の下位分野――行動ファイナンス――では投資家の行動をどう理解するかに全力を挙げて取り組んでいるが、投資家の行動がけっして合理的ではないことが判明している。理詰めで考えるのではなく感情から衝動的に判断してしまい、不安や欲が投資判断を後押ししていることが多いのだ。例えば、厳しい下げ相場のあとにＬ１――株式市場のパフォーマンスを表す最良の先行指標――が大きくプラスに転じたとしても、投資家が株式市場から引き続き資本を引き揚げるという場合だ。反対に、バブル期にＬ１が大きくマイナスに転じても、しばらくは大きく儲けていたのだからといって、投資家が相変わらず株式に投資している場合もそうである。

流動性理論は投資家のスタンスが変わるたびにどう対処しているのだろう？　多くのプロの投資家は、市場心理を判断するのに、全米個人投資家協会や投資家インテリジェンス調査などに頼っている。われわれもこうした調査をチェックしてはいるが、独自に投資家心理の調査は行っていない。なぜなら、投資家がどう感じ何を言うかよりも、実際の行動のほうがはるかに興味深いからだ。また、非合理的な投資家の行動は簡単に予見できるとも思っている。実際に、もし投資家が極端に非合理的な動きをしているとしたら、相場の天井や底が目前に迫っているはずだ。投資家の心理を見極めるため、われわれは流動性理論の二つのトリムタブを利用している。米国株ファンドの資本フロー（L２）と委託保証金の増減（L３）である。L１が大きくマイナスになっているときにL２とL３が増加していれば、相場の天井は間近だということだし、L１が大きくプラスになっているときにL２とL３が減少していれば、底は近いということだ。相場の天井と底がいつ訪れるのかを見極めるのはけっして容易なことではないが、L２とL３を使って投資家の心理を読んでいけば実に分かりやすい。

## 外因性ショック

流動性理論に追随する投資家も、ほかの投資家と同じように外因性ショック――テロや政情不安、自然災害など――による投資リスクにさらされている。こうした出来事を流動性理論だけで予測するのは不可能だ。ただ、流動性理論は、投資家がこうした外因性ショックがもたらしたチャンスをうまく利用するときの力にはなれる。

外生要因は、たとえ一時的なものであれ、株式市場の流動性に大きく影響することがあ

図 12-1　2001 年 9 月の米国株ファンドの 1 日当たり資本フロー推定値

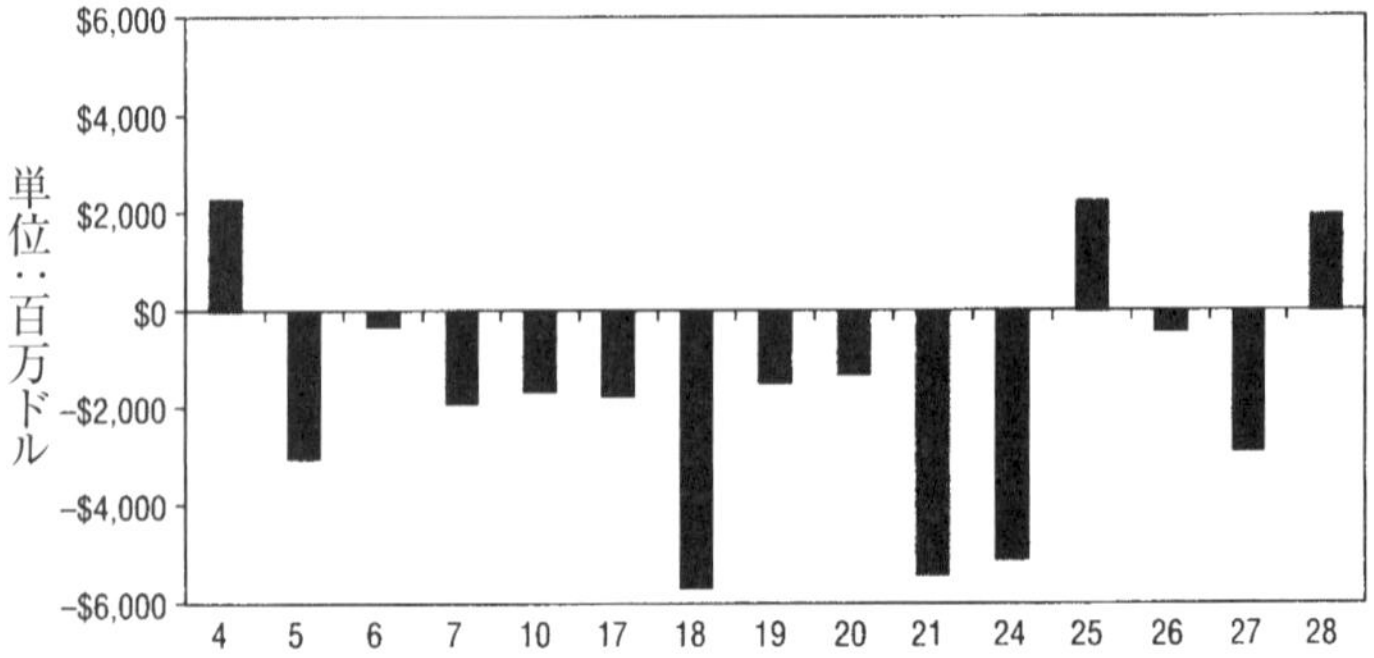


出所＝トリムタブス・インベストメント・リサーチ

る。最近の例としては二〇〇一年九月一一日の米国同時多発テロが最も分かりやすいだろう。テロリストが民間の航空機四機をハイジャックし、うち三機が世界貿易センタービルとペンタゴンに激突した事件だったが、その後米国の株式市場は四日間閉鎖された。ビジネス活動も完全にストップし、多くのアメリカ人がテレビの報道にくぎ付けになった。株式市場は二〇〇一年九月一七日に再開したが、S&P五〇〇は翌五日間で一二%下落した。**図12―1**は、二〇〇一年九月の米国株ファンドの一日当たりの資本フローの推定値を示したものだが、テロによるパニックの大きさがよく分かる。

　米国株ファンドは二〇〇一年九月中に二七三〇億ドル売り込まれたが、これは一カ月間

## 図12-2　2001年9月の1日当たり自社株買い発表当初の額

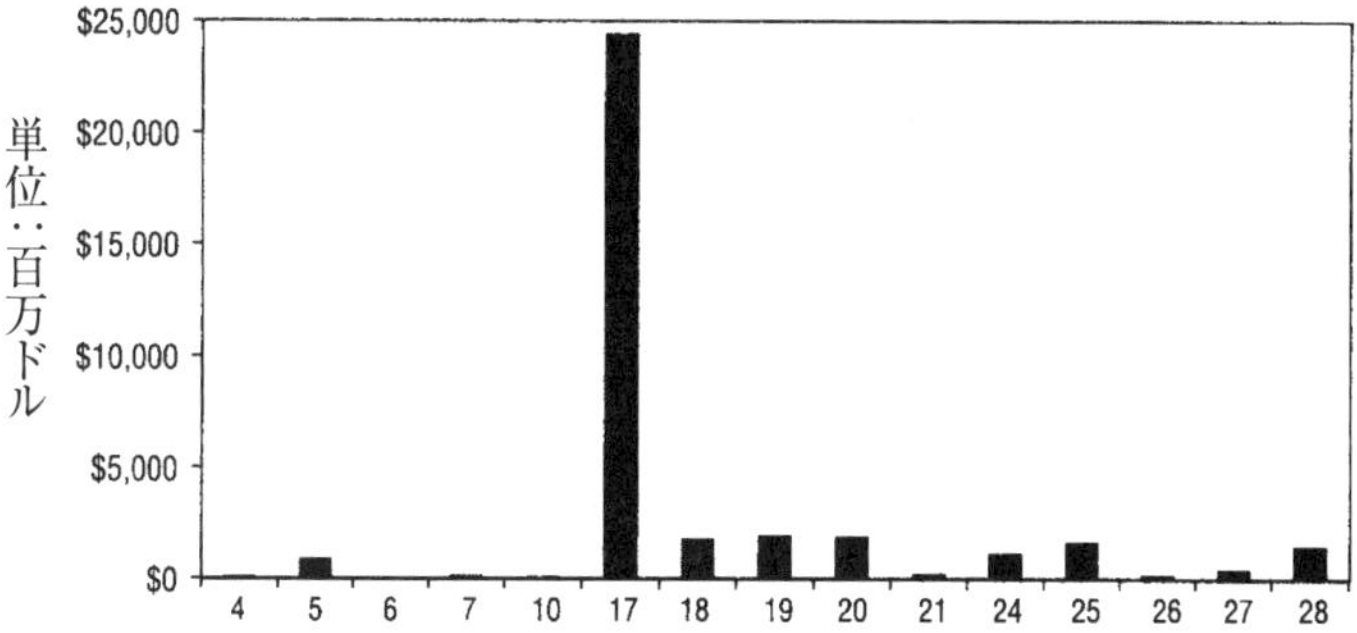


出所＝トリムタブス・インベストメント・リサーチ

の資本流出量としては史上二番目に多い数字である。プレーヤーはそろって株式市場というカジノで負けていたのだ。ではこのゲームに勝ったのはだれだったのだろう？　言うまでもなく、例によってハウスである。**図12―2**は、二〇〇一年九月の一日当たりの自社株買いを示したものである。

二〇〇一年九月、上場企業は五三六〇億ドルの自社株買いを発表したが、これは過去最高の数字である。流動性理論に追随する投資家は、ケーブルテレビに登場するコメンテーターや押しの強いアナリストのまやかしをかわしていた。株式市場というカジノではダムマネー――プレーヤー――が記録的に米国株ファンドを売り込んでいたが、スマートマネー――上場企業――がもろ手で自社株買いをしていることに彼らは気づいていたのだろう。流動性理論はテロなどの外因性ショックを事前に予測できるのだろうか？　もちろんできない。では、外因性ショックがもたらす短期的な投資機会を投資家がうまく利用する力にはなれるのだろうか？　間違いなくなれる。九・一一同時多発テロの直後に株式を購入した投資家は、その後大きく報われているはずだ。

## 自分たちの無知に対する無知に対処する

流動性理論に追随する投資家も含め、投資家が直面する最も大きな落とし穴の一つは、自分たちの知らない情報があるということすら知らないということだ。これは流動性理論にとってどういう意味を持つのだろう？　もし自分たちがある情報を知らないということを知っていたら、現在の流動性データに関する解釈を大幅に修正し、その結果われわれのパフォーマンス予測にも大幅な修正が必要になるような情報が時折出てくることになる。この好例が、最近では二〇〇三年にイラク戦争が勃発する直前に見られた。相場が底値を付けてから二日後の二〇〇三年三月一三日、チャールズ・ビダーマンはブルームバーグテレビに出演し、米国内がイラク戦争の戦場にはならないということに投資家が気づけば、株式相場は全般的に二〇～二五％跳ね上がるだろうと予測したのである。二〇〇三年四月末にはトリムタブスの先物モデルポートフォリオが九％上昇し、五月にL1がマイナスに転じると、モデルポートフォリオも同じように下げた。

このとき、われわれの知らない情報があるということを知らないことが、モデルポートフォリオのパフォーマンスを左右し始めたのである。二〇〇三年の第2四半期、ヘッジファンドは売り越していたか、ほとんど投資をしていなかったかのいずれかだったが、その時期に少なくとも二〇〇〇億ドルを株式に投資していることをわれわれは見抜けなかった。また、地方自治体などの年金基金のスポンサーが、第2四半期中に巨額の資本を年金制度に注ぎ込んでいただけでなく、長期債を大量に売っていることも見抜けなかったのである。年金基金のスポンサーは長期債の売却益を年金基金に注ぎ込み、年金基金が少なくともその売却益の半分を株式の購入に充てていた。ヘッジファンドと年金基金からの資本流入――彼らはかなりの比率の現金を直接株式に投資するかETFに投資するかのいずれかのため、その大半がL2には反映されていない――が大きなエネルギーとなり、二〇〇三年春の堅調な高原相場を牽引していたのである。

二〇〇三年の初夏、インサイダーの売りが増加し弱気相場も記録的な水準に達したとき、われわれは市場に押し寄せる資本をすべてせき止め、吸収してくれる株式の売り出しを待っていた。そして二〇〇〇年二～三月のときと同じように、売り出し総額が月三〇〇億ドルを超えてくれることを期待した。売り出し総額は二〇〇二年初頭以来最高を記録したものの、その後、実際には二〇〇三年五月に二五八億ドル、六月に二五八億ドル、七月に二四五億ドルを記録したにすぎなかった。引き続き八月と九月にも期待したが、売り出しはなかった。実は、株式の売り出しは減少し、八月には九九億ドル、九月には一九八億ドルにとどまったのである。売り出しが減少した理由が分かったのは数カ月もあとのことだった。要するに、ウォール街のコーポレートファイナンス部門が二〇〇二年に焦げ付いたため、企業が新たに売り出しを実施する余力などなかったというわけだ。二〇〇三年一〇月末、「大物」連中の地位が下がってくると上場企業の売り出し能力にも影響が出てくると分かるや、われわれはようやく強気に転じ、これまでの損失を取り戻したのである。

　この例が示すとおり、自分の無知が自分の知識と同じように重要な意味を持ってくる場合もある。だから流動性や株式市場では自分の無知に対して常に用心しているわけだ。株式投資で成功するには、まず謙虚であること、そして未知の考え方をいつでも素直に受け入れる気持ちが大切である。

## 作業は続行中――芸術の側面と科学の側面

一五年前に流動性理論の開発をスタートさせたトリムタブスだが、まだ作業は続行中である。以前からさまざまな流動性の指標を割り出す方法や解釈の方法に修正を加えてきた。例えば、二〇〇〇年九月までは企業の流動性（L1）と米国ファンドへの資本流入（L2）とを一緒くたにしていたのだが、一九九九年から二〇〇〇年にかけて法人投資家と個人投資家の行動があまりにもかけ離れているのを見て、流動性の公式ではファンドの資本フローから企業の資本を切り離したほうが分かりやすいと判断した。最終的に、企業の資本フローは株式市場の方向性を示す良い先行指標に、ファンドの資本フローは遅行指標、反対指標になった。

ごく最近では、自社株買いの追跡方法を二度修正した。まずは流動性の記録を毎日更新していくなかで、自社株買いの総額と共に自社株買いの回数も計算に入れるようにしたことだ。時価総額の大きい企業がほんの数回自社株買いをしただけで、小企業の自社株買い全体が埋もれてしまうことが多い。例えば、二〇〇四年四月一日（木）までの一週間に一三一〇億ドルの自社株買いが発表された。これだけの額の自社株買いなら企業が強気だというシグナルになりそうなものだが、その週に発表された自社株買いはわずか九件で、うち三件――ペプシコが七〇億ドル、シェブロンテキサコが五〇億ドル、クリアー・チャンネル・コミュニケーションズが一〇億ドル――でその週の自社株買いのほぼ全額を占めていたのである。自社株買いの回数は、上場企業が現金と自社株のどちらにより高い価値を見いだしているかを示す信頼できる指標になることが多いのだ。

次の修正は、自社株買い活動を割り出す別の方法を導入したことである。われわれは、自社株買い発表当初の数字に基づいて自社株買いを割り出しているが、それ以外にも、過去二年間にわたる自社株買いの一日当たりの回数と金額の平均を、発表された新たな自社株買いの回数と金額で修正し、実際の自社株買いも予測することにしたのである。自社株買い発表当初のデータを利用せずに実際の自社株買いを予測することで、われわれの流動性に対する見方にはどう影響するのだろう？　二〇〇四年四月一日（木）までの一週間の例に戻って考えてみよう。一方では自社株買い発表当初のデータを利用すれば、自社株買いの金額が一日当たり二六〇億ドルとなる（週に一三一〇億ドル÷週五日間＝一日当たり二六〇億ドル）。この金額は超強気であることを表している。しかし他方で、実際の自社株買いを予測すると、自社株買い活動がほとんど行われていないことが分かってくる。二〇〇四年六月一日までの一週間からさかのぼること二年間の自社株買いは週平均三五〇億ドルだったため、一日当たり三～九億ドル程度と見積もった。二〇〇四年四月一日までの一週間には九件の自社株買いが発表されたが、この数字からすると、実際の自社株買いは過去二年間の一日当たり三～九億ドルのうちでも最低レベルに相当するはずだ。したがって、実際の自社株買いを予測することで、自社株買いのレベルが一日当たり二六億ドルではなく、わずか五億ドル程度だというのが分かるわけだ。

自社株買いの数字としてはどちらがより正確なのだろう？　計算方法にはそれぞれ長所がある。自社株買い発表当初の数字からは全体的な企業センチメントがよりリアルタイムで分かるが、自社株買いは実際に数カ月、数年にわたって行われるもの。実際の自社株買いを予測すれば週ごとのばらつきが均等になるが、予測は現在の自社株買いではなく過去のデータを基にしたものである。しかし実際の自社株買いの水準は、やはり自社株買い発表当初のデータから導き出した数字よりも実際の自社株買いを予測して導き出した数字に近いはずだ。というのは、ある日の実際の自社株買い活動は、数カ月前または数年前に発表された自社株買いの結果だからである。この例の実際の自社株買いは、一日当たり二六万ドルではなく五億ドルのほうにかなり近かったと思われる。

最後に、株式市場の方向性をより正確に予見できるよう、われわれは株式市場に流入する資本の量、流出する資本の量を毎日予測するという作業にも着手した。第六章でも説明したように、われわれは修正後の流動性の公式を使って翌週の企業の流動性（Ｌ１）を予測している。

一日のＬ１推定値＝株式の売り出し＋インサイダーの売り－実際の自社株買い－現金買収発表当初の額の三分の二

この公式では、株式の売り出しについては予測値を、インサイダーの売りと実際の自社株買いと現金買収については最新のデータを用いている。次に、ある特定の週の公式がどうなるかを示す。

Ｌ１推定値＝一日当たり一〇億ドル＋一日当たり五億ドル－一日当たり六億ドル－一日当たり三億五〇〇〇万ドル＝一日当たり五億五〇〇〇万ドル

われわれの予測では、この特定の週の企業の流動性は一日当たり五億五〇〇〇万ドルと低い。そこで今度は、米国株ファンドの一日当たりの資本フロー（Ｌ２）が全体的な流動性を高くする可能性があるのか、それとも低くする可能性があるのかを考えてみた。例えば、仮にこの特定の週に米国株ファンドへの資本流入が八億ドルだと予測すると、全体的な流動性は一日当たり二億五〇〇〇万ドルと、わずかに高くなる（一日当たり五億五〇〇〇万ドル－一日当たり八億ドル＝一日当たりマイナス二億五〇〇〇万ドル）。われわれの資本フローの予測は常に正確だとは限らないが、翌週の一日当たりの流動性の値を予測することで、うまく注文を出すことができそうだ。

流動性理論の作業はまだ続行中である。この理論の基本的概念は経済の基本原則に根ざしたものだが、米国の株式市場の流動性を解釈することは、芸術であると同時に科学でもある。流動性分析にはさまざまな要因が相互に絡んでおり、リアルタイムで確かな数値で表せるものはそのうちごくわずかである。もし正確なデータで流動性のトリムタブすべてを割り出すことができれば、株式市場のパフォーマンスを一貫して予測することもできるだろう。ところが入手できないデータもあり、仮に入手できたとしてもリアルタイムで発表されていないものもある。どうにか注文を出し、自分の判断が正しいことを祈るしかないこともしばしばだ。

# 第一三章　新たなデータの利用

現金買収、自社株買い、売り出し、インサイダーの売り、ミューチュアルファンドの資本フロー、委託保証金――本書ではこれらのファクターを詳細に分析することで株式市場の方向性をいかにうまく予測できるかを示してきた。しかし、われわれはＬ１やＬ２、Ｌ３ばかりに関心を寄せているわけではない。マクロ経済の数々のファクターも、ハウスとプレーヤーがどの程度の現金を株式や債券に投資できるかを左右している。これらのファクターのうち最も重要なのは所得と雇用である。所得が増え、雇用動向が堅調に推移すれば、より多くの資本が株式投資に流れてくる。逆に所得が減少し、雇用も減少すれば、投資に回せる資本も少なくなる。われわれは個人所得や法人所得、雇用の増減、労働市場の需要を測る革新的な手法を開発した。

これらの数字はすべて米国政府の統計で出されるが、政府の統計とソーセージには共通点が一つある。それは、だれも作っているところなど見たくないということだ。本章でも説明するが、われわれが開発した手法を用いれば、実体経済で何が起きているのか、その全体像をより正確に示すことができるはずだ。また、それらを米国政府の統計と照らし合わせてみることで、チェック機能をしっかり働かせることにもなるはずだ。

## 個人所得

投資に回せる流動資本の量を十分に把握するには、株式や債券の資本フローを追跡調査しているだけでは足りない。個人所得に大きく依存しているアメリカ合衆国全体のバランスシートが健全かどうかを評価する必要がある。株式市場、債券市場、そして米国経済が健全かどうかは、米国の人々全員の個人所得の総額にすべてかかっているのである。ウォール街では上場企業の利益を分析してその価値を判断するが、われわれは個人所得に着目し、株式や債券の投資にどの程度の資金が利用できるのかを判断してみたい。個人所得の増減は株式市場のパフォーマンスと密接な関係にあることが分かっている。所得が増加すれば株式や債券の投資により多くの資金を利用することができ、それが相場を押し上げるのである。所得が伸び悩むか減少すれば、普通は株式相場も下降する。

では、個人所得はどのように追跡すればいいのだろう？　ＢＥＡ（米商務省経済分析局）

が毎月発表しているレポート『個人所得支出統計（Personal Income and Outlays）』の統計を使うのが一番いいだろう。このレポートは一カ月遅れで入手できる。例えば、一月のデータは二月末か三月の初めに発表されるということである。ウォール街のエコノミストはほとんどがこのデータを利用している。ＢＥＡが年に一度、半年に一度発表する個人所得のデータは、ＢＥＡが全米五〇州の企業から収集した四半期ごとの失業保険の報告を基にまとめているため、かなり信頼できる。ところが、ＢＥＡの最新の月次データはまったく当てにならない。個人所得を月別に割り出すときに、ほかの政府機関から入手した雇用や人口の月次データを使って半期ごとのデータを「挿入、挿外」しているのだ。要するに、ＢＥＡの過去六カ月の個人所得の推定値は、六カ月も古いデータを使った、経験に基づく推計にすぎないということである。

信頼できる推定値が最も求められるときに、つまり経済が縮小から拡大局面にあるとき、または拡大から縮小局面にあるときに、ＢＥＡの個人所得の月間推定値がまったく信頼できないというのは残念だ。例えば、米国経済が景気の底から拡大へと移行していると仮定してみよう。ＢＥＡはこういう時期の個人所得を間違いなく過小評価する。少々前の経済の縮小期に収集したデータに基づいて個人所得を割り出しているからだ。また、経済が縮小から拡大局面にあるときには、個人所得の伸びを最大四〇％過小評価していることが分

## 図 13-1　2003 年 6 月～2004 年 3 月の米商務省経済分析局個人所得月次報告改訂

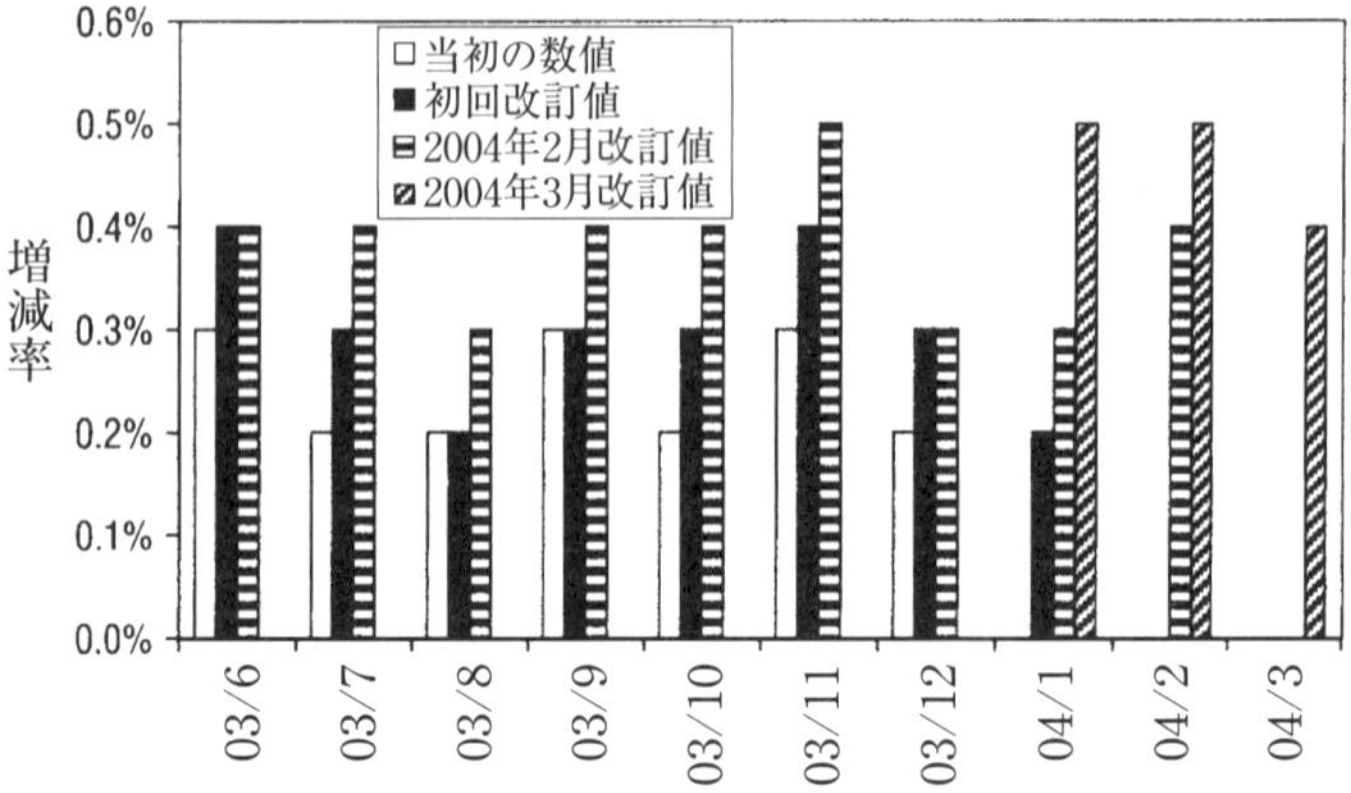


**出所**＝米商務省経済分析局

かった。

最近この問題が最も顕著に現れたのは二〇〇三年であろう。二〇〇三年一～三月にかけて、投資家はイラク戦争に対する不安にさいなまれていたが、二〇〇三年四月にサダム・フセイン政権が崩壊するや、米国経済は回復に転じた。ところが、ＢＥＡの個人所得の推定値に景気回復が反映されるまでにはかなり時間がかかった。二〇〇三年九月になっても、イラク戦争が勃発する前、まだ経済が縮小局面にあったときのデータに基づいて個人所得を割り出していた。**図13―1**は、ＢＥＡが二〇〇四年三月になってようやく二〇〇三年六月から二〇〇四年一月までの個人所得を大幅に上方修正したことを示したものである。二〇〇三年下半期には個人所得が増加しているのが分かっていながら、ＢＥＡがそれを発表したのは六カ月もあとになってからなのだ。

　個人所得を追跡するに当たり、われわれはＢＥＡの統計よりもはるかに優れた手法を開発した。源泉徴収の対象となる賃金や給与は、ＢＥＡが定義する個人所得のおよそ三分の二に当たる。そこでわれわれは、賃金や給与、または源泉徴収される所得税と雇用税を使って個人所得を割り出すことにしているのである。米財務省では源泉徴収した所得税と雇用税のデータを、米国のおよそ一億三〇〇〇万人の賃金労働者から毎日収集しており、財務省の日次および月次報告書に記録される。源泉徴収税は賃金や給与と連動しているため――所得税率の差に合わせて調整――、賃金や給与の増減をほぼリアルタイムで追跡できるというわけだ。源泉徴収税のデータは、個人所得に代わるものとして個人所得の増減をリアルタイムで示す指標になるのである。六年以上にわたってこのデータを追跡調査してきたところ、源泉徴収される所得税と雇用税の増加――つまり個人所得の増加――が、株式市場の方向性を示す優れた先行指標になることが多いと分かった。所得が増えるということは、投資に回せる資金が増えるということであり、所得が減ると投資に回せる資金も減るということだ。

　また、しっかりと景気が拡大している時期には、必ずと言っていいほど源泉徴収税が年五％ずつ上昇しているということも分かった。米財務省の源泉徴収した所得税と雇用税のデータを使用して賃金と給与をよりリアルタイムで追跡すればいいわけだが、ＢＥＡはなぜそれをしないのだろう？　われわれは何度もＢＥＡの職員にそのことを問い正してみたが、答えはわれわれが源泉徴収税の追跡調査を始めた五年前と同じ。「前例がない！」というものだった。ＢＥＡの個人所得の計算法は、数十年も前から続いているしきたりに根ざしているのである。他人の古いしきたりのおかげで、逆にわれわれはそれをうまく利用するチャンスを与えられたということか。

われわれの計算法では、ＢＥＡの経験に基づいた推定に頼ることなく、個人所得の動向をリアルタイムに近い形で割り出すことができる。同時に、ＢＥＡは半年ごと、一年ごとに推定値の改訂版を出すが、それを使えば自分たちの推定値と実際のデータとを比較することもできるのである。

個人所得のデータについては、一つ注意してほしいことがある。個人所得が力強い伸びを示したからといって、必ずしもそれが株式相場の上昇にはつながらないということだ。株価が適正価格を上回っていても、個人所得の増加が株価上昇を約束するものではないということである。例えば二〇〇四年第１四半期だが、われわれは個人所得が一月に六・四％、二月に五・一％、三月に五・二％上昇すると予測した。上昇率はすべて五％という景気拡大のしきい値を超えている。ところがこの間、Ｓ＆Ｐ五〇〇はわずか一・三％しか上昇していないのである。この開きを説明するのは簡単だ。つまり、二〇〇四年の第1四半期に大きなバブルが形成されていたからだ。二〇〇三年三月末から一二月末にかけて、L1は急増し、九七〇億ドルとなった。

ところが同時期、米国株ファンドには一三九〇億ドルしか流入してこなかった。株式に直接流れた資本の量は分からない。流動性理論では、L1が急増したあとで資本流入が続く時期をバブル期であると定義している。バブル期であっても個人所得の増加は株価の上昇にはつながっていない。だが、われわれの二〇〇四年第1四半期の個人所得の推定値は、ウォール街のエコノミストが同四半期中に予測した以上に米国経済が大きく回復していることを正確に示している。ほかの流動性のデータに加え、個人所得のデータも、投資家がより詳細な情報に基づいた投資判断を下すときに役立つのである。

## 法人所得

われわれは個人所得と同じように法人所得についても追跡調査している。米財務省は連日、企業から所得税の支払いを受けているが、それは財務省の日次報告書に記録される。源泉徴収される所得税と雇用税を個人所得の代用として利用しているのと同様、われわれは法人所得税を法人所得の代用として利用している。

企業は成長を見込んでいるときには他社を現金で買収したり、自社株買いをするため、法人所得とＬ１には直接的な関係がある。わずかだが、ごく最近の景気後退の例がこの点を説明している。二〇〇一年二月、法人所得税は前年比で減少し、源泉徴収される所得税と雇用税も一桁台の高い伸びから一桁台の低い伸びへとシフトした。驚くことではないが、二月のＬ１は減少し、相場は下落した。二〇〇二年七月には、法人所得税も源泉徴収税も前年比で増加し始めた。このときＬ１は再び増加に転じた。実は、Ｓ＆Ｐ五〇〇はこの月に大底を打っていたのである。そしてとうとう、ベネズエラのゼネストで日量三百万バレルの重油の生産がストップした二〇〇二年一二月二日を境に、法人所得税と源泉徴収税が前年比で落ち込んだ。二〇〇三年一月の第三週には、ベネズエラの重油生産量も五〇％回復した。一月二三日からは法人所得税と源泉徴収税が前年比で再び上昇を始めた。

法人所得税の支払い額も、経済成長全体の指標としてはとても感度がいい。一九九九年には一一九〇億ドルだったのが、二〇〇〇年には九八％上昇し、二三五〇億ドルと記録的な数字を示した。ちなみに、二〇〇〇年は株式市場のバブルの絶頂期であった。景気が短期的な後退局面に入った二〇〇一年には、法人所得税も二〇％減少し、一八八〇億ドルだったが、二〇〇二年にはさらに減少し、一八五〇億ドルを記録。そしてイラク戦争後に景気が回復してきた二〇〇三年の法人所得税の支払い額は、四・二％増加し一九三〇億ドルとなった。二〇〇〇年以来初の増加である。法人所得の代用である法人所得税の支払い額は、企業が他社を現金で買収する能力と自社株買いの能力、そして米国経済全体の繁栄を映し出すものなのである。

法人所得税のデータを利用するに当たって問題となるのは、法人に対する課税率がころころと変わることである。二〇〇三年と二〇〇四年もそうであった。この変更というのがひどく複雑なため、法人所得を前年と比較するモデルを作成するのは難しい。

## 雇用動向

米国経済の繁栄を映し出す最も重要な指標の一つが労働市場にある。給与支払い額が増加すると、個人所得も増加する傾向にあり、株式や債券に投資できる資金も増える。逆に、給与支払い額が減少すれば、個人所得も減少傾向を見せ、金融市場に流れてくる資金も減る。雇用動向に変化が現れるのは、景気の低迷や回復の最初の局面と最後の局面である。また、月別の失業率も心理面で極めて重要な指標になる。これは最も大きく報道される経済統計であり、多くのアメリカ人が大いに注意を払う唯一の数字でもある。

ＢＬＳ（米労働省労働統計局）は、毎月第一金曜日発行の『雇用状況概要（Employment Situation Summary）』で月別の雇用の増減を発表しているが、ウォール街ではこのレポートを綿密に調査している。ところが、ＢＥＡが発表する個人所得の月間推定値と同じく、ＢＬＳの月間雇用推定値も方法論的な問題をはらんでいるのである。ＢＬＳでは、この推定値を出すために民間企業と政府系企業の四〇万社を調査し、業種別、地域別の雇用状況、勤務時間、利益を計算する。そしてデータの季節調整値を出してからそれぞれの傾向を標準化している。ところが、景気のピーク時には雇用の変化を過大評価し、景気の谷では過小評価する傾向が見られるのである。

われわれはＢＬＳが発表する生データを基に毎月雇用の増減の推定値を割り出しているが、その計算方法はＢＬＳとは異なっている。ＢＬＳのようにデータの季節調整値を出すのではなく、季節調整前のデータを前年比で分析しているのである。労働市場が好転しているのか悪化しているのかを見極めるため、特定の月の被雇用者総数が前年同月比で増えているのか減っているのかを調べている。過去三五年間の雇用データを分析してみると、季節による雇用のばらつきがすぐに予測できることに気がついた。経済成長が堅調なときの被雇用者数は、前年比で平均二～四％増えている。例えば、一九九四～九九年には平均二・二五％増加していた。二〇〇一年に景気後退が始まると、この伸びは反転した。二〇

**図13-2　2001年1月～2003年12月の米国非農業部門の雇用総数（データは季節調整前）**

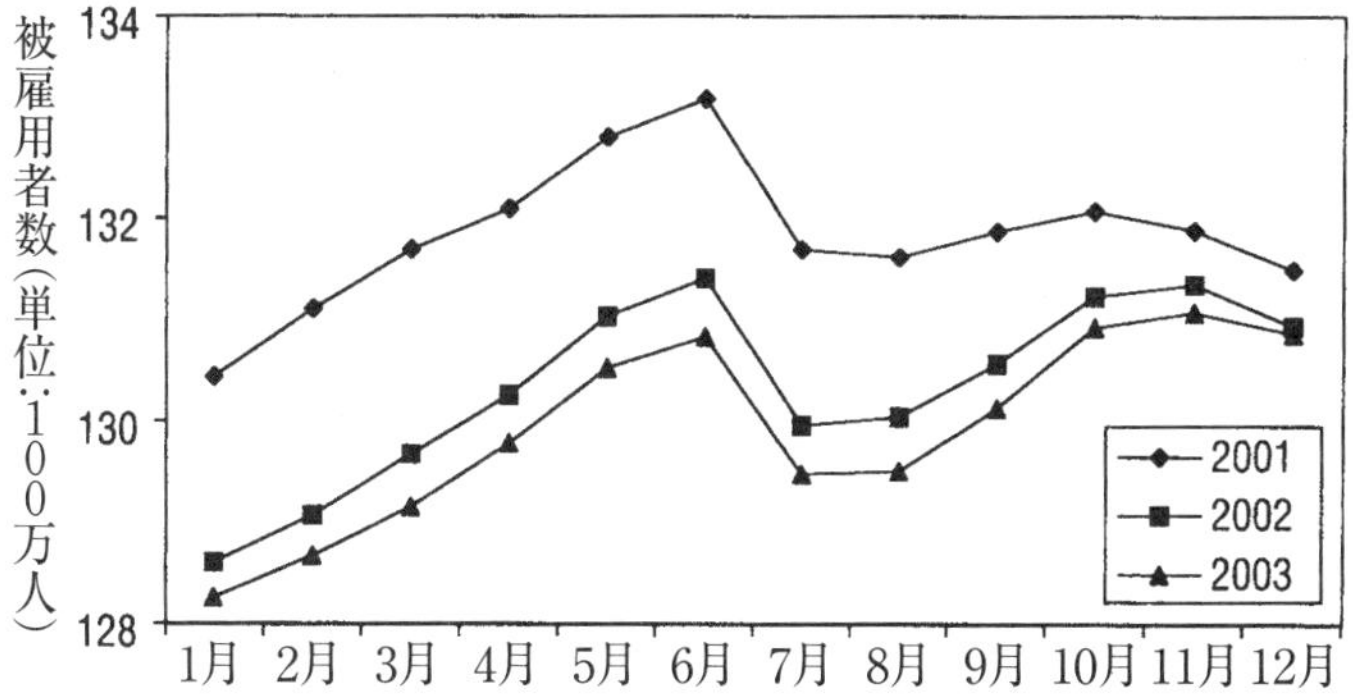


**出所**＝トリムタブス・インベストメント・リサーチ、米労働省労働統計局

〇一～〇二年は一・五％減少し、二〇〇二～〇三年にはさらに〇・三％減少した。**図13―2**は、二〇〇一年一月から二〇〇三年一二月までの季節調整前のデータを使って非農業部門全体の雇用動向を示したものである。

二〇〇一～〇三年の雇用を比較してみると、この間に二八〇万人近い雇用がどのように失われていったかがよく分かる。雇用の季節的パターンは毎年ほぼ同じである――つまり、雇用は上半期中に増加し、夏の間にやや減少し、その後回復するが、年末に向けて再び徐々に減少する。この季節的パターンを調整するのではなく定量化することで、より正確に雇用動向を評価することができるわけである。

経済が縮小期から拡大期に移行するとき、またその逆のとき、ＢＬＳのように季節調整をしてしまうと、雇用の急減や急増が数字に表われなくなる。とりわけ経済が縮小期から拡大期に移行しているときにＢＬＳのデータを季節調整すると、雇用の増加が三〇～四〇％も過小評価されてしまうのだ。逆に景気が拡大期から縮小期に入るときに季節調整をすると、雇用の減少がやはり同じ割合で過小評価されてしまう。ＢＬＳの季節調整済みデータよりも正確に雇用の増減を評価するには、ＢＬＳの季節調整前の雇用データを前年比で分析すればいいのである。

## オンライン求人指数

われわれの月次雇用推定値からは労働市場の断片が見えてくるが、これは米国経済の堅調さを如実に物語るものである。月に一度しか見られないのが残念だ。全面的に信頼できそうなのは、米労働省が毎週木曜日に発表する第一回目の失業救済金請求のデータである。われわれはこのデータを追跡しているが、たった一度の出来事――二〇〇三年一〇月にカリフォルニア州の食品スーパーの労働者が起こしたストライキなど――で数字にひずみが出てしまうことが多い。また、第一回目の失業給付を申請する人の数も、必ずしも企業の労働需要を示す信頼できる指標にはならない。したがって、第一回目の失業給付を申請す

## 図13-3　2001年3月〜2003年12月のトリムタブス・オンライン求人指数と週別の第1回目失業救済金請求の4週移動平均線

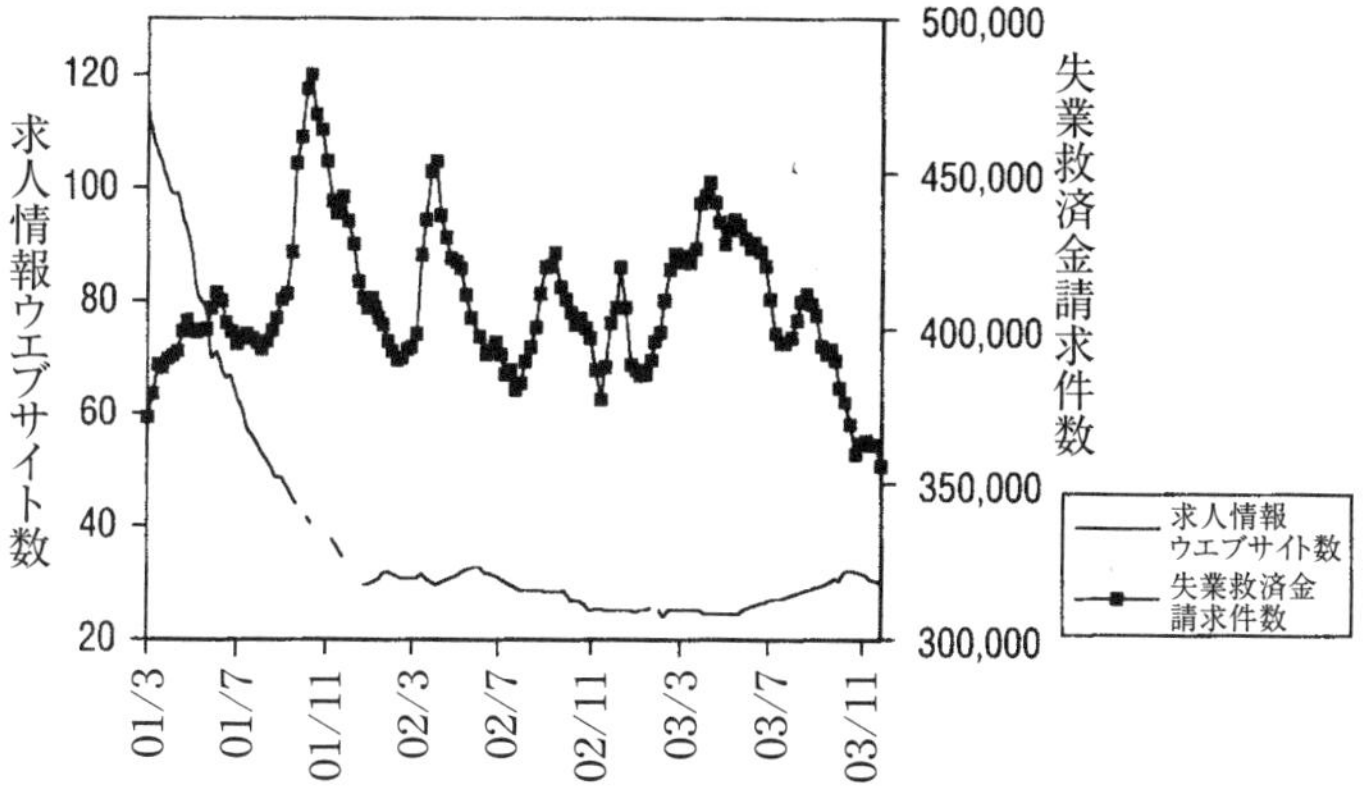


出所＝トリブタブス・インベストメント・リサーチ、米労働省

る人数から推定値を出すよりも、労働需要の高さから直接推定値を出したほうがはるかにいいと思われる。

労働市場をよりリアルタイムで追跡するため、われわれはトリムタブス・オンライン求人指数を開発した。この指数の開発に当たり、われわれは求人情報を掲載するウエブサイトを数々調査し、求人件数に関する情報を集めた。データにはひずみを生じるような一度かぎりの出来事がないため、企業の労働需要を示すかなり優れた先行指標になることが分かった。**図13―3**は、二〇〇一年三月から二〇〇三年一二月までのトリムタブス・オンライン求人指数のトレンドを示したものである。

このグラフで目を引くのは、二〇〇一年三月の初めには一一五あった求人情報のウエブサイトが、二〇〇二年一月初めには三〇にまで減っていることである。驚くようなことではないが、週ごとの第一回目の失業給付の四週移動平均線はしっかりと上昇し、二〇〇一年三月の初めには三七万件ほどだったのが、二〇〇一年一〇月の初めには四六万件以上に増えている。われわれが開発した指数も、二〇〇二～〇三年の労働市場が一貫して厳しいことを示している。この間、指数が三〇以上に上昇することは一度もなかった。二〇〇三年三月にイラク戦争が勃発する直前に求人指数は底を打ち、二四を付けたが、二〇〇三年六月以降に求人が徐々に増えてくると、週ごとの第一回目の失業給付申請件数も、二〇〇三年六月の初めには四三万件以上だったのが、二〇〇三年一二月末には三五万件をわずかに上回る程度にまで減少した。

もちろん、トリムタブス・オンライン求人指数はインターネットで利用できる求人情報をすべて網羅したものではない。また、オンラインの求人情報ではサービス業の求人が圧倒的多数を占めており、製造業の求人はまったくと言っていいほどない。さらに、多くの求人情報がインターネット上に掲載されているわけではなく、まだ掲載されていないものも山ほどある。しかしこの指数は、かなり広範囲にわたる感度のいい労働市場のサンプルになる。総合的な指数としては不十分だが、毎日数値を割り出していけばそれを十分補えるものである。追跡調査をしている最中に、これは雇用動向を示す信頼できる先行指標だというのが分かった。

## トリムタブス・パーソナルインカムとトリムタブス・US・エンプロイメント・アップデート

あなたが機関投資家か富裕層の個人で、本章で述べた所得や雇用の指標に関する最新のデータにアクセスしたいとお考えなら、定期的にそれらを分析している刊行物が二点あるので紹介しよう。『トリムタブス・パーソナルインカム（TrimTabs Personal Income）』は、個人所得と法人所得に焦点を当てた週刊の刊行物。マネーサプライ、負債、センチメントの指標の分析も行っている。これらを全部利用すれば、米国の金融市場への投資に利用できる包括的な流動性推定値を割り出すことができる。『トリムタブス・US・エンプロイメント・アップデート（TrimTabs U.S. Employment Update）』は、ＢＬＳによる雇用の月次報告発表の直後に毎月発行するものである。われわれ独自の雇用データに加え、毎回その他の雇用指標――週ごとの第一回目の失業救済金請求、求人の広告主、レイオフ（一時解雇）の動向、臨時職員や派遣労働者の需要、製造業やサービス業における雇用動向など――の分析も行い、米国の雇用動向全体の推定値を出している。二つの刊行物の編集は、共にトリムタブス・インベストメント・リサーチのシニアリサーチアナリスト、マドリン・シュナップが行っている。金融市場に多大な影響を及ぼす新たなトレンドを見極めるスペシャリストである。また、個人投資家のためには『トリムタブス・マンスリー・リクイディティ』に個人所得や雇用のデータを要約して掲載している。

# 第一四章　流動性で市場を救うには

流動性理論は、単に投資家が株式市場というカジノに勝つ方法を提示するだけではない。これを広く採り入れれば、株式市場というカジノそのものの性質も変わってくるし、ハウス（上場企業）とプレーヤー（投資家）が共に利益を得られるようになる。本章では、個人投資家のハンディキャップがなくなるようなシンプルで低コストの改善策について述べる。また、流動性理論を広く採り入れれば、株式市場の破壊的な景気の波がいかに穏やかになり、結果的に多くの人々の生活の質が向上していくかを説明する。

## 控えめな提案を少々

ここでシンプルかつ低コストの改善策をいくつか提案したいと思う。これらを実施することで、投資家は流動性のトリムタブ――L1、L2、L3――を今まで以上に正確に分析できるようなタイムリーなデータを入手することができる。よりタイムリーなデータを手にすれば、投資家は優れた投資判断を下すことができるようになるだろう。

## 浮動株の純変化（Ｌ１）

まず提案したいのは、主要な取引所に上場している全企業が浮動株の純変化に関するデータをタイムリーに発表すべきだということだ。このデータを電子ファイルにしても一ページもあれば済むし、四半期ごとにまとめたものは書式一〇―Ｋの年次報告書（年度末の財務内容に関する監査報告書）と書式一〇―Ｑの四半期報告書（書式一〇―Ｋをアップデートした未監査報告書）に組み入れればいい。これについてはＳＥＣ（証券取引委員会）がすでに上場企業に要求している。このデータでは、浮動株を次のように分類すべきであろう。

一．**実際の自社株買い**　企業は実際に買った自社株の数を四八時間以内に報告する必要があるだろう。自社株買いについては、現在は四半期ごとに報告されている。もし自社株買いに関するリアルタイムのデータがあれば、新たに発表される自社株買いの金額や数量に頼って実際の自社株買いの推定値を出すよりも、はるかに正確な推定値が出せるはずだ。

**二．ストックオプションの行使**　企業はその取締役、役員、従業員全員が権利を行使し、売却しているストックオプションの数量を毎週報告する必要があるだろう。この報告には、最高幹部以外は売り手の氏名や肩書きを記入する必要はない――重要なのは、売却された株式の数と彼らが現金をいくら手にしたかである。ストックオプションの付与はSECへの登録が免除されている私募発行された株に限定されているが、その権利を行使すると、その企業の浮動株が増えるため、流動性という点から見ると売り出しと同じ影響が出てくるのである。

SECでは目下、主要なインサイダー――役員、取締役、企業の発行済み株式の一〇％以上を保有している大株主――に対し、書式一四四（制限付き証券の売却予定）を提出し、売却予定日までにストックオプションの行使について報告するよう求めている。この届出をしたからといって、実際に売却が行われたかどうかは別である。また、任意の三カ月間に売却予定の株式が五〇〇株を超えない場合、また売却価額の合計が一万ドルを超えない場合には、この届出を提出する必要はない。

週刊のレポートでも提案していることだが、少額のストックオプションの行使に対しても、また役員、取締役、大株主以外の従業員によるストックオプションの行使に対しても、免除を一切認めないほうがいい。繰り返しになるが、われわれはだれが売っているのかには興味がない。売却された株数と金額さえ分かればいいのである。この情報を毎週発表したところで、株主がインサイダーの取引に関するよりタイムリーで完璧な情報から得られる利益に比べたら、企業の負担など大した額ではない。

**三．インサイダーの売り**　ストックオプションの行使について報告する必要があるのと同様、企業はすべてのインサイダーが毎週売却する株数についても報告する必要があるだろう。主要なインサイダー――役員、取締役、その企業の発行済み株式の一〇％以上を保有する大株主――は現在、株式を売買したときやストックオプションを行使したときには書式四（有価証券の受益的保有の変化の届出）をＳＥＣに提出しなければならない。書式四の提出期限は、取引をした翌月の一〇日目である。月間一万ドル未満の取引や株式の贈与については、すべて報告義務が免除されている。週刊のレポートでもわれわれは提案しているが、企業は、主要なインサイダーだけでなく、すべてのインサイダーが売却した株式の総数を公開する必要があるし、少額の取引や株式の贈与に対しても一切免除を認めないほうがいい。

自社株買いやインサイダーの売りについて四八時間以内に報告させるには行政の力が必要だろう。この情報が一元化されれば、投資家もアクセスしやすくなる。近ごろSECは予算を大幅に増やしたが――二〇〇〇年には三億七七〇〇万ドルだったのが、二〇〇四年にはその倍以上に増やし、八億一二〇〇万ドル――、過去三年間に企業の違法行為が発覚したことから、その増額分の大半は法の整備に充てられている。もしSECが実際の自社株買いやインサイダーの売りを追跡する責任を負えないというのなら、アンクル・サム（米国政府）のためにトリムタブスが喜んで、無料でお引き受けしよう。

こうした情報開示は投資家にはありがたい。企業が公表するそうした投資行動は、企業やそのインサイダーの私利私欲で決まるからだ。企業が事業に投資しなければならない額を上回る現金を生み出しているときには、企業は市場に出回っている株式を回収し、経営者や取締役会のメンバーを含むすべての株主のために残りの株式の相対的価値を高めようとするが、いざ景気が悪くなってくると、株式を売却し、悪天候に耐えられるだけの現金を確保しようとする。CFO（最高財務責任者）が自社株を売買するときには市場を操作しようなどとは考えないものだが、私利私欲で売買することで――経済的変化を期待して手持ちの現金を管理運用するということで――、株式市場に多大な影響を及ぼしているのである。同じように、インサイダーが自社株よりも現金のほうが価値があると考えているときには、ストックオプションを行使して換金したり、自社株を売ったりするわけである。しっかりした投資判断を下すためには、投資家は企業やインサイダーが何をしているのかをタイムリーに知ることが必要だ。

## 米国株ファンドの資本フロー（L2）

ミューチュアルファンド会社もすべて、それぞれのファンドの資本フローのデータを当日付で開示する必要があるだろう。現在、一日の資本フローのデータを進んで開示しているファンドは、全ファンドのわずか一五％にすぎない。この提案はファンド会社にとっては大した負担ではないだろうが、投資家は極めて貴重なデータをよりタイムリーに入手することができる。毎日あらゆるファンドと連絡をとることを含め、トリムタブスではあらゆるコストを負担してこのデータを提供したいと考えている。また、月末までは、個々のファンドやファンドファミリーの資本フローに関する日々のデータを開示する必要はないとも考えている。そして、もうミューチュアルファンドにレートトレーディング（基準価格が決まったあとのファンド売買）やマーケットタイミング（短期売買）をさせないよう、スタンフォード大学院教授エリック・ジッツェウィッツやSECと共同で、ファンドの一日当たりの資本フローを監視しようとも考えている。

ファンドの資本フローに関するデータだけでも、相場の転換期にはとくに役に立つ。例えば、深刻な株安が続いたあと、われわれはファンドの資本フローを調べ、どのぐらい大量に売られているのかを見る。極端に大量に売られている場合には、相場の底入れが近いと考えられるし、一九八七年の大暴落や九・一一同時多発テロのような大きなショックがあったあとは、タイムリーなデータが投資家の反応を知るのに重要になってくるからだ。

## 委託保証金（L3）

現在NYSE（ニューヨーク証券取引所）では、会員証券会社の委託保証金の月次データを約一カ月遅れで発表している。われわれとしては、NYSEに委託保証金に関する週間データを一週間遅れで発表するよう提案している。言い換えれば、月の第一週目の保証金のデータをその月の第二週目の終わりに発表してほしいということだ。そうすればL3がさらに有益な指標になる。株式市場というカジノでの投機的な動きの変化にL3をより敏感に反応させるには、月別のデータよりも週別のデータのほうがいい。よりタイムリーなデータを利用することで、流動性理論に追随する投資家は、投機的行動のレベルを流動性の日先の推定値に十分織り込むことができるのだ。

## 流動性データの改善がもたらすメリット

ここで紹介したわれわれの提案にはいくつかのメリットがある。一つ目は、流動性のデータをよりタイムリーに入手することで金銭的な利益を得られること。企業の売りが大幅に増えると、投資家、とりわけ信用で株式を購入している投資家には警告になる。一九九九年一一月から二〇〇〇年三月にかけて、投資家が差し入れた委託保証金の額は九六〇億ドルに上り、その大半が値嵩のテクノロジー株に流れていた。企業が自社株をどんどん放出するようになってからも、委託保証金は五三％も増加した。もし投資家がこのとき企業の動きの変化に注意を払っていれば、ナスダックは五カ月もしないうちに七〇％も上昇して五〇〇〇ポイントを超えたりはしなかったはずだし、その後も一九カ月の間に七八％も下落して一一〇〇ポイントをわずかに上回るところまでは落ちなかったはずだ。われわれのこうした提案によって、流動性理論に追随する投資家は高いリターンを得られるはずだ。より包括的でタイムリーな情報を入手することで、より正確な流動性の推定値が割り出せるからだ。

流動性に関する情報が改善されることで、企業のインサイダーと一般投資家との格差をなくすことができる。ここで紹介した提案が受け入れられれば、金融市場では規制当局や立法府、あるいは企業自身が考えているような改善策よりもはるかに基本的な公平さが保たれるはずだ。一般投資家が企業のインサイダーと同じように豊富な情報にアクセスするのはまず不可能だろうが、流動性のデータが改善されれば、ＣＦＯをはじめとする企業のインサイダーの行動を監視することで、特定企業の見通しを推測するぐらいはできるようになるだろう。面白くもない電話会議や巧妙なプレスリリースなどは無視し、企業のインサイダーたちの言葉ではなく、実際の行動に基づいて投資をすることができるようになるのである。

例えば、最高幹部にであれ一般の従業員にであれ、惜しみなくストックオプションを割り当てる太っ腹の企業は、取引可能な株式数を増やしているわけだ。浮動株が大量に出回るようになると、相場が下落する場合が多い。逆にわずかなストックオプションしか割り当てていない企業の株は、相場の下落を免れ、相場が上昇すれば大きな利益を得ることができる。ストックオプションが株価のパフォーマンスに与える影響について、もし企業が無関心だというのなら、流動性理論に追随する投資家はそれなりに対応すればいい。

最も重要なのは、流動性理論が広く利用されるようになれば、株式市場のボラティリティが低くなるということだ。もし投資家が利益――これはずさんな経理によって簡単に操作することが可能――ではなく流動性――株式の需給を客観的に評価したもの――に十分な注意を払っていれば、極端な相場の振れは小さくなるはずだ。では、どうしたらそれをうまく機能させることができるだろう？　まずは一九九九年後半から二〇〇〇年初頭にかけてのテクノロジーバブルにさかのぼってみよう。

もし多くの投資家が流動性理論に追随していれば、コーポレートアメリカ（米国の大企業）が一九九九年一一月に売り越しに転じたことが分かったはずだし、株式の売り出しが急増していることにも気づいたはずだ。ロックアップ期間が解除されたストックオプションを現金化しようと、事実上企業のインサイダー全員が血眼になっていることにも警戒していたはずだ。もし多くの投資家が流動性理論に追随していれば、一九九九年一〇月から二〇〇〇年四月にかけて、二六〇億ドルもの資本が毎月米国株ファンドに流れてくることはけっしてなかったし、一九九九年一一月から二〇〇〇年三月にかけて、委託保証金の額が五三％も跳ね上がることもけっしてなかったはずだ。バブルがあれほど大きく膨張することもなかったはずだし、その後の不況があれほど辛いものにもならなかったはずだ。

過去を振り返ってみても、猛烈な好景気のあとには必ず厳しい不景気が待っている。この不景気の間に起きるのは、企業の倒産や信用の喪失であり――株式相場の下落ではない――、それが経済や社会をボロボロにしてしまうのである。第一章でも論じたとおり、大恐慌の窮状の原因は、一九二九年の株式市場の暴落というよりは、むしろ銀行の経営破綻や企業の倒産なのである。しかし、バブル崩壊の破壊的影響を示す例は大恐慌ばかりではない。過去四半世紀の日本経済について考えてみよう。

一九八〇年代の半ばには多くの日本人やアメリカ人の投資家が、米国は競争力を失い、その米国に代わって日本が世界経済の主役に躍り出るのだろうと信じていた。世界中の企業は盛んに日本の経営や生産管理の手法を採り入れた。その一方、日本では徐々に金融緩和が進められ、その結果、低金利が続き、マネーサプライが増大した。企業はいわゆる「財テク」に走り、転換社債を売り出すなどして低コストで資本を調達し、その資本を株式や不動産に投機していたのである。一九八五年に日銀が発表したレポート（**訳注**　前川レポート）によると、日本の企業が調達した二九兆円の資本のうち、設備投資に回されたのはわずか一二％であった――残りの八八％は「財テク」に使われていた。その結果、資産価格が急騰。資産価格が急騰したので企業の利益も急増し、それが株価を押し上げ、その株価の急騰が景気を持続させていたのである。一九八〇年代後半、日本を代表する企業の利益の大半は、もっぱら投機から上げたものだったのだ。

図14-1　1985年1月～2003年12月の日経平均株価（生データはヤフー！ファイナンスから入手）

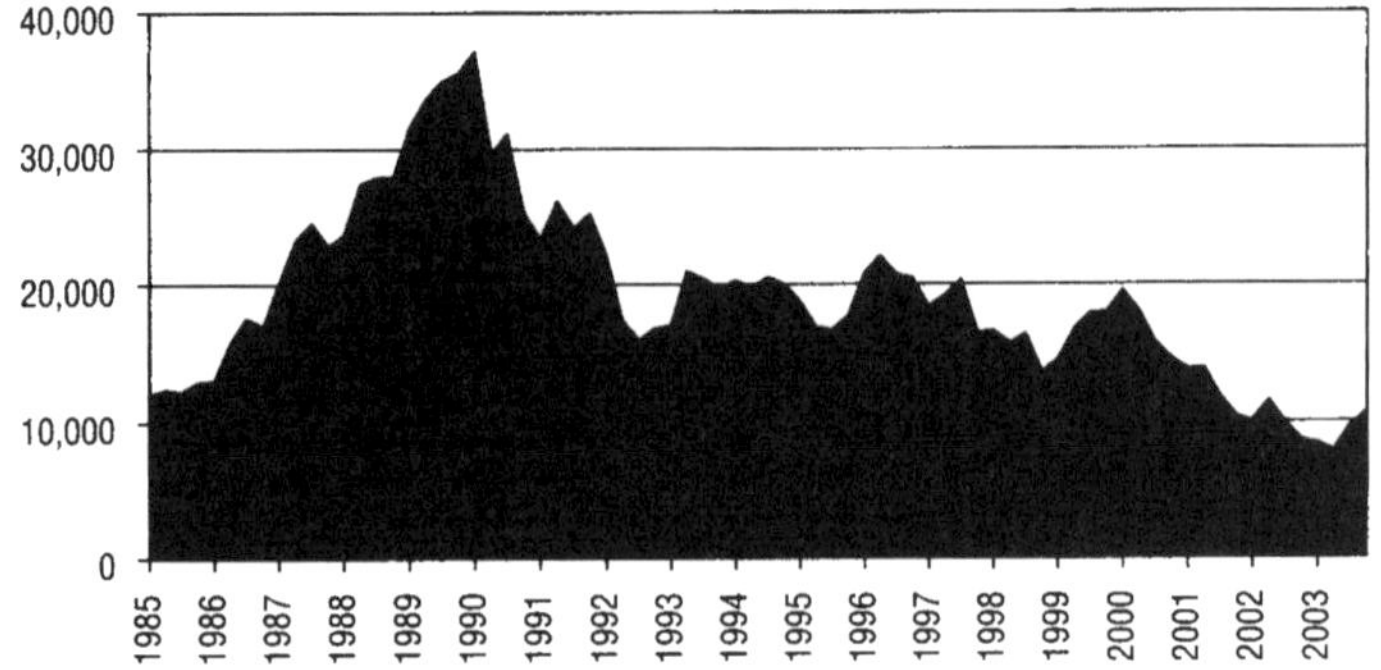

金融緩和策に後押しされ、日本では不動産価格と株式相場が高騰した。東京の下町の地価も、一坪当たり数万ドルというありさまで、東京都心部にある皇居の地価だけでもカリフォルニア州の不動産を全部合わせた価格よりも価値がある、とささやかれていた。そんな過熱した景気を冷ますため、日銀は一九八九年五月と一二月に公定歩合を引き上げた。一九八九年一二月二九日、日経平均株価は三万八九一六円の史上最高値を付けた。日銀は一九九〇年八月までにさらに五回の利上げを行い、株式市場のバブルもしぼみ始めた。一九九〇年八月三一日、日経平均はすでに二万五九七八円まで下げていた。わずか八カ月前に付けた史上最高値から三三％の下落である。不動産価格も崩れ始め、史上最高値からちょ

うど二年半の後、日経平均も一万五九五二円まで下げた。ピーク時から五九％下落したことになる（**図14―1**を参照）。

バブル崩壊の後遺症はその後一〇年以上続いた。一九九〇年代にバブルが崩壊してから二〇〇三年末にかけて、日本経済は実際に不景気に陥った。ＧＤＰ（国内総生産）の成長率も、一九八〇年代には年四％程度だったのが、一九九〇年代には一％を割った。事実上のゼロ金利と大幅な財政赤字が、景気の縮小や長引くデフレを助長した。先進国はおおむね一九九〇年代に景気を拡大させたが、ある人によれば、日本は三～四回のリセッションを経験しているという。同時に消費者物価も一九九五年には下落に転じ、一九九六～九七年には一時的に回復したものの、一九九九年後半から二〇〇四年初頭までは下落基調が続いた。これは大恐慌以来、先進国が経験したデフレでも最も長期にわたるものである。

では、企業の倒産についてはどうだっただろう？　大恐慌のときの米国とは異なり、日本のバブル後は比較的倒産件数が少ない。やや逆説的だが、これこそが日本の沈滞を長引かせた大きな原因なのである。債務超過に陥っていたにもかかわらず、「ゾンビ企業」が生きながらえていた。しかしこれは、ただ日本経済の繁栄を取り戻すのに不可欠なリストラを先延ばししたにすぎなかったのだ。銀行でも不良債権を大量に抱え込んでいたため、超低金利であるにもかかわらず、投資に回せる資本が制限されることになった。邦銀のほとんどが債務超過に陥っていた。日本政府が経済問題に正面から取り組むことを拒み続けた結果、二一世紀に入ってもなお、日本は苦闘している。二〇〇二年第２四半期にはＧＤＰも増加の兆しを見せたものの、失業率は、二一世紀の最初の三年間は依然として五％を優に上回っていた。これは第二次世界大戦終結以来、最も高い水準である。二〇〇三年四月二八日、日経平均は七六〇七円八八銭を付け、二〇年ぶりの安値を更新した。本書でも述べたとおり、日経平均は一万一〇〇〇円近くまで回復してきているものの、まだこれは史上最高値の三分の一の水準にすぎない。

では今日では、いったいだれが日本株に投資しているのだろう？　ほとんどが一般の日本人ではないのだ！　一ツ橋大学経済研究所の祝迫得夫助教授が二〇〇三年四月に発表したＮＢＥＲ（全米経済研究所）の論文によると、株式を保有している日本人の比率は、一九八七年には二六％だったが、一九九〇年には三〇％に増加したという。しかしバブル崩壊後には右肩下がりで減少し、一九九六年には二四％になった。ほかの先進諸国では株式保有率が増加しているというのに、日本では今でもこの辺りの水準で推移しているのである。バブル崩壊後は、株式を保有している世帯の金融資産がさらに大きく目減りした。一九九〇年には株式保有率が三五％に達したが、その後一九九三年には一八％に、そして一九九九年にはわずか七％にまで減少。一般の日本人は一五年前に破裂したバブルで痛い目に遭わされたため、今でも大量の株を保有している人はほとんどいないのである。もう一〇年以上にわたり、多くの日本人は自分の資産をスズメの涙ほどの利息しか付けてくれない銀行に預けて満足するしかない状態なのだ。不況が大勢の潜在的投資家を震え上がらせ、株式市場から遠ざけてしまったのである。今日、日本の株式市場を支えているのは、主に日本の機関投資家と外国人である。

日本の過去一五年の痛みに比べたら、米国経済の痛みなど大したことはなかったが、米国でも二〇〇〇年にテクノロジーバブルが崩壊したあとは大いに苦しんだ。投資家はもはや社名の後ろに「ドット・コム」が付く企業には投資しようとしなくなり、収入も利益もない企業のＩＰＯ（新規株式公開）には手を出さなくなったが、その後、ナスダックはわずか一九カ月でピーク時から七八％も下落。七兆億ドル以上の富が無に帰した。景気は後退し、数万という企業が倒産。数百万人の労働者が職を失った。われわれの想像だが、本書の読者のなかで、バブル崩壊で個人的に痛手を被った人を知っているという人はほとんどいないだろう。しかし、失われたのは財産や企業、仕事ばかりではなかった。コーポレートアメリカのインテグリティー（組織の高潔さ、誠実さ、完全性）は多くの投資家の信頼を失ったのである。いくら利益が大幅に増加しても不正行為を覆い隠すことができなくなった今、エンロンやワールドコム、グローバル・クロッシング、アデルフィア、タイコ・

インターナショナルといった企業は、全米の法廷で内輪の恥をさらしている。修羅場を経験した多くの投資家は、もう株式市場とは一切縁を切ろうと誓い、企業から資本を奪い取っていった。二〇〇三～〇四年には多くのアメリカ人が市場に戻ってきたが、痛い目に遭わされた投資家はただ横目で眺めているだけであった。もしあなたがこうした傍観者の一人なら、本書を読めば、市場に戻るための知識と自信が得られるのではないだろうか。

幾多の例が示すとおり、バブル崩壊後の経済と社会は荒廃している。もちろん、投資家がいくら流動性を理解したところで、またいくら企業の投資活動に関する情報が十分に開示されたところで、株式相場の乱高下がなくなるわけではない。相場は常に動いているのだから。しかし、投資家の間に流動性理論が広く普及するようになれば、好況期の株価高騰や不況期の株価暴落から受ける打撃を抑えられるようになるのである。相場の急上昇が抑えられれば、後の不況もそれほど厳しいものにはならず、企業の倒産やそれに伴って起きる経済や社会の混乱も大幅に抑えられるはずだ。株式市場のボラティリティが低くなれば、投資に回せる資本の量も増えてくる。ボラティリティが低くなれば、投資家も低利回りの貯蓄から株式へと資金を大きくシフトしてくるだろう――そうなれば新興企業が現れ、既存の企業も資本調達が可能になる。投資家がより高いリターンを得られるだけではなく、コーポレートアメリカもより多くの資本を調達することができ、事業を拡張することができる。こうした資本の改善によって、経済成長や雇用の創出が促され、最終的にはたとえ株式をまったく保有していない人も含め、万人の生活の質も向上するというわけである。より多くの投資家が株式市場というカジノでハウス側に立ってプレーをすれば、万人が恩恵に浴することができるのである。

# 付表——過去の流動性データ

表A—1の一五項目について簡単に説明する。

## 表の読み方

（1）**期間**　データの月／年。

（2）**S&P五〇〇**　期末のS&P五〇〇の値。

（3）**時価総額**　ADR（米国預託証券）を除いたNYSE、ナスダック、アメックスの全構成銘柄の時価。時価総額＝発行済み株式総数×現在の株価。

（4）**浮動株の純変化（L1）**　浮動株の純変化。株式相場の方向性を示す最良の先行指標。L1の純変化＝株式の売り出し＋インサイダーの売り－現金買収発表当初の額の三分の二－現金買収完了時の額の三分の一－自社株買い発表当初の額。

（5）**現金買収発表当初の額**　新たに発表された上場企業の現金による買収部分。

（6）**現金買収完了時の額**　上場企業の現金による買収部分。

## 表 A-1　過去の流動性データ

| 期間 (1) | S&P 500 (2) | 時価総額 (3) | 浮動株の増減（L1） (4) | 現金買収発表当初の額 (5) | 現金買収完了時の額 (6) | 自社株買い発表当初の額 (7) | 株式の売り出し (8) | インサイダーの売り (9) | 外国人の資本フロー (10) | 株式の資本フロー総額 (11) | 米国株ファンドの資本フロー (12) | 株式ファンド 資産総額 (13) | 株式ファンド 現金保有高 (14) | 委託保証金（L3） (15) |
|---|---|---|---|---|---|---|---|---|---|---|---|---|---|---|
| 1995 | 616 | 7.310 | **–69,208** | 89,000 | 82,939 | 101,114 | 86,770 | 32,118 | 11,240 | 124,392 | **112,880** | 1,053 | 7.7 | **15,194** |
| 1996 | 741 | 8.954 | **–107,479** | 71,223 | 71,382 | 181,759 | 98,850 | 46,706 | 12,511 | 216,937 | **169,421** | 1,441 | 6.1 | **24,220** |
| 1997 | 970 | 11.560 | **–40,449** | 101,146 | 97,728 | 133,825 | 132,592 | 60,792 | 65,870 | 227,107 | **189,261** | 2,022 | 5.8 | **28,930** |
| 1998 | 1,229 | 13.860 | **–101,807** | 157,342 | 149,507 | 105,700 | 89,974 | 68,652 | 53,978 | 157,032 | **149,506** | 2,587 | 4.7 | **15,670** |
| 1999 | 1,469 | 17.619 | **–69,036** | 232,949 | 153,555 | 174,432 | 180,303 | 131,604 | 107,807 | 187,666 | **176,441** | 3,457 | 4.2 | **87,610** |
| 2000 | 1,329 | 16.396 | **72,623** | 235,990 | 226,290 | 221,903 | 259,146 | 268,140 | 174,002 | 309,365 | **259,571** | 3,419 | 5.5 | **–29,697** |
| 2000年1月 | 1,366 | 16.890 | **16,433** | 13,016 | 22,654 | 19,552 | 13,523 | 38,688 | 23,778 | 24,937 | **21,448** | 3,536 | 5.3 | **–1,680** |
| 2000年2月 | 1,240 | 15.290 | **47,463** | 7,687 | 22,542 | 19,552 | 42,849 | 36,800 | 9,435 | –3,285 | **1,139** | 3,180 | 5.6 | **–10,240** |
| 2000年3月 | 1,160 | 14.070 | **18,698** | 6,473 | 10,672 | 12,527 | 17,896 | 21,200 | 7,428 | –20,694 | **–15,760** | 2,935 | 5.4 | **–21,560** |
| 2000年4月 | 1,249 | 13.656 | **23,782** | 5,818 | 14,709 | 11,476 | 16,437 | 27,600 | 6,627 | 19,141 | **17,254** | 3,214 | 5.2 | **1,730** |
| 2000年5月 | 1,256 | 14.247 | **64,193** | 14,980 | 16,665 | 15,100 | 50,034 | 44,800 | 17,321 | 18,383 | **20,839** | 3,252 | 5.2 | **8,320** |
| 2000年6月 | 1,224 | 13.216 | **41,738** | 2,568 | 5,175 | 17,619 | 40,793 | 22,000 | 10,438 | 10,851 | **9,736** | 3,198 | 5.3 | **–4,180** |
| 2000年7月 | 1,211 | 12.144 | **18,234** | 12,957 | 6,306 | 16,645 | 25,621 | 20,000 | 11,475 | –1,278 | **2,434** | 3,128 | 5.2 | **–5,000** |
| 2000年8月 | 1,134 | 11.564 | **23,926** | 6,355 | 13,475 | 7,304 | 15,755 | 24,200 | 7,703 | –4,953 | **–1,440** | 2,940 | 5.2 | **–4,120** |
| 2000年9月 | 1,041 | 10.337 | **–45,511** | 13,142 | 3,678 | 53,640 | 7,319 | 10,800 | –11,532 | –29,962 | **–27,263** | 2,626 | 5.2 | **–16,260** |
| 2000年10月 | 1,060 | 11.134 | **23,024** | 1,137 | 8,357 | 18,825 | 25,390 | 20,000 | 7,261 | 873 | **5,140** | 2,710 | 5.3 | **–50** |
| 2000年11月 | 1,139 | 11.781 | **11,501** | 2,781 | 6,434 | 21,314 | 26,061 | 10,752 | 13,172 | 15,152 | **13,381** | 2,925 | 5.3 | **4,640** |
| 2000年12月 | 1,148 | 11.147 | **17,091** | 6,975 | 18,392 | 24,121 | 35,389 | 16,600 | 13,284 | 2,802 | **6,822** | 2,989 | 4.9 | **1,800** |
| 2001 | 1,148 | 14.435 | **260,572** | 93,889 | 149,059 | 237,675 | 317,067 | 293,440 | 116,390 | 31,966 | **53,570** | 2,989 | 4.9 | **–46,600** |
| 1月 | 1,130 | 14.192 | **19,955** | 632 | 4,693 | 5,942 | 20,282 | 7,600 | 8,608 | 19,350 | **16,011** | 2,949 | 5.2 | **1,500** |
| 2月 | 1,107 | 13.797 | **8,826** | 331 | 5,291 | 18,780 | 19,737 | 9,852 | 2,167 | 4,691 | **7,554** | 2,889 | 5.2 | **–3,360** |
| 3月 | 1,147 | 14.392 | **30,714** | 5,064 | 1,748 | 1,973 | 31,398 | 5,248 | 6,854 | 29,662 | **26,714** | 3,050 | 4.9 | **2,340** |
| 4月 | 1,077 | 13.656 | **15,667** | 3,889 | 3,560 | 6,910 | 19,156 | 7,200 | 7,769 | 12,859 | **12,200** | 2,924 | 5.2 | **1,570** |
| 5月 | 1,067 | 14.247 | **27,391** | 5,856 | 4,611 | 5,189 | 26,821 | 11,200 | –314 | 4,838 | **2,726** | 2,894 | 4.9 | **–80** |
| 6月 | 990 | 13.216 | **6,982** | 1,177 | 3,536 | 22,337 | 25,582 | 5,700 | 4,045 | –18,247 | **–18,946** | 2,662 | 4.5 | **–4,590** |
| 7月 | 912 | 12.144 | **–8,836** | 1,301 | 2,302 | 25,719 | 12,817 | 5,700 | 9,653 | –52,608 | **–49,011** | 2,386 | 4.4 | **–10,110** |

| | | | | | | | | | | | | | | |
|---|---|---|---|---|---|---|---|---|---|---|---|---|---|---|
| 8月 | 916 | 11.564 | -8,985 | 1,584 | 1,470 | 13,964 | 875 | 5,650 | 4,614 | -3,110 | -610 | 2,399 | 4.9 | -3,360 |
| 9月 | 815 | 10.377 | 3,209 | 2,775 | 954 | 7,018 | 7,546 | 4,850 | -6,466 | -16,051 | -14,455 | 2,163 | 4.9 | -2,590 |
| 10月 | 886 | 11.134 | -3,769 | 2,476 | 2,610 | 15,649 | 10,701 | 3,700 | 3,616 | -7,576 | -7,335 | 2,300 | 4.8 | 320 |
| 11月 | 936 | 11.781 | -33 | 3,110 | 3,789 | 19,419 | 14,622 | 8,100 | 6,480 | 6,907 | 6,251 | 2,441 | 4.8 | 2,490 |
| 12月 | 880 | 11.147 | -174 | 7,644 | 1,125 | 6,554 | 8,003 | 3,850 | 2,416 | -8,381 | -5,944 | 2,305 | 4.4 | 1,320 |
| 2002 | 880 | 11.147 | 87,087 | 35,839 | 35,689 | 149,454 | 197,540 | 78,650 | 47,058 | -27,665 | -24,847 | 2,305 | 4.4 | -15,870 |
| 1月 | 856 | 10.886 | -8,892 | 2,425 | 6,863 | 22,518 | 14,179 | 3,350 | -2,796 | -262 | -1,319 | 2,245 | 4.4 | 530 |
| 2月 | 841 | 10.634 | -4,447 | 3,445 | 3,184 | 12,654 | 7,765 | 3,800 | -2,078 | -10,886 | -10,384 | 2,196 | 4.2 | -880 |
| 3月 | 848 | 10.665 | -3,951 | 2,088 | 1,395 | 16,017 | 7,723 | 6,200 | 2,840 | 42 | 1,414 | 2,217 | 4.6 | 1,900 |
| 4月 | 917 | 11.571 | 2,344 | 6,319 | 2,857 | 7,731 | 13,141 | 6,000 | 4,357 | 16,115 | 12,561 | 2,402 | 4.8 | 30 |
| 5月 | 964 | 12.830 | 21,764 | 2,148 | 1,885 | 6,650 | 24,874 | 14,000 | 6,593 | 11,919 | 12,456 | 2,566 | 4.6 | 5,930 |
| 6月 | 975 | 13.020 | 21,756 | 9,780 | 1,356 | 6,599 | 25,830 | 9,500 | 10,308 | 18,643 | 18,070 | 2,628 | 4.6 | 2,170 |
| 7月 | 990 | 13.290 | 6,382 | 8,813 | 1,473 | 17,187 | 24,538 | 5,400 | -7,863 | 21,473 | 19,042 | 2,709 | 4.4 | -100 |
| 8月 | 1,008 | 13.597 | 12,571 | 2,580 | 1,398 | 5,680 | 9,937 | 10,500 | 11,585 | 23,605 | 18,815 | 2,803 | 4.3 | 1,210 |
| 9月 | 996 | 13.533 | 11,720 | 4,086 | 1,580 | 13,193 | 19,765 | 8,400 | -6,225 | 17,501 | 17,154 | 2,785 | 4.3 | 6,210 |
| 10月 | 1,051 | 14.360 | 2,878 | 7,961 | 1,312 | 11,775 | 15,400 | 5,000 | -1,244 | 25,022 | 19,188 | 2,967 | 4.4 | 6,850 |
| 11月 | 1,058 | 14.620 | 22,451 | 667 | 1,194 | 7,631 | 18,924 | 12,000 | 8,779 | 14,928 | 12,532 | 3,031 | 4.4 | 9,400 |
| 12月 | 1,112 | 15.280 | -2,946 | 8,340 | 2,339 | 26,219 | 17,815 | 11,800 | 13,330 | 14,178 | 9,343 | 3,167 | 4.0 | 1,080 |
| 2003 | 1,112 | 15.280 | 93,930 | 58,652 | 26,836 | 153,854 | 199,891 | 95,950 | 45,416 | 152,278 | 127,257 | 3,167 | 4.0 | 34,330 |
| 1月 | 1,131 | 15.540 | -2,659 | 2,375 | 2,590 | 24,877 | 16,265 | 8,400 | 12,787 | 42,948 | 31,447 | 3,261 | 4.2 | 5,600 |
| 2月 | 1,145 | 15.760 | -6,514 | 37,663 | 4,225 | 22,013 | 28,027 | 14,000 | 2,408 | 26,150 | 18,136 | 3,331 | 4.2 | 1,540 |
| 3月 | 1,126 | 15.530 | 31,696 | 9,408 | 910 | 6,980 | 32,254 | 13,000 | -13,461 | 15,520 | 9,752 | 3,314 | 4.0 | -650 |
| 4月 | 1,107 | 15.121 | 1,343 | 6,311 | 2,823 | 18,963 | 15,855 | 9,600 | -1,891 | 22,990 | 15,993 | 3,251 | 4.1 | 1,570 |
| 5月 | 1,121 | 15.301 | -7,067 | 20,403 | 2,867 | 22,907 | 20,204 | 10,200 | -7,623 | 427 | -919 | 3,294 | 3.9 | -2,810 |
| 6月 | 1,141 | 15.730 | 4,682 | 8,704 | 4,617 | 14,921 | 18,546 | 8,400 | 1,904 | 10,397 | 7,612 | 3,377 | 4.0 | 1,620 |
| 7月 | 1,102 | 15.183 | -31,023 | 7,618 | 3,693 | 46,045 | 12,533 | 8,800 | 9,778 | 9,462 | 6,500 | 3,240 | 4.0 | -3,060 |
| 8月 | 1,104 | 15.354 | -17,093 | 21,617 | 15,427 | 15,328 | 11,392 | 6,400 | -2,084 | 1,089 | -1,214 | 3,240 | 4.1 | 70 |
| 9月 | 1,115 | 15.671 | -2,684 | 12,494 | 1,783 | 16,850 | 16,793 | 6,300 | -3,830 | 10,113 | 6,001 | 3,332 | 4.1 | 3,000 |
| 2004 | 1,115 | 15.671 | -29,318 | 126,593 | 38,935 | 188,884 | 171,869 | 85,100 | -2,012 | 140,322 | 94,782 | 3,332 | 4.1 | 6,880 |

**出所**＝(2)ヤフー!ファイナンス、(3)～(8)トリムタブス・インベストメント・リサーチ、(9)トムソン・ファイナンシャル、(10)米財務省、(11)～(14)ICI(米投資会社協会)、(15)ニューヨーク証券取引所

（7）**自社株買い発表当初の額**　新たな自社株買いの発表前日の終値。

（8）**株式の売り出し**　クローズドエンド型ファンドを除き、米国内で新たに売り出される株式の金額。

（9）**インサイダーの売り**　企業のインサイダー全員による株式売却額の推定値。

（10）**外国人の資金フロー**　外国人による米国株の正味売買高。

（11）**株式の資本フロー総額**　米国株ファンドとグローバル株式ファンドの資本フロー。

（12）**米国株ファンドの資本フロー（L2）**　米国株ファンドの資本フロー。遅行反対指標になる。

（13）**米国株ファンドの資産総額**　米国株ファンドすべての資産総額。

（14）**米国株ファンドの現金比率**　米国株ファンドの資産総額のうち現金等価物の保有比率。

（15）**委託保証金（L3）**　ニューヨーク証券取引所の会員証券会社の委託保証金の正味増減。遅行反対指標になる。

# あとがき

「チャールズ・ビダーマン。何者だ、こいつ？」

書店で本書を手にしてそう思う方も多いだろう、と著者も冒頭で述べているが、ご存じの方は少ないかもしれない。最近では日経新聞の米国株や投資信託関連の記事でトリムタブス社の名を何度か見掛けるようになった。アメリカでも投資家向けの新たな情報サービス会社として注目されている。

個人投資家はやはりインサイダーにはかなわない。ならばそのインサイダーに関する情報をタイムリーに収集、分析し、彼らの動きに追随してトレードすれば勝てるはずだ。ある意味で当然のことであり、だれもが気づいていたことなのに、情報開示が不十分なこともあり――日本ではもちろん、アメリカでもそうした状況はあまり変わらないようだ――、これまで株式投資の確たる手法として体系的にまとめられたものはなかった。そこに着目し、必勝法ともいえる独自の理論を確立したのがビダーマンである。株価は需要と供給で決まるという確信に基づき、ファンダメンタル分析もテクニカル分析も一切利用せず、市場の流動性、資金の出入りを徹底的に分析するだけ。このまったく新しくユニークな発想は、投資初心者にも理解しやすく、あらゆる投資家に受け入れられるだろう。本書は主としてアメリカ人の投資家を対象に書かれているため、日本の市場でこの手法を応用するには少々工夫が必要だ。また、商品のトレードとそのインサイダーについて書かれた『ラリー・ウィリアムズの「インサイダー情報」で儲ける方法』（パンローリング）の株式版ともいえるのが本書であり、その意味でも興味深く読める。

メディアでは株式投資の話題で持ちきりといった感のある昨今だが、本書には株式バブル期や不況時の企業や投資家の行動についても詳述されており、大変示唆に富んでいる。具体的なデータに基づいて書かれているため説得力もある。投資環境の改善という点からも、情報の充実にいっそう尽力しようとするビダーマンに今後も期待したいところである。

最後にパンローリング株式会社、ならびに編集、校正でお世話になったエフ・ジー・アイの阿部達郎氏に感謝したい。

二〇〇六年二月

塩野未佳

## ■著者紹介

### チャールズ・ビダーマン（Charles Biderman）

トリムタブス・インベストメント・リサーチの創設者兼社長。ニューヨーク市生まれ。ブルックリン・カレッジで文学士号を、ハーバード・ビジネススクールで MBA（経営学修士）を修得。アラン・アベルソンのアシスタントとしてキャリアをスタートさせ、1971 ～ 73 年まで『バロンズ』誌に在籍。不動産投資信託の暴落を正確に予測したことから、その後不動産経営に乗り出して成功を収め、テネシー州やニュージャージー州で数々の取引をまとめた。1990 年にトリムタブスを設立し、ポートフォリオマネジャーやマーケットストラテジストにユニークな識見を提供。『ウォール・ストリート・ジャーナル』紙や『バロンズ』誌、CNBC やブルームバーグなど、金融メディアにも頻繁に取り上げられている。

### デビッド・サンチ（David Santschi）

トリムタブス・インベストメント・リサーチで編集顧問兼コピーエディターを務めている。オハイオ州シンシナティー生まれ。デビッドソン・カレッジで歴史学を専攻し、次席で文学士号を、ウィスコンシン・マディソン大学の歴史学で文学士号を修得。現在はウィスコンシン・マディソン大学博士課程で近代ヨーロッパ史を研究している。

## ■訳者紹介

### 塩野未佳（しおの・みか）

成城大学文芸学部ヨーロッパ文化学科卒業（フランス史専攻）。編集プロダクション、大手翻訳会社勤務の後、クレジットカード会社、証券会社等での社内翻訳業務を経て、現在はフリーランスで英語・フランス語の翻訳業に従事。経済、ビジネスを中心に幅広い分野を手掛けている。訳書に『狂気とバブル』『新賢明なる投資家　上下』（パンローリング）など。

2006年3月3日　初版第1刷発行

ウィザードブックシリーズ ⑩

株式《かぶしき》インサイダー投資法《とうしほう》
**流動性理論をマスターして市場に勝つ**

著　者　チャールズ・ビダーマン、デビッド・サンチ
訳　者　塩野未佳
発行者　後藤康徳
発行所　パンローリング株式会社
〒160-0023　東京都新宿区西新宿7-21-3-1001
TEL　03-5386-7391　FAX　03-5386-7393
http://www.panrolling.com/
E-mail　info@panrolling.com
編　集　エフ・ジー・アイ(Factory of Gnomic Three Monkeys Investment)合資会社
装　丁　久保田真理子
組　版　a-pica
印刷・製本　株式会社シナノ

ISBN4-7759-7064-X

## ＜2＞ 短期売買やデイトレードで自立を目指すホームトレーダー必携書

### 魔術師リンダ・ラリーの短期売買入門
リンダ・ラシュキ著

国内初の実践的な短期売買の入門書。具体的な例と豊富なチャートパターンでわかりやすく解説してあります。

定価29,400円（税込）

### ラリー・ウィリアムズの短期売買法
ラリー・ウィリアムズ著

1年で1万ドルを110万ドルにしたトレードチャンピオンシップ優勝者、ラリー・ウィリアムズが語る！

定価10,290円（税込）

### バーンスタインのデイトレード入門
ジェイク・バーンスタイン著

あなたも「完全無欠のデイトレーダー」になれる！
デイトレーディングの奥義と優位性がここにある！

定価8,190円（税込）

### バーンスタインのデイトレード実践
ジェイク・バーンスタイン著

デイトレードのプロになるための「勝つテクニック」や「日本で未紹介の戦略」が満載！

定価8,190円（税込）

### ゲイリー・スミスの短期売買入門
ゲイリー・スミス著

20年間、ずっと数十万円（数千ドル）以上には増やせなかった“並み以下の男”が突然、儲かるようになったその秘訣とは！

定価2,940円（税込）

### ターナーの短期売買入門
トニ・ターナー著

全米有数の女性トレーダーが奥義を伝授！
自分に合ったトレーディング・スタイルでがっちり儲けよう！

定価2,940円（税込）

### スイングトレード入門
アラン・ファーレイ著

あなたも「完全無欠のスイングトレーダー」になれる！
大衆を出し抜け！

定価8,190円（税込）

### オズの実践トレード日誌
トニー・オズ著

習うより、神様をマネろ！
ダイレクト・アクセス・トレーディングの神様が魅せる神がかり的な手法！

定価6,090円（税込）

### ヒットエンドラン株式売買法
ジェフ・クーパー著

ネット・トレーダー必携の永遠の教科書！カンや思惑に頼らないアメリカ最新トレード・テクニックが満載!!

定価18,690円（税込）

### くそったれマーケットをやっつけろ！
マイケル・パーネス著

大損から一念発起！　15カ月で3万3000ドルを700万ドルにした驚異のホームトレーダー！

定価2,520円（税込）

## ＜3＞順張りか逆張りか、中長期売買法の極意を完全マスターする！

### タートルズの秘密
ラッセル・サンズ著

中・長期売買に興味がある人や、アメリカで莫大な資産を築いた本物の投資手法・戦略を学びたい方必携！

定価20,790円（税込）

### カウンターゲーム
アンソニー・M・ガレア＆ウィリアム・パタロンIII世著
序文：ジム・ロジャーズ

ジム・ロジャーズも絶賛の「逆張り株式投資法」の決定版！
個人でできるグレアム、バフェット流バリュー投資術！

定価2,940円（税込）

### オニールの成長株発掘法
ウィリアム・J・オニール著

あの「マーケットの魔術師」が平易な文章で書き下ろした
全米で100万部突破の大ベストセラー！

定価2,940円（税込）

### オニールの相場師養成講座
ウィリアム・J・オニール著

今日の株式市場でお金を儲けて、
そしてお金を守るためのきわめて常識的な戦略。

定価2,940円（税込）

### ウォール街で勝つ法則
ジェームズ・P・オショーネシー著

ニューヨーク・タイムズやビジネス・ウィークのベストセラーリストに載った完全改訂版投資ガイドブック。

定価6,090円（税込）

### ワイルダーのアダムセオリー
J・ウエルズ・ワイルダー・ジュニア著

本書を読み終わったあなたは、二度とこれまでと同じ視点で
マーケット見ることはないだろう。

定価10,290円（税込）

### トレンドフォロー入門
マイケル・コベル著

初のトレンドフォロー決定版！
トレンドフォロー・トレーディングに関する初めての本。

定価6,090円（税込）

## ■「相場は心理」…大衆と己の心理を知らずして、相場は張れない！

### 投資苑（とうしえん）
アレキサンダー・エルダー著

精神分析医がプロのトレーダーになって書いた心理学的アプローチ相場本の決定版！各国で超ロングセラー。

定価6,090円（税込）

### ゾーン～相場心理学入門
マーク・ダグラス著

マーケットで優位性を得るために欠かせない、新しい次元の心理状態を習得できる。「ゾーン」の力を最大限に活用しよう。

定価2,940円（税込）

**＜5＞ 割安・バリュー株からブレンド投資まで株式投資の王道を学ぶ！**

## バフェットからの手紙

ローレンス・A・カニンガム

究極・最強のバフェット本――この１冊でバフェットのすべてがわかる。投資に値する会社こそ生き残る！

定価1,680円（税込）

## 賢明なる投資家

ベンジャミン・グレアム著

割安株の見つけ方とバリュー投資を成功させる方法。市場低迷の時期こそ、威力を発揮する「バリュー投資のバイブル」

定価3,990円（税込）

## 新賢明なる投資家　上巻・下巻

ベンジャミン・グレアム、ジェイソン・ツバイク著

時代を超えたグレアムの英知が今、よみがえる！
これは「バリュー投資」の教科書だ！

定価各3,990円（税込）

## 証券分析【1934年版】

ベンジャミン・グレアム&デビッド・L・ドッド著

「不朽の傑作」ついに完全邦訳!本書のメッセージは今でも新鮮でまったく輝きを失っていない！

定価10,290円（税込）

## 最高経営責任者バフェット

ロバート・P・マイルズ著

あなたも「世界最高のボス」になれる。バークシャー・ハサウェイ大成功の秘密――「無干渉経営方式」とは？

定価2,940円（税込）

## 賢明なる投資家【財務諸表編】

ベンジャミン・グレアム&スペンサー・B・メレディス著

ベア・マーケットでの最強かつ基本的な手引き書であり、「賢明なる投資家」になるための必読書！

定価3,990円（税込）

## なぜ利益を上げている企業への投資が失敗するのか

ヒューエット・ハイゼルマン・ジュニア著

定価2,520円（税込）

## 投資家のための粉飾決算入門

チャールズ・W・マルフォード著

「第二のエンロン」の株を持っていませんか?
株式ファンダメンタル分析に必携の書

定価6,090円（税込）

## バイアウト

リック・リッカートセン著

もし会社を買収したいと考えたことがあるなら、本書からMBOを成功させるための必要なノウハウを得られるはずだ!

定価6,090円（税込）

## 株の天才たち

ニッキー・ロス著

世界で最も偉大な５人の伝説的ヒーローが伝授する投資成功戦略！

賢人たちの投資モデル[改題・改装版]

定価1,890円（税込）

## ＜7＞ファンダメンタルズやテクニカル以外にも儲かる投資法はある！

### ラリー・ウィリアムズの株式必勝法
ラリー・ウィリアムズ著

話題沸騰！　ラリー・ウィリアムズが初めて株投資の奥義を披露！弱気禁物！　上昇トレンドを逃すな！

定価8,190円（税込）

---

### ツバイク ウォール街を行く
マーティン・ツバイク著

いち早くマーケット・トレンドを見極め、最高の銘柄選択をし、最小リスクで最大利益を得る方法！

定価3,990円（税込）

---

### グリーンブラット投資法
ジョエル・グリーンブラット著

今までだれも明かさなかった目からウロコの投資法
個人でできる「イベントドリブン」投資法の決定版！

定価2,940円（税込）

---

### ディナポリの秘数 フィボナッチ売買法
ジョー・ディナポリ著

押し・戻り分析で仕掛けから手仕舞いまでわかる“黄金率”
0.382、0.618が売買のカギ！　押し・戻り売買の極意！

定価16,800円（税込）

---

### カプランのオプション売買戦略
デビッド・L・カプラン著

経済情報番組ブルームバーグテレビジョンにて紹介された話題の本

定価8,190円（税込）

---

### 最強のポイント・アンド・フィギュア分析
トーマス・J・ドーシー著

「どの」銘柄を、「いつ」買えばよいかを伝授！
インターネット時代の最新ポイント・アンド・フィギュア分析法

定価6,090円（税込）

---

**私は株で200万ドル儲けた**
定価2,310円（税込）

**ファンダメンタル的空売り入門**
定価2,940円（税込）

**市場間分析入門**
定価6,090円（税込）

**あなたもマーケットタイミングは読める！**
定価2,940円（税込）

**魔術師たちの投資術**
定価2,940円（税込）

**ロスフックトレーディング**
定価6,090円（税込）

**アームズ投資法**
定価7,140円（税込）

**コーポレート・リストラクチャリングによる企業価値の創出**
定価8,190円（税込）

**マーケットニュートラル投資の世界**
定価6,090円（税込）

**ボリンジャーバンド入門**
定価6,090円（税込）